黑龙江省优秀学术著作
“十三五”国家重点出版物出版规划项目
现代土木工程精品系列图书

不限速高速公路的路面结构设计方法

PAVEMENT STRUCTURE DESIGN METHOD OF UNLIMITED SPEED HIGHWAY

王大为　洪　斌　解晓光　Markus Oeser　编著

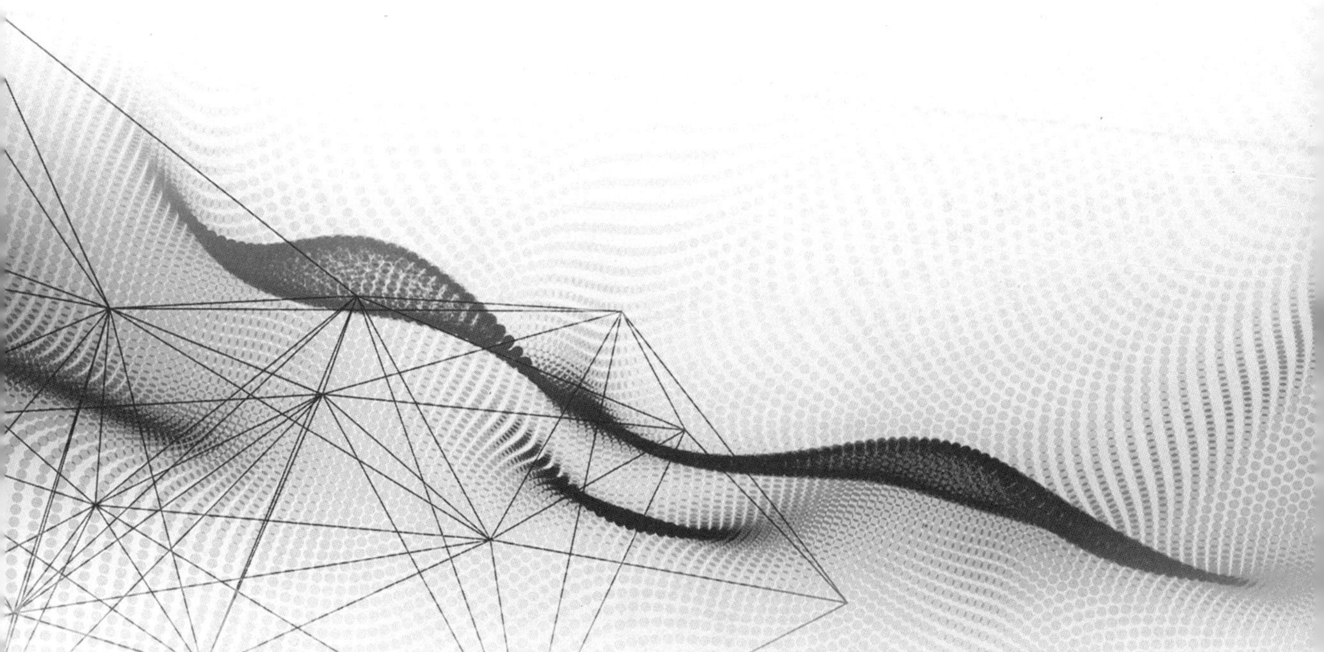

哈爾濱工業大學出版社
HITP HARBIN INSTITUTE OF TECHNOLOGY PRESS

内 容 简 介

本书主要介绍了不限速高速公路的路面结构设计方法。首先介绍了德国高速公路网的建设、发展历程，以及其路面结构类型与分层、路面功能性需求等；通过对比中德高速公路交通与车辆、气候与环境之间的差异，介绍了交通与车辆、气候与环境对高速公路路面性能的影响，进一步介绍了不限速高速公路路面的功能要求；介绍了路基材料、集料、沥青与沥青混合料的特性，并针对不限速高速公路的性能要求，分别指出了路基材料、集料、沥青与沥青混合料的性能指标；基于上述内容，全面介绍了不限速高速公路的路面结构设计方法；最后，介绍了不限速高速公路的路面养护管理与评价。根据上述内容，本书共分为9章，其中，第 1 章为绪论，第 2 章为德国路面结构标准化设计法，第 3 章为路基土，第 4 章为集料，第 5 章为沥青，第 6 章为沥青混合料，第 7 章为沥青混合料性能测试，第 8 章为力学经验设计法，第 9 章为路面管理与评价。

本书内容翔实、可读性强，可作为普通高等院校交通运输工程相关专业学生选修课的教材，也可供相关工程技术人员和科研人员参考。

图书在版编目(CIP)数据

不限速高速公路的路面结构设计方法/王大为等编著.—哈尔滨：哈尔滨工业大学出版社，2022.1

ISBN 978-7-5603-9191-5

Ⅰ.①不…　Ⅱ.①王…　Ⅲ.①高速公路-路面-结构设计-德国　Ⅳ.①U412.36

中国版本图书馆 CIP 数据核字(2020)第 226298 号

策划编辑　王桂芝　鹿　峰
责任编辑　陈雪巍　佟雨繁
出版发行　哈尔滨工业大学出版社
社　　址　哈尔滨市南岗区复华四道街 10 号　邮编 150006
传　　真　0451-86414749
网　　址　http://hitpress.hit.edu.cn
印　　刷　黑龙江艺德印刷有限责任公司
开　　本　787 mm×1 092 mm　1/16　印张 12.75　字数 302 千字
版　　次　2022 年 1 月第 1 版　2022 年 1 月第 1 次印刷
书　　号　ISBN 978-7-5603-9191-5
定　　价　68.00 元

前　言

德国是世界上最早修建高速公路的国家，拥有设计寿命 30 年、总里程 13 191 km 的高速公路网，其中约 70%的路段没有行驶速度限制。德国长达 80 余年的高速公路建设经验显示，在不限速条件下仍可对公路运输效率和基础设施安全、耐久、绿色等目标实现平衡设计。

与德国相比，我国的高速公路建设和发展起步稍晚。1984 年 6 月，全长 375 km 的沈阳至大连高速公路开工，标志着我国高速公路建设事业拉开了序幕。1988 年 10 月 31 日，我国内地首条高速公路——沪嘉高速建成通车。从 20 世纪 90 年代开始，我国进入了公路建设的快速发展时期，公路建设投资数量之大、开工项目之多举世瞩目。随着国家主干道计划（“五纵七横”国道主干线规划）的逐步实施，2011 年底，我国大陆高速公路的通车总里程达 8.5 万 km，超越美国里程，成为世界第一。特别是党的十八大以来，在以习近平同志为核心的党中央领导下，我国交通运输事业的发展取得了一系列重大成就。截至 2020 年底，我国高速公路通车里程达到 16.10 万 km，稳居世界第一。2019 年 9 月，中共中央、国务院印发了《交通强国建设纲要》。以“人民满意、保障有力、世界前列”为总目标建设交通强国，是以习近平同志为核心的党中央做出的重大战略决策，也是新时代做好交通工作的总抓手。

国家“一带一路”重大发展合作倡议与“交通强国”宏伟目标为交通行业带来了全新机遇。我国交通正从传统大规模基础设施建设向综合化、智慧化、绿色化转变。在国家最新的长江经济带、京津冀一体化、粤港澳大湾区、杭州湾大湾区的重大决策中，未来交通基础设施的建设与完善都扮演了重要的角色。例如，已列入国家公路网规划、正在建设的杭绍甬高速将是具备智能、快速、绿色、安全四大要素的“超级高速公路”，其设计速度将突破我国传统高速公路 120 km/h 的行驶速度限制。德国交通基础设施建设对综合交通规划、工程质量、绿色耐久、交通安全管理、全寿命周期养护、综合运营监测与预警系统等都提出了极高要求，这将为我国“交通强国”战略的实施提供有益的借鉴与补充。

本书主要介绍不限速高速公路的路面结构设计方法。首先介绍了德国高速公路网的建设、发展历程，以及其路面结构类型与分层、路面功能性需求等；通过对比中德高速公路交通与车辆、气候与环境之间的差异，介绍了交通与车辆、气候与环境对高速公路路面性能的影响，进一步介绍了不限速高速公路路面的功能要求；介绍了路基材料、集料、沥青与沥青混合料的特性，并针对不限速高速公路的性能要求，分别指出了路基材料、集料、沥青与沥青混合料的性能指标；基于上述内容，全面介绍了不限速高速公路的路面结构设计方法；最后，介绍了不限速高速公路的路面养护管理与评价。

根据上述内容，本书共分为 9 章，其中，第 1 章为绪论，第 2 章为德国路面结构标准化设计法，第 3 章为路基土，第 4 章为集料，第 5 章为沥青，第 6 章为沥青混合料，第 7 章为沥青混合料性能测试，第 8 章为力学经验设计法，第 9 章为路面管理与评价。本书力求深入浅出、循序渐进，各章节注重前后的逻辑性和衔接性，既全面介绍了中德高速公路设计的基本内容、基本理论、基本方法，同时又对我国高速公路发展前景做出概述，突出了其较强的针对性和适用性。由于其具有较强的专业性，建议学生学习以下前置课程后再学习本书：沥青与沥青混合料、土木工程材料、路基工程和路面工程。

本书共有两大特点。一是吸纳了德国不限速高速公路的路面结构设计经验。考虑到德国是目前全球唯一拥有不限速高速公路网的国家，本书主要根据德国不限速高速公路的路面结构设计经验，介绍了不限速高速公路的路面结构设计理论。二是充分考虑了不限速高速公路的路面功能性需求。本书通过对比中德高速公路交通与车辆、气候与环境，介绍了交通与车辆、气候与环境对高速公路路面性能的影响，进一步介绍了不限速高速公路路面的功能要求，并针对其不同功能性要求提出了相应的设计方法。本书将是我国第一部详细介绍不限速高速公路的路面结构设计方法的土木工程精品系列专业图书，能为我国高速公路的路面结构设计提供理论参考，避免路面结构设计过分保守而造成较大的浪费，也避免路面结构不足造成的路面早期破坏和经济损失。德国高速公路设计理念将为我国的高速公路建设和发展提供借鉴，进而助力我国从交通大国向交通强国迈进，为我国“十四五”建设添砖加瓦。

作者长期致力于中德高速公路设计方法研究，连续多年独立讲授或协助讲授了若干门相关课程。2008～2016 年，作者在德国亚琛工业大学讲授本科生必修课“路面建造技术Ⅰ”、研究生必修课“路面建造技术Ⅱ”理论课和习题课的内容。2016～2017 年，作者在德国锡根大学讲授本科生必修课“路面建造技术Ⅰ”“道路材料”和研究生必修课“路面建造技术Ⅱ”“路面结构设计”。2014～2017 年，作者作为助教协助德国亚琛工业大学 Bernhard Steinauer 教授和 Markus Oeser 教授在哈尔滨工业大学“与国际高水平学者共建研究生课程建设计划”中讲授“路面结构设计原理Ⅰ”双语研究生课程和“路面结构与表面特征”研究生课程。2017 年至今，作者回国任职，主讲或合作建设“未来交通基础设施”本科生创新研修课、“路面结构设计原理Ⅰ”双语研究生课程和“路面结构与表面特征”研究生课程。本书源于作者多年的教育教学实践，亦是作者多年教学成果之结晶。

在此向四位德国同仁的多年支持和鼓励表示衷心的感谢：德国亚琛工业大学土木工程学院院长、海外高层次引进人才兼任哈尔滨工业大学道路学科讲席教授的 Markus Oeser 教授，德国亚琛工业大学道路工程所教授兼任哈尔滨工业大学道路学科客座教授的 Bernhard Steinauer 教授，德累斯顿工业大学道路与城市交通所教授兼任哈尔滨工业大学道路学科客座教授的 Frohmut Wellner 教授，德累斯顿工业大学结构力学所教授兼任哈尔滨工业大学道路学科客座教授的 Micheal Kaliske 教授。

特别感谢本书的两位学术顾问：德国亚琛工业大学 Bernhard Steinauer 教授、Markus Oeser 教授在授课过程中热情无私的帮助与细致入微的讲解，感谢德国亚琛工业大学、德国锡根大学师生的协助，以及哈尔滨工业大学 2014～2019 级硕士研究生在课堂中的优异表现，感谢硕士生高峻凌和王梓佳对本书内容的整理与修订。由于作者水平有限，书中疏漏及不足之处在所难免，欢迎广大读者批评指正！

王大为

2021 年 10 月

中国 哈尔滨

目　录

第1章　绪　　论

1.1　德国高速公路环境及概况

德国位于欧洲中部，属温带海洋性气候与大陆性气候之间的凉爽西风带，平稳温和是德国气候的总体特征：冬季平均气温为1.5 ℃（低地）和−6 ℃（山区）；七月份平原地区平均气温为18 ℃，南方山谷地区为20 ℃。德国东南部为温带大陆性气候，冬天冷、夏天热，而且一年中有明显的四季变化，其中夏季是雨水最多的时候，其他季节基本上都是干燥少雨。德国西北部为温带海洋性气候，常年温和、湿润多雨，雨量分配比较均匀，一年四季均有雨水分布，其中冬季雨量最大，阴天多，阳光少。

德国地形变化多样，整体地势南高北低，呈阶梯状，从北至南可分为五大地形区：北德低地、中等山脉隆起地带，西南部中等山脉梯形地带，南德阿尔卑斯山前沿地带，以及南部的阿尔卑斯山区。

德国享有欧洲大陆上的“十字路口”之称，连通欧洲东西部和南北部的公路大多经过德国。德国是世界上最早修建高速公路的国家，其高速公路网总长度约1.319 1万km（2021年1月），居世界第四位，这不仅对德国经济发展具有决定性的作用，还对整个欧洲的交通运输发展具有重要的影响。

1.2　不限速高速公路概况

目前，德国是世界上唯一拥有不限速高速公路网的国家。德国高速公路对小型载客汽车通常没有行驶速度限制，但推荐最高速度为130 km/h。因此，在德国高速公路不限速路段，右车道平均行驶速度约120 km/h，中车道平均行驶速度在140～160 km/h，左车道（超车车道）平均行驶速度则可达到160～220 km/h。在车流密度大的路段或者城镇附近的路段，高速公路的限速会逐渐从120 km/h降低到80 km/h。

整体而言，德国高速公路可以根据限速情况分为4类：完全不限速、动态交通控制系统（只在特定情况下显示限速）、动态交通控制系统（始终显示限速）和静态交通指示牌限速，具体占比见表1.1。

德国高速公路技术规范（Richtlinien für die Anlage von Autobahnen，RAA），规定了高速公路标准横断面设计（Regelquerschnitte，RQ）。依据最小转弯半径和雨天允许行驶速度等平面设计参数，德国高速公路可分为4个平面设计等级，见表1.2。

最高设计等级EKA 1 A对应的3种典型横断面设计如图1.1所示。

（1）标准横断面RQ 43.5：路面宽度统一为43.5 m，适用于年平均昼夜交通量在10万辆以上的路面。

(2)标准横断面 RQ 36:路面宽度统一为 36 m,适用于年平均昼夜交通量在 6 万～10 万辆之间的路面。

(3)标准横断面 RQ 31:路面宽度统一为 31 m,适用于年平均昼夜交通量在 2 万～6 万辆之间的路面。

标准车道宽度有 3.5 m 和 3.75 m 两种,两边对应设置宽 2.5 m 或 3.0 m 的路肩紧急停车道,中间设置宽 4.0 m 的分隔带。

表 1.1 德国高速公路限速种类占比

<table>
<tr><th colspan="2">德国高速公路限速类型</th><th colspan="2">里程占比/%</th></tr>
<tr><td colspan="2">完全不限速</td><td colspan="2">70.4</td></tr>
<tr><td colspan="2">动态交通控制系统(只在特定情况下显示限速)</td><td colspan="2">6.2</td></tr>
<tr><td colspan="2">动态交通控制系统(始终显示限速)</td><td colspan="2">2.6</td></tr>
<tr><td rowspan="6">静态交通指示牌限速</td><td>限速至 130 km/h</td><td>4.7</td><td rowspan="6">20.8</td></tr>
<tr><td>限速至 120 km/h</td><td>7.8</td></tr>
<tr><td>限速至 100 km/h</td><td>5.6</td></tr>
<tr><td>限速至 80 km/h</td><td>2.3</td></tr>
<tr><td>限速至 60 km/h</td><td>0.3</td></tr>
<tr><td>限速<60 km/h</td><td>0.1</td></tr>
</table>

表 1.2 德国高速公路平面设计等级

设计等级	最小转弯半径/m	雨天允许行驶速度/($km \cdot h^{-1}$)
EKA 1 A	4 000	—
EKA 1 B	3 200	120
EKA 2	1 900	100
EKA 3	1 050	80

德国高速公路建设初期主要以水泥基材料为主,沥青基材料与沥青路面的大规模使用始于第二次世界大战之后。当前,德国高速公路路面中,水泥混凝土路面约占 27%,沥青路面约占 73%。

德国高速公路全部采用统一醒目的路标线和标志牌,中央分隔带上设置连续的安全护栏和防眩目栅,路基两侧在必要处也都设有安全护栏。为防止噪声,近城镇处设隔声墙。沿线还设有呼救装置(图 1.2)、沿路广播、电视监视器、交通量自动记录和调节设施等。高速公路沿线每隔一定距离处设置完善的服务设施,如加油站、服务区、停车场、餐厅、汽车旅馆等。德国高速公路出入口并无专门的收费处,这既节省了人力、物力,也避免了收费口拥堵及安全隐患等问题。

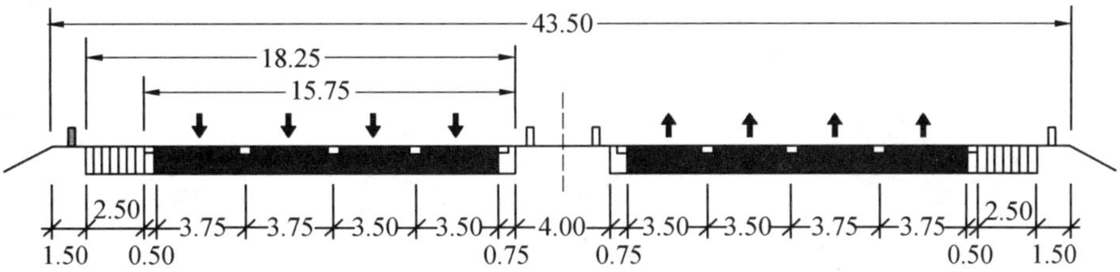

(a) RQ 43.5

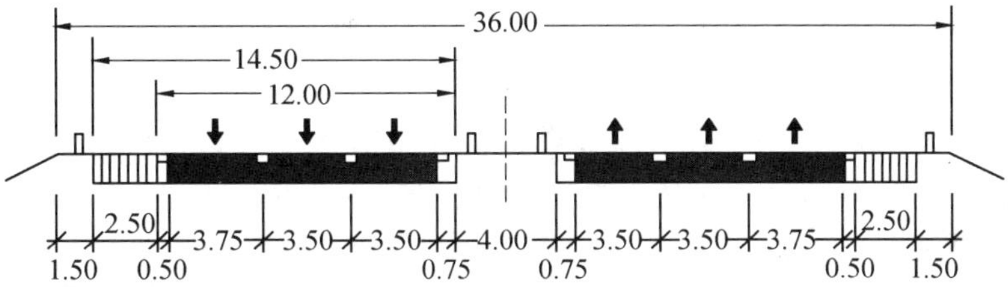

(b) RQ 36

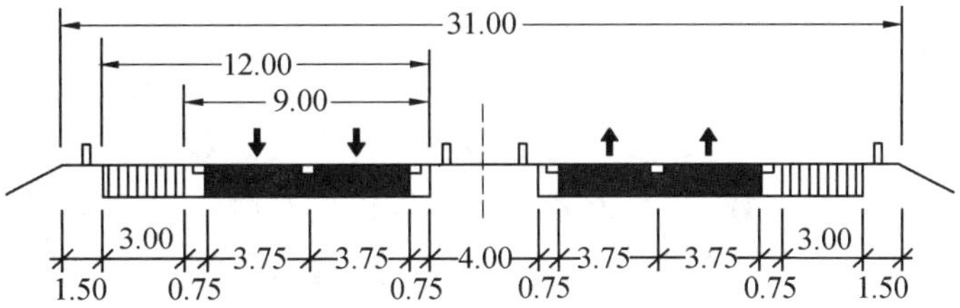

(c) RQ 31

图 1.1　德国高速公路等级 EKA 1 A 对应的 3 种典型横断面设计图(单位:m)

图 1.2　德国高速公路呼救装置

第 2 章　德国路面结构标准化设计法

路面结构设计的根本目的，是根据交通、气象、水文等自然因素，确定路面等级，选择路面类型、结构和各结构层的材料，以确保路面在设计使用期内承受车辆荷载与自然因素的共同作用，具有良好的稳定性和足够的强度，充分发挥各结构层的最大效能，并能顾及行车速度与安全，使整个路面结构满足技术、经济、合理的要求。

因此，路面结构设计必须满足道路基础设施耐久性、安全性、环保性、经济性的总体要求。在德国 80 余年高速公路建设史中，共使用过四种设计方法。

(1)经验法。

经验法是基于以往的路面设计经验、路况及养护等历史数据对新建公路进行设计。该方法的优点是设计方法简单，避免了过多复杂的力学计算，但缺点是仅适用于给定的服役环境、路面材料和交通荷载条件。这种设计方法在德国高速公路网络建设初期使用较多。

(2)回归法。

回归法尝试建立道路设计参数与道路服役寿命之间数学关系方程。该方法通常基于试验路现场试验(如加速加载试验)或者真实路段长期观测结果。道路设计者一般会在此基础上，考虑当地交通荷载与气候环境条件，对该方法进行局部修改，以适用于高交通量、高寒等其他工况下的道路设计。

(3)标准化设计法。

标准化设计法是当前德国路面结构设计的基础。标准化设计法是基于全德国高速公路路网的长期观测数据，再结合经验法和回归法，最终形成的一个德国范围内统一的路面结构设计方法。德国以道路整体结构 30 年设计寿命为目标，利用标准化设计法确定路面的结构类型、结构层数、层厚、材料类型及特征参数等。

(4)力学经验设计法。

20 世纪末，力学经验设计法开始用于德国路面结构设计。该方法根据实验室试验、现场性能数据，计算道路材料关键力学参数；基于弹性层状体系理论，计算道路结构在不同荷载与环境影响因素耦合作用下的力学响应参数(即各结构层应力、应变、变形等)；结合材料疲劳试验和足尺加速加载试验，推导路面性能衰变规律，预测道路服役寿命，完成道路结构设计与结构强度验算。该方法以标准化设计法确定的沥青路面结构为前提，兼顾了经验设计与力学计算的优点，是目前德国沥青路面设计中应用最为广泛的方法(详见本书第 8 章)。

2.1　概　　述

标准化设计法是当前德国的沥青路面结构设计的基础。标准化设计法对应的规范为德国《路面结构标准化设计规范》(RStO 12)(*Richtlinien für die Standardisierung des*

Oberbaus von Verkehrsflächen －RStO 12，英文：*Guidelines for the Standardization of Pavements in Traffic Areas* － RStO 12）。

德国《路面结构标准化设计规范》由德国道路交通研究会（Forschungsgesellschaft für Straßen-und Verkehrswesen，FGSV）于 1975 年第一次出版，于 1989 年、2001 年分别进行了两次修订和补充，最新的版本为 2012 年版（图 2.1）。

图 2.1　德国《路面结构标准化设计规范》（RStO 12）

德国沥青路面标准化设计的总体思路为：以 30 年设计寿命周期内无结构性大修为总体目标，在德国范围内建立统一的路面结构设计体系。同时，考虑联邦各地区环境气候及交通荷载的差异性，因地制宜，选择合适的路面结构与材料。

RStO 12 规范将德国公路共分为 7 个道路结构设计等级（Bauklasse，Bk），分别为：Bk 100、Bk 32、Bk 10、Bk 3.2、Bk 1.8、Bk 1.0 和 Bk 0.3。不同等级公路在沥青路面标准化设计法中的差异性体现在以下几个方面：

（1）交通荷载的组成和性质。

（2）路基的强度和冻融敏感性。

（3）路面材料的强度、刚度。

（4）路面类型（刚性路面或柔性路面）。

（5）路面建造的施工及验收标准。

（6）路面总厚度和组成。

2.2　路面结构标准化设计步骤

德国路面结构标准化设计法的流程图如图 2.2 所示。

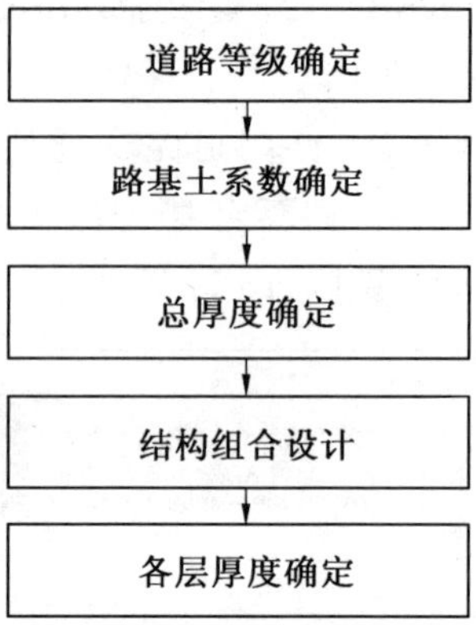

图 2.2　德国路面结构标准化设计法的流程图

路面结构标准化设计法的步骤分为以下 6 步：

(1)以 10 t 为标准轴载，以 30 年设计寿命为目标，计算累计交通量 B 值，然后按照 B 值确定道路结构设计等级。

(2)确定道路路基土的冻融敏感性，即 F1、F2、F3 系数。

(3)确定路面各结构层类型及厚度。

(4)考虑当地的地下水位、霜冻强度、地域气候、道路两侧排水等情况，在步骤(3)中计算的总厚度基础上，略做增减。

(5)因地制宜，选择合适的路面类型及路面结构组合形式。

(6)确定路面层数、层厚、材料类型等重要参数。

2.3　道路设计等级

德国道路结构设计等级主要是通过在设计使用年限内将重车轴载转化为 10 t 标准轴载计算得到的累计交通量来确定的。

标准轴载累计交通量的计算方法有两种：

方法一：在没有重车轴载统计数据的情况下，根据日平均交通强度预估重车数量。并根据经验换算公式及统计数据，得到不同公路等级荷载集中分布系数 q_{BM} 和轴载数量系数 f_A，从而计算出标准轴载累计交通量。

方法二：在准确掌握重车轴载及数量的情况下，计算标准轴载累计交通量。

2.3.1　标准轴载累计交通量计算方法一

根据日交通强度，标准轴载累计交通量 B 可按公式(2.1) 和公式(2.3) 计算。

当主要设计参数(如 f_1、f_2、f_A 等) 在设计年限中变化时，标准轴载累计交通量的确定采用下列公式：

$$B = 365 \cdot q_{BM} \cdot f_3 \cdot \sum_{i=1}^{N} \left[\mathrm{DTA}_{i-1}^{(SV)} \cdot f_{1i} \cdot f_{2i} \cdot (1 + P_i) \right] \tag{2.1}$$

$$\mathrm{DTA}_{i-1}^{(SV)} = \mathrm{DTV}_{i-1}^{(SV)} \cdot f_{Ai-1} \tag{2.2}$$

式中　B—— 当量为 10 t 的标准轴载在设计使用年限内的累计交通量，辆；

N—— 设计使用年限，德国一般为 30 年；

q_{BM}—— 荷载集中分布系数；

f_3—— 最大坡度系数；

$DTV_{i-1}^{(SV)}$—— 在使用第 $i-1$ 年，重车日平均交通强度，车 /d；

$DTA_{i-1}^{(SV)}$—— 在使用第 $i-1$ 年，重车轴载日平均数量，车轴 /d；

f_{Ai-1}—— 在使用第 $i-1$ 年，轴载数量系数，即每一种重车轴载数量平均值；

f_{1i}—— 在使用第 i 年，行车道数量系数；

f_{2i}—— 在使用第 i 年，行车道宽度系数；

P_i—— 在使用第 i 年，重车年平均增长率，%。

当主要设计参数(如 f_1、f_2、f_A 等) 在设计年限中不发生变化时，标准轴载累计交通量的确定采用下列公式：

$$B = N \cdot DTA^{(SV)} \cdot q_{BM} \cdot f_1 \cdot f_2 \cdot f_3 \cdot f_z \cdot 365 \tag{2.3}$$

式中　$DTA^{(SV)}$—— 重车轴载日平均数量，$DTA^{(SV)} = DTV^{(SV)} \cdot f_A$；

N—— 设计使用年限，德国一般为 30 年；

f_z—— 重车年平均增长系数；

f_1—— 行车道数量系数；

f_2—— 行车道宽度系数；

f_3—— 最大坡度系数；

f_A—— 轴载数量系数；

q_{BM}—— 荷载集中分布系数。

在设计使用年限内，当第一年重车增长率为 0($P_1 = 0$)，以后各年重车年增长率 $P_i > 0$ 时，可采用下列公式计算 f_z 值：

$$f_z = \frac{(1+P)^N - 1}{P \cdot N}, P = \frac{P_1 + P_2 + \cdots + P_i + \cdots + P_N}{N} \tag{2.4}$$

式中　P_i—— 第 i 年重车增长率，%，其中 $i = 1, 2, \cdots, N$；

P—— 重车年平均增长率，%；

如果考虑第一年交通量的增加(即 $P_1 \neq 0$)，则采用下列公式计算 f_z 值：

$$f_z = \frac{(1+P_i)^N - 1}{P_i \cdot N}(1+P_i) \tag{2.5}$$

RStO 12 规范规定，重交通车辆年增长率 P 应当尽可能根据历史数据或者交通模型进行准确预测。如果设计公路无法满足相关要求，则可以采用 RStO 12 规范中重交通车辆年增长率 P(表 2.1) 推荐值。此外，不同类型公路 f_z、f_1 、f_2、f_3、f_A、q_{BM} 等参数的取值见表2.2 ～ 2.8。

表 2.1　重交通车辆年增长率 P

公路类型	$P/\%$
高速公路	3
联邦公路	2
州级公路、县市级公路、乡镇级公路	1

表 2.2　重车年平均增长系数 $f_z(P_1=0)$

N/年	重车年平均增长率 P		
	1%	2%	3%
5	1.020	1.041	1.062
10	1.046	1.095	1.146
15	1.073	1.153	1.240
20	1.101	1.215	1.344
25	1.130	1.281	1.458
30	1.159	1.352	1.586

注：第一年重车增长率 $P_1=0$。

表 2.3　重车年平均增长系数 $f_z(P_1>0)$

N/年	重车年平均增长率 P		
	1%	2%	3%
5	1.030	1.062	1.094
10	1.057	1.117	1.181
15	1.084	1.176	1.277
20	1.112	1.239	1.384
25	1.141	1.307	1.502
30	1.171	1.379	1.633

注：第一年重车交通量平均增长率 $P_1>0$。

表 2.4　行车道数量系数 f_1

计算重车日平均交通强度 $DTV^{(SV)}$ 时，考虑的行车道数量	两个行驶方向	每一个行驶方向分开
1	—	1.00
2	0.50	0.90
3	0.50	0.80
4	0.45	0.80
5	0.45	0.80
≥6	0.40	—

表 2.5　行车道宽度系数 f_2

行车道宽度 /m	系数 f_2
< 2.50	2.00
≥ 2.50，< 2.75	1.80
≥ 2.75，< 3.25	1.40
≥ 3.25，< 3.75	1.10
≥ 3.75	1.00

表 2.6　最大坡度系数 f_3

最大坡度 /%	系数 f_3
< 2	1.00
≥ 2，< 4	1.02
≥ 4，< 5	1.05
≥ 5，< 6	1.09
≥ 6，< 7	1.14
≥ 7，< 8	1.20
≥ 8，< 9	1.27
≥ 9，< 10	1.35
≥ 10	1.45

表 2.7　轴载数量系数 f_A

公路类型	系数 f_A
高速公路	4.5
联邦公路	4.0
州级公路、县市级公路、乡镇级公路	3.3

表 2.8　荷载集中分布系数 q_{BM}

公路类型	分布系数 q_{BM}
高速公路	0.33
联邦公路	0.25
州级公路、县市级公路、乡镇级公路	0.23

行车道越宽，荷载分布越分散。行车道宽度对荷载分布的影响如图 2.3 所示。因此，行车道宽度系数越小，换算得到的标准轴载累计交通量越小。

最大坡度越大，最大坡度系数越大，见表 2.6，则换算得到的累积交通量越大。轮胎与路面之间传递的摩擦力为车辆的启动、驱动、制动等提供保障。轮胎与地面的摩擦力大小，

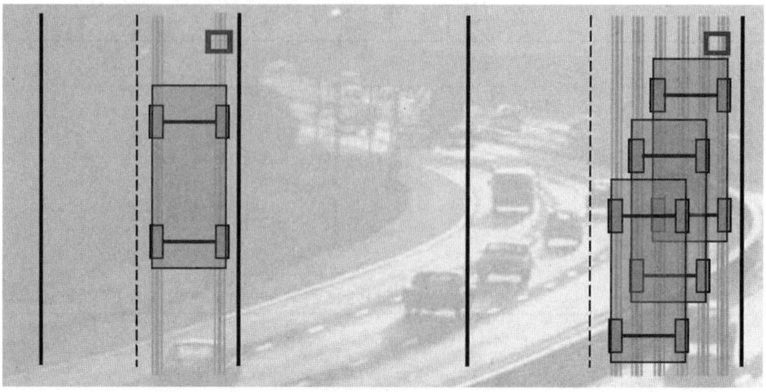

图 2.3　行车道宽度对荷载分布的影响

取决于轮胎所受的垂直载荷和胎路之间的摩擦因数。行车道坡度越大，车辆与路面之间的各种相互作用力对道路破坏就越大，最大坡度对轮胎接地区域荷载分布的影响，如图 2.4 所示。此外，德国的研究还表明，车辆在坡道上行驶速度下降、汽车尾气排放增加等因素，也会进一步加速道路结构和材料性能的劣化。

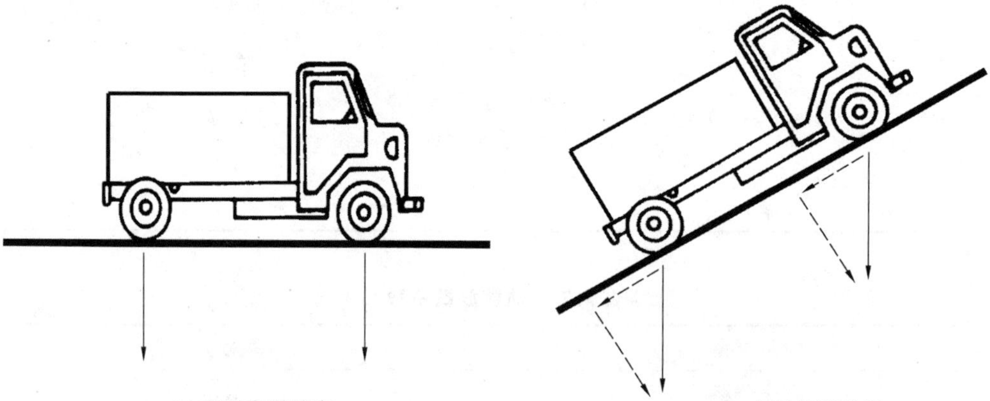

(a) 无行车道坡度　　(b) 有行车道坡度

图 2.4　最大坡度对轮胎接地区域荷载分布的影响

2.3.2　标准轴载累计交通量计算方法二

当主要设计参数(如 f_1、f_2、f_A 等) 在设计年限中变化时，标准轴载累计交通量采用下列式确定：

$$B = 365 \cdot f_3 \cdot \sum_{i=1}^{N} [\mathrm{EDTA}_{i-1}^{(SV)} \cdot f_{1i} \cdot f_{2i} \cdot (1 + P_i)] \tag{2.6}$$

$$\mathrm{EDTA}_{i-1}^{(SV)} = \sum\nolimits_K \left[\mathrm{DTA}_{(i-1)K}^{(SV)} \cdot \left(\frac{L_K}{L_0}\right)^4\right] \tag{2.7}$$

式中　B—— 当量为 10 t 的标准轴载在设计使用年限内的累计交通量，辆；

N—— 设计使用年限，德国一般为 30 年；

f_3—— 最大坡度系数；

$\mathrm{EDTA}_{i-1}^{(SV)}$ —— 在使用第 $i-1$ 年，重车当量转换轴载日平均数量；

$DTA^{(SV)}_{(i-1)K}$—— 在使用第 $i-1$ 年，重车轴载日平均数量，简写 $A_0/24$ h；

K—— 荷载种类，根据单个轴载进行划分；

L_K—— 在轴载荷载种类中的一般轴载，t；

L_0——10 t 标准轴载，t；

f_{1i}—— 在使用第 i 年，行车道数量系数；

f_{2i}—— 在使用第 i 年，行车道宽度系数；

P_i—— 重车在使用第 i 年限内平均增长率，对于第一年，$P_1=0$。

当主要设计参数(如 f_1、f_2、f_A 等)在设计年限中保持不变时，标准轴载累计交通量采用下列公式进行确定：

$$B=N\cdot EDTA^{(SV)}\cdot f_1\cdot f_2\cdot f_3\cdot f_z\cdot 365 \tag{2.8}$$

式中　N—— 设计使用年限，一般为 30 年；

f_1—— 行车道数量系数；

f_2—— 行车道宽度系数；

f_3—— 最大坡度系数；

f_z—— 重车年平均增长系数；

$EDTA^{(SV)}$ —— 重车当量转换轴载日平均数量。

在第一年观测时间里 $P_1=0$，而在以后每年交通量有增长的情况下 $P_i>0$，采用式(2.4)计算。在第一年观测中重车交通量有增长时，则采用式(2.5)计算。

2.3.3　道路结构设计等级确定

标准轴载累计交通量 B 与道路结构设计等级 Bk 之间的关系见表 2.9。RStO 12 规定了 7 个道路设计等级。其中，Bk 100 为德国道路结构设计最高等级。

表 2.9　标准轴载累计交通量与道路结构设计等级 Bk 之间的关系

序号	标准轴载为 10 t，使用年限 30 年的累计交通量 B/ 百万辆	道路结构设计等级
1	>32	Bk 100
2	>10，$\leqslant 32$	Bk 32
3	>3.2，$\leqslant 10$	Bk 10
4	>1.8，$\leqslant 3.2$	Bk 3.2
5	>1.0，$\leqslant 1.8$	Bk 1.8
6	>0.3，$\leqslant 1.0$	Bk 1.0
7	$\leqslant 0.3$	Bk 0.3

此外，对于公交车专用车道，公交车量与道路结构设计等级之间的关系见表 2.10。

表 2.10 公交车量与道路结构设计等级之间的关系

序号	公交车量 /(辆 · d^{-1})	道路结构设计等级
1	$>$ 1 400	Bk 100
2	$>$ 425，$\leqslant$ 1 400	Bk 32
3	$>$ 130，$\leqslant$ 425	Bk 10
4	$>$ 65，$\leqslant$ 130	Bk 3.2
5	$\leqslant$ 65	Bk 1.8

2.4 路面结构与道路层总厚度设计

RStO 12 规定，可以依据路基土的冻融敏感性和道路设计等级，确定路面的结构与道路层的总厚度。路面结构组合设计需选定各结构层的材料组成。

2.4.1 德国路面结构概述

德国路面结构由表面层、黏结层、承重层和防冻层组成。

(1)表面层(Deckschicht，德国规范中缩写为“D”)。

表面层直接承受着车辆荷载和自然环境因素的综合作用，是整个路面结构中重要的力学层；同时表面层还承担着表面功能层的作用。德国高等级路面的表面层主要形式为水泥路面和沥青路面。

水泥路面为刚性路面。其主要优点在于，结构承载力较高，水泥基材料的水稳定性、温度稳定性和抗老化能力均好于沥青基材料。但是，水泥路面对路基和地基的不均匀沉降适应性较差，易发生断板和脱空，且发生损坏后难以修复。此外，通常认为水泥路面的功能性弱于沥青路面，即行车噪声大、路面平整度差及行车舒适性较差。这些功能在德国高速公路不限速的背景下尤为突出。

沥青路面为柔性路面。其主要优点在于，施工工期短，对路基和地基的不均匀沉降的适应性较好；与水泥路面相比，沥青路面抗滑性能和降噪性能优良，车辆行驶过程中震动小、行车舒适度高。但沥青基材料性能对温度、水等环境因素较为敏感，且在空气和紫外线等作用下沥青材料易老化。

当前德国高速公路路面中，沥青路面占 73%，为最重要的路面结构类型。

根据所使用材料的性质和用途，沥青路面又分为 4 种表面层类型：

①沥青混凝土(德文：Asphaltbeton；英文：Asphalt Concrete，AC)。

②沥青玛蹄脂碎石混合料(德文：Splittmastixasphalt；英文：Stone Mastic Asphalt，SMA)。

③多孔沥青混合料(德文：Offenporiger Asphalt；英文：Porous Asphalt，PA)。

④浇筑式沥青混合料(德文：Gussasphalt；英文：Mastic Asphalt，MA)。

按照德国规范，AC 主要应用于中低等级公路的面层，几乎不会用于高等级公路的面层。此外，沥青混凝土还可以用于不同等级公路的黏结层和承重层。SMA 适用于中重载等级公路的面层。PA 是新兴的环保型路面，具有优良的排水、降噪效果。MA 具备自密实、零孔隙率和承载力高的特点，相对其他沥青路面类型造价较高且施工工艺复杂，在德国是桥面铺装首选材料。此外，部分超重载路面也可以选择 MA。

(2)黏结层(Bindschicht，德国规范中缩写为“B”)。

德国高等级公路的沥青路面结构中均设置黏结层，位于表面层下方，黏结层必须起到调平下面承重层和吸收由于交通荷载而引起的水平剪力的作用，其功能与设置类似于我国的中面层。因此，黏结层材料必须有良好的稳定性和承载力，在高等级公路中常常采用聚合物改性沥青作为黏结剂。

(3)承重层(Tragschicht，德国规范中缩写为“T”)。

承重层通常位于黏结层下方，主要起到承重作用。其功能与设置类似于我国道路下面层、基层及底基层。依据其结构组成性能，承重层又分为无黏结材料承重层(碎石或砾石)和有黏结材料承重层(沥青基层或水泥稳定碎石基层)。在德国高等级公路中，通常沥青或水泥承重层与无黏结材料承重层(如级配碎石基层)组合使用，道路路基土冻融敏感性对结构形式的影响如图 2.5 所示。

(4)防冻层(Frostschutzschicht，德国规范中缩写为“FSS”)。

防冻层位于承重层下方，具有防冻和承重的作用，类似于我国沥青层的垫层。防冻层不是必要结构层，其设置与否主要取决于道路路基土的冻融敏感性和防冻需要。按照《德国路面结构标准化设计规范》(RStO 12)规定，中等易冻土(F2)、严重易冻土(F3)必须设置防冻层，如图 2.5 所示，其路基土的分类详见表 2.11。

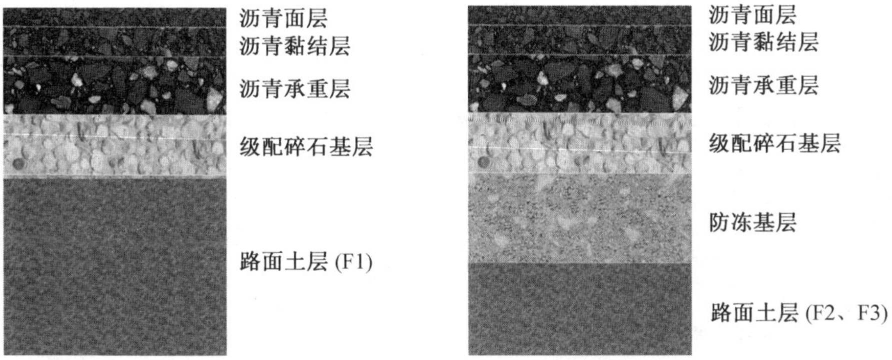

(a) 无防冻层　　(b) 有防冻层

图 2.5　道路路基土冻融敏感性对结构形式的影响

表 2.11　德国路基土的分类

土类别	土的性质	土的组成按照德国 DIN 18196 划分
F1	不易冻土	GW，GI，GE，SW，SI，SE
F2	中等易冻土	TA，OT，OK，ST，GT，SU，GU
F3	严重易冻土	TL，TM，UL，UM，UA，OU，ST*，GT*，SU*，GU*

2.4.2 道路层总厚度设计

德国沥青路面结构组合设计中，必须考虑路基土的性质、地区划分、水文地质及线路位置等因素影响。

路基土的冻融敏感性直接影响路面结构层的组合设计和厚度。在设计时可按照德国土壤分类标准 DIN 18196 将路基土进行分类，然后根据其所属的类别查表 2.11 判断其冻融敏感性。按照路基土冻融敏感性，德国路基土划分成三个类别：不易冻土(F1)、中等易冻土(F2)和严重易冻土(F3)。路基土性质和分类的详细信息，请见第 3 章。

根据道路路基土的类型和道路等级，从表 2.12 中可以直接确定道路层的总厚度。

表 2.12 道路层总厚度基础计算值 h_0 （单位：cm）

路基土类型	道路设计等级		
	Bk 100～Bk 10	Bk 3.2～Bk 1.0	Bk 0.3
F2	55	50	40
F3	65	60	50

在确定道路层总厚度基础计算值 h_0 之后，道路设计还必须考虑道路当地的冻融和霜冻强度、地域气候差异性、地下水位情况、路基类型、道路两侧边沟和排水类型等实际情况。在上述所得总厚度基础上，查表 2.13 得出道路厚度增减值。

表 2.13 考虑道路实际情况的道路厚度增减值

		h_A	h_B	h_C	h_D	h_E
霜冻强度	1 区(浅冻区)	±0 cm				
	2 区(中冻区)	+5 cm				
	3 区(深冻区)	+15 cm				
地域气候差异性	不利气候(如处于北坡，常年阳光少等)		+5 cm			
	无特殊影响气候		±0 cm			
	较好气候(如路边有封闭式建筑物)		−5 cm			
地下水位情况	地下水位距地表>1.5 m			±0 cm		
	地下水位距地表≤1.5 m			+5 cm		
路基类型	挖方路堑				+5 cm	
	路堤填方≤2 m				±0 cm	
	路堤填方>2 m				−5 cm	
边沟类型	土边沟					±0 cm
	砌石边沟					−5 cm

整个路面结构层的厚度 h_{total} 计算公式(2.9)为

$$h_{total}=h_0+h_A+h_B+h_C+h_D+h_E \tag{2.9}$$

2.4.3　各结构层厚度设计

在确定道路设计等级、道路层结构与总厚度之后,可以根据当地条件,选择合适的路面结构组合形式。

德国《路面结构标准化设计规范》(RStO 12)规定了 5 种沥青路面结构组合形式。

(1)沥青路面结构形式 1:在防冻层上设置沥青基层(Asphalttragschicht,ATS)、沥青黏结层(Asphaltbinderschicht,ABS)、沥青表面层(Asphaltdeckschicht,ADS)。其中,沥青黏结层和沥青表面层可以统称为沥青面层(Asphaltdecke)。

(2)沥青路面结构形式 2:在防冻层上设置水泥稳定碎石基层(Tragschicht mit hydraulischen Bindemitteln,HGT)、沥青基层、沥青黏结层、沥青表面层。

(3)沥青路面结构形式 3:在防冻层上设置级配碎石基层、沥青基层、沥青黏结层、沥青表面层。

(4)沥青路面结构形式 4:在防冻层上设置级配砾石基层、沥青基层、沥青黏结层、沥青表面层。

(5)沥青路面结构形式 5:在不易冻土层(即冻融敏感性为 F1 的路基土)上设置级配碎砾石基层、沥青基层、沥青黏结层、沥青表面层。

F2 和 F3 类型路基上的沥青路面各结构层的厚度可直接查表 2.14(沥青路面)获得。

此外,德国路面结构标准化设计规范 RStO 12 还规定了 4 种水泥路面结构形式。

(1)水泥路面结构形式 1:在不易冻土层上或在防冻层上设置水泥稳定碎石基层、水泥路面。

(2)水泥路面结构形式 2:在防冻层上设置沥青基层、水泥路面。

(3)水泥路面结构形式 3:在不易冻土层上或在防冻层上设置级配碎石基层、水泥路面。

(4)水泥路面结构形式 4:在防冻层上设置水泥路面。

F2 和 F3 类型路基上的水泥路面各结构层的厚度可直接查表 2.15(水泥路面)获得。

表 2.14 F2 和 F3 类型路基上的沥青路面结构

厚度说明(单位:cm)

路面结构形式	设计等级	Bk 100				Bk 32				Bk 10				Bk 3.2				Bk 1.8				Bk 1.0				Bk 0.3			
	累计交通量 B /百万辆	>32				10～32				3.2～10				1.8～3.2				1.0～1.8				0.3～1.0				≤0.3			
	路面结构层总厚度[①] /cm	55	65	75	85	55	65	75	85	55	65	75	85	45	55	65	75	45	55	65	75	45	55	65	75	35	45	55	65
1	在防冻层上设置沥青基层																												
	沥青面层 / 沥青基层 / 防冻层	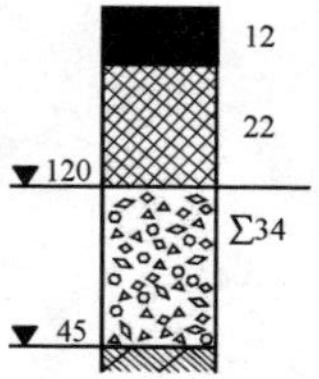				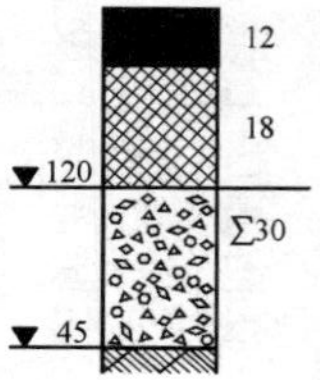				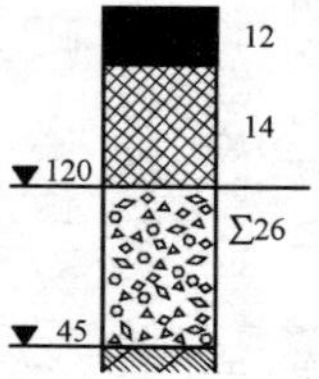				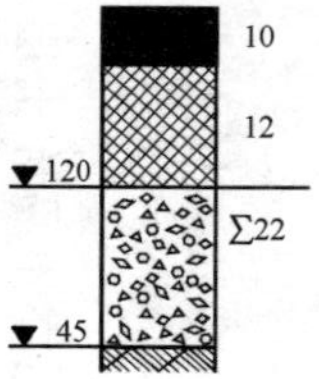				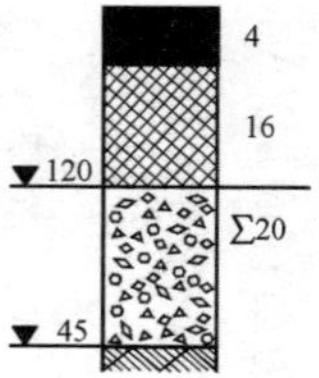				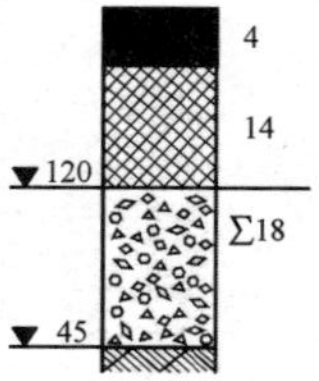				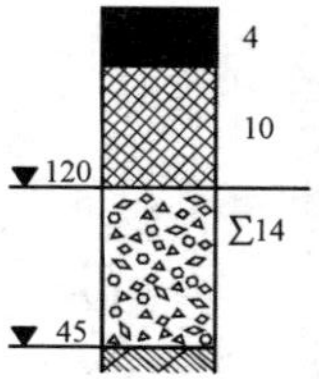			
	防冻层的厚度 /cm	—	31	41	51	25	35	45	55	29	39	49	59	—	33	43	53	25	35	45	55	27	37	47	57	21	31	41	51

续表 2.14

<table>
<tr><td rowspan="3">路面结构形式</td><td>设计等级</td><td colspan="4">Bk 100</td><td colspan="4">Bk 32</td><td colspan="4">Bk 10</td><td colspan="4">Bk 3.2</td><td colspan="4">Bk 1.8</td><td colspan="4">Bk 1.0</td><td colspan="4">Bk 0.3</td></tr>
<tr><td>累计交通量 B /百万辆</td><td colspan="4">>32</td><td colspan="4">10～32</td><td colspan="4">3.2～10</td><td colspan="4">1.8～3.2</td><td colspan="4">1.0～1.8</td><td colspan="4">0.3～1.0</td><td colspan="4">≤0.3</td></tr>
<tr><td>路面结构层总厚度[①] /cm</td><td>55</td><td>65</td><td>75</td><td>85</td><td>55</td><td>65</td><td>75</td><td>85</td><td>55</td><td>65</td><td>75</td><td>85</td><td>45</td><td>55</td><td>65</td><td>75</td><td>45</td><td>55</td><td>65</td><td>75</td><td>45</td><td>55</td><td>65</td><td>75</td><td>35</td><td>45</td><td>55</td><td>65</td></tr>
<tr><td rowspan="6">2</td><td colspan="29">在水泥稳定碎石基层上设置沥青基层</td></tr>
<tr><td>沥青面层</td><td colspan="4" rowspan="4">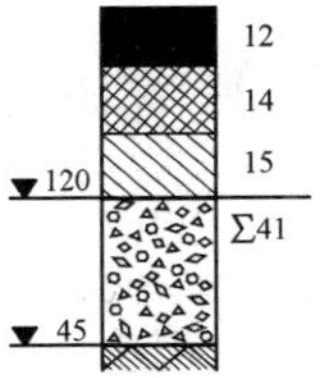</td><td colspan="4" rowspan="4">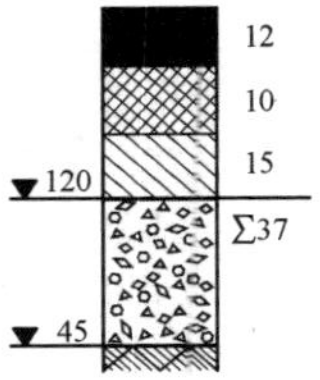</td><td colspan="4" rowspan="4">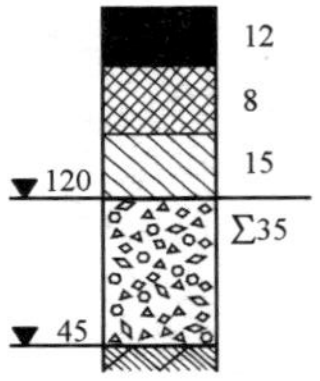</td><td colspan="4" rowspan="4"></td><td colspan="4" rowspan="4"></td><td colspan="4" rowspan="4"></td><td colspan="4" rowspan="4"></td></tr>
<tr><td>沥青基层</td></tr>
<tr><td>水泥稳定碎石基层</td></tr>
<tr><td>防冻层</td></tr>
<tr><td>防冻层厚度/cm</td><td>—</td><td>—</td><td>34</td><td>44</td><td>—</td><td>28</td><td>38</td><td>48</td><td>—</td><td>30</td><td>40</td><td>50</td><td></td><td></td><td></td><td></td><td></td><td></td><td></td><td></td><td></td><td></td><td></td><td></td><td></td><td></td><td></td><td></td></tr>
</table>

续表 2.14

<table>
<tr><td rowspan="3">路面结构形式</td><td>设计等级</td><td colspan="4">Bk 100</td><td colspan="4">Bk 32</td><td colspan="4">Bk 10</td><td colspan="4">Bk 3.2</td><td colspan="4">Bk 1.8</td><td colspan="4">Bk 1.0</td><td colspan="4">Bk 0.3</td></tr>
<tr><td>累计交通量 B /百万辆</td><td colspan="4">>32</td><td colspan="4">10～32</td><td colspan="4">3.2～10</td><td colspan="4">1.8～3.2</td><td colspan="4">1.0～1.8</td><td colspan="4">0.3～1.0</td><td colspan="4">≤0.3</td></tr>
<tr><td>路面结构层总厚度[①] /cm</td><td>55</td><td>65</td><td>75</td><td>85</td><td>55</td><td>65</td><td>75</td><td>85</td><td>55</td><td>65</td><td>75</td><td>85</td><td>45</td><td>55</td><td>65</td><td>75</td><td>45</td><td>55</td><td>65</td><td>75</td><td>45</td><td>55</td><td>65</td><td>75</td><td>35</td><td>45</td><td>55</td><td>65</td></tr>
<tr><td rowspan="6">3</td><td colspan="29">在防冻层上设置级配碎石基层、沥青基层</td></tr>
<tr><td>沥青面层</td><td colspan="4" rowspan="4">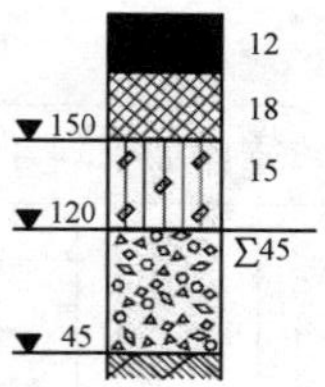
</td><td colspan="4" rowspan="4">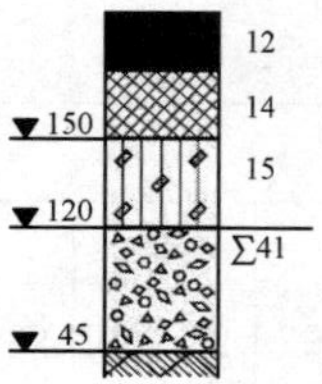
</td><td colspan="4" rowspan="4">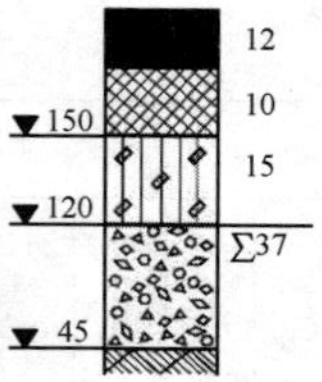
</td><td colspan="4" rowspan="4">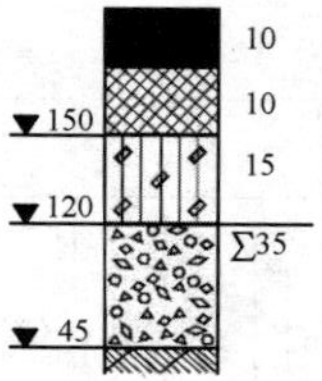
</td><td colspan="4" rowspan="4">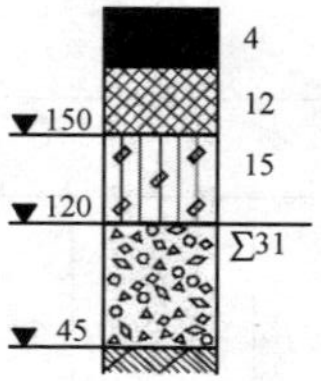
</td><td colspan="4" rowspan="4">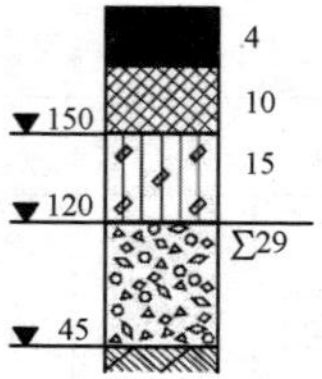
</td><td colspan="4" rowspan="4">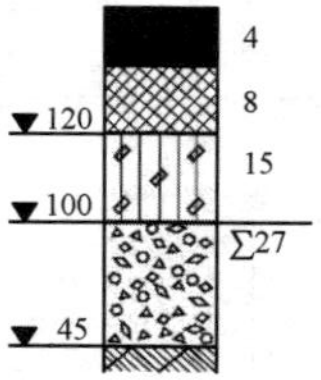
</td></tr>
<tr><td>沥青基层</td></tr>
<tr><td>级配碎石基层</td></tr>
<tr><td>防冻层</td></tr>
<tr><td>防冻层厚度 /cm</td><td>—</td><td>—</td><td>30</td><td>40</td><td>—</td><td>—</td><td>34</td><td>44</td><td>—</td><td>28</td><td>38</td><td>48</td><td>—</td><td>—</td><td>30</td><td>40</td><td>—</td><td>24</td><td>34</td><td>44</td><td>16</td><td>26</td><td>36</td><td>46</td><td>—</td><td>18</td><td>28</td><td>38</td></tr>
</table>

续表 2.14

路面结构形式	设计等级	Bk 100				Bk 32				Bk 10				Bk 3.2				Bk 1.8				Bk 1.0				Bk 0.3			
	累计交通量 B /百万辆	>32				10～32				3.2～10				1.8～3.2				1.0～1.8				0.3～1.0				≤0.3			
	路面结构层总厚度[①] /cm	55	65	75	85	55	65	75	85	55	65	75	85	45	55	65	75	45	55	65	75	45	55	65	75	35	45	55	65
4	在防冻层上设置级配砾石基层、沥青基层																												
	沥青面层 沥青基层 级配砾石基层 防冻层	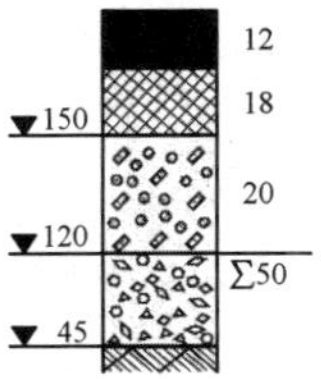				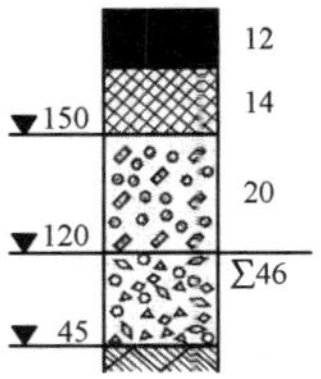				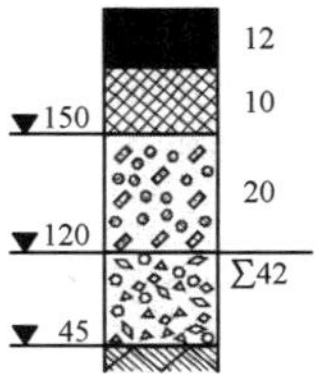				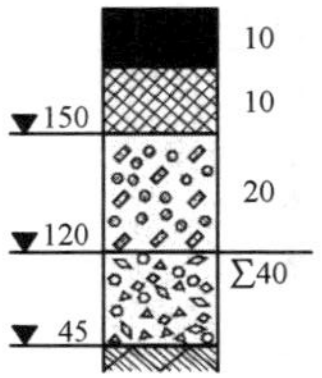				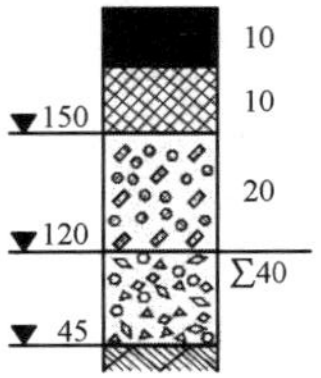				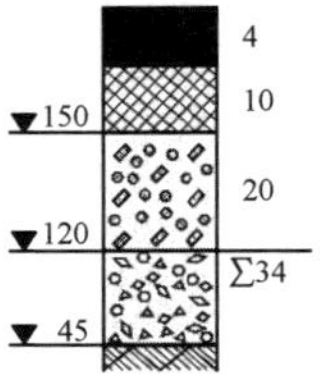				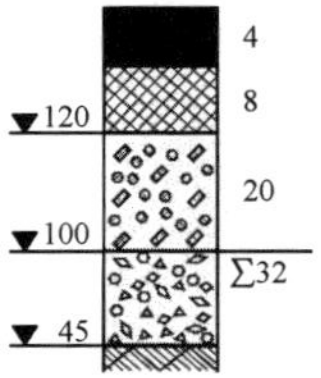			
	防冻层厚度 /cm	—	—	25	35	—	—	29	39	—		33	43	—	—	25	35	—	—	29	39	—	31	41	51	—	—	23	33

续表 2.14

<table>
<tr><td rowspan="3">路面结构形式</td><td>设计等级</td><td colspan="4">Bk 100</td><td colspan="4">Bk 32</td><td colspan="4">Bk 10</td><td colspan="4">Bk 3.2</td><td colspan="4">Bk 1.8</td><td colspan="4">Bk 1.0</td><td colspan="4">Bk 0.3</td></tr>
<tr><td>累计交通量 B /百万辆</td><td colspan="4">>32</td><td colspan="4">10～32</td><td colspan="4">3.2～10</td><td colspan="4">1.8～3.2</td><td colspan="4">1.0～1.8</td><td colspan="4">0.3～1.0</td><td colspan="4">≤0.3</td></tr>
<tr><td>路面结构层总厚度[①] /cm</td><td>55</td><td>65</td><td>75</td><td>85</td><td>55</td><td>65</td><td>75</td><td>85</td><td>55</td><td>65</td><td>75</td><td>85</td><td>45</td><td>55</td><td>65</td><td>75</td><td>45</td><td>55</td><td>65</td><td>75</td><td>45</td><td>55</td><td>65</td><td>75</td><td>35</td><td>45</td><td>55</td><td>65</td></tr>
<tr><td rowspan="6">5</td><td colspan="29">在不易冻土层上设置级配碎砾石基层、沥青基层</td></tr>
<tr><td>沥青面层</td><td colspan="4" rowspan="4">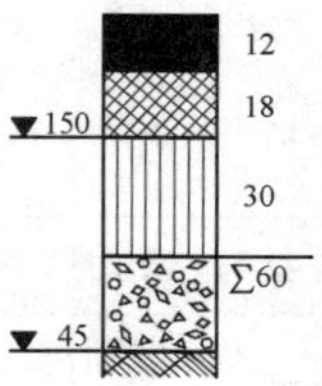
</td><td colspan="4" rowspan="4">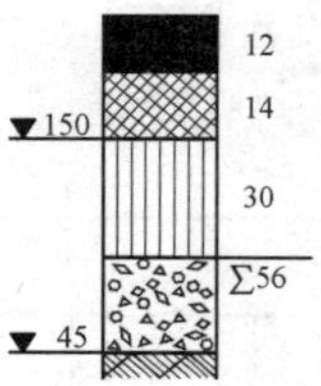
</td><td colspan="4" rowspan="4">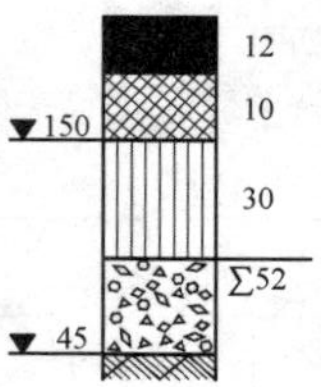
</td><td colspan="4" rowspan="4">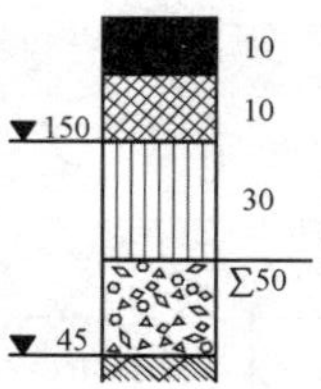
</td><td colspan="4" rowspan="4">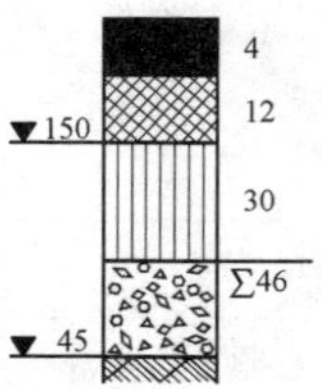
</td><td colspan="4" rowspan="4">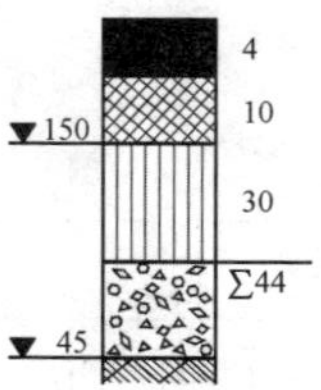
</td><td colspan="4" rowspan="4">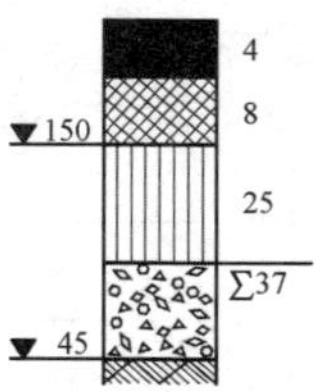
</td></tr>
<tr><td>沥青基层</td></tr>
<tr><td>级配碎石或砾石基层</td></tr>
<tr><td>不易冻土层</td></tr>
<tr><td>不易冻土层的厚度 /cm</td><td colspan="28">>12</td></tr>
</table>

注：①如果数值有偏差，防冻层的厚度或不易冻土材料可以用插值法确定。

表 2.15　F2 和 F3 类型路基上的水泥路面结构

厚度说明(单位:cm)

区域	设计等级	Bk 100				Bk 32				Bk 10				Bk 3.2				Bk 1.8				Bk 1.0				Bk 0.3			
	累计交通量 *B* / 百万辆	>32				10～32				3.2～10				1.8～3.2				1.0～1.8				0.3～1.0				≤0.3			
	路面结构层总厚度[①]/cm	55	65	75	85	55	65	75	85	55	65	75	85	45	55	65	75	45	55	65	75	45	55	65	75	35	45	55	65
1.1	在不易冻土层上或在防冻层上设置水泥稳定碎石基层																												
	水泥路面 无纺布 水泥稳定碎石基层 防冻层	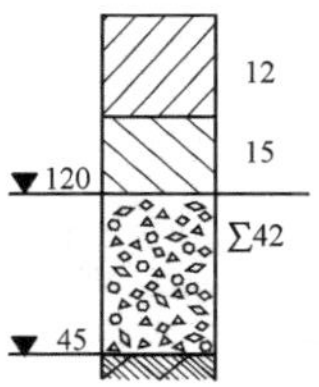				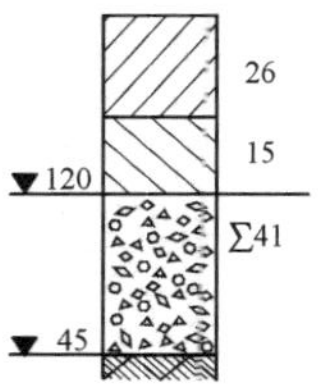				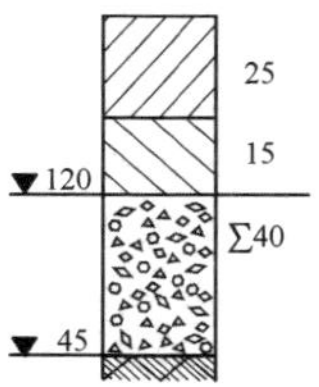				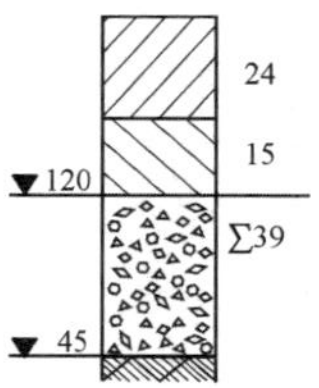				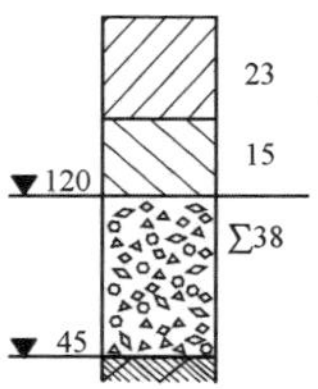											
	防冻层厚度/cm	—	—	33	43	—	24	34	44	—	25	35	45	—	—	26	36	—	—	27	37								
1.2	水泥路面 无纺布 不易冻土层(非单一级配)	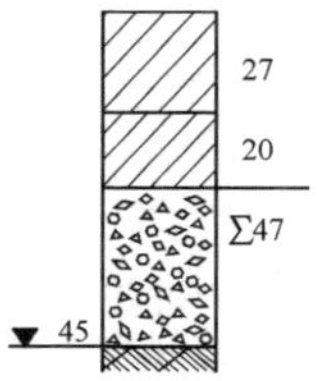				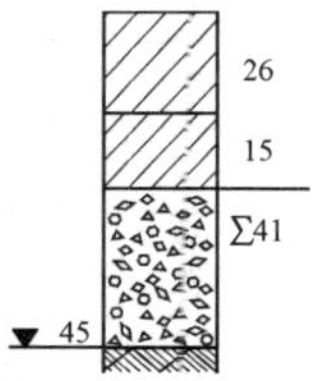				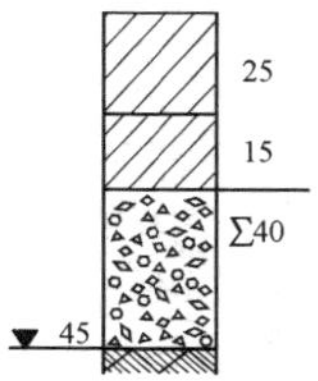				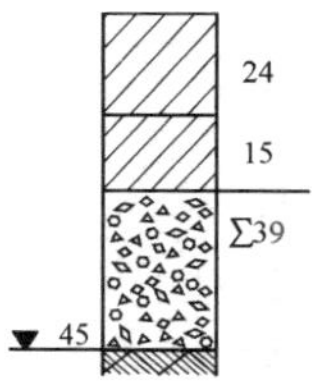				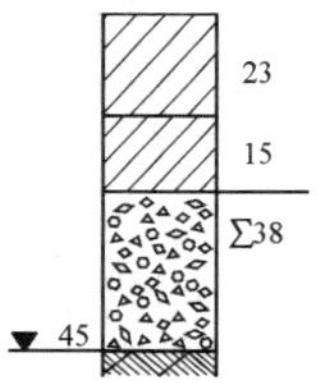											
	不易冻土层厚度/cm	8	18	28	38	14	24	34	44	15	25	35	45	6	16	26	36	—	—	27	37								

续表 2.15

区域	设计等级	Bk 100				Bk 32				Bk 10				Bk 3.2				Bk 1.8				Bk 1.0				Bk 0.3			
区域	累计交通量 B / 百万辆	>32				10～32				3.2～10				1.8～3.2				1.0～1.8				0.3～1.0				≤0.3			
区域	路面结构层总厚度[①]/cm	55	65	75	85	55	65	75	85	55	65	75	85	45	55	65	75	45	55	65	75	45	55	65	75	35	45	55	65
1.3	水泥路面 / 无纺布 / 不易冻土层（单一级配）	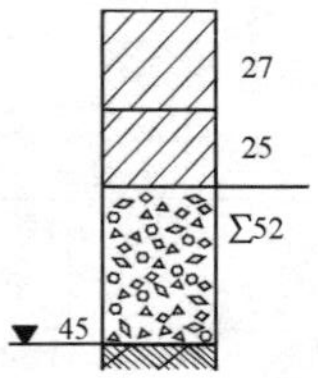				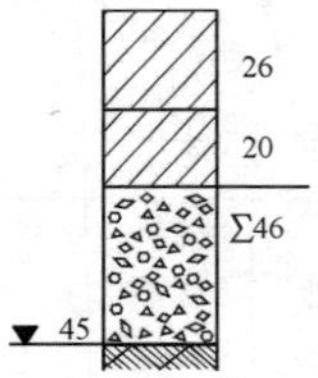				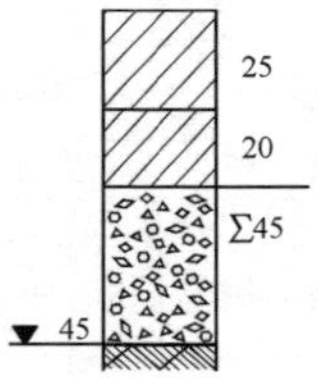				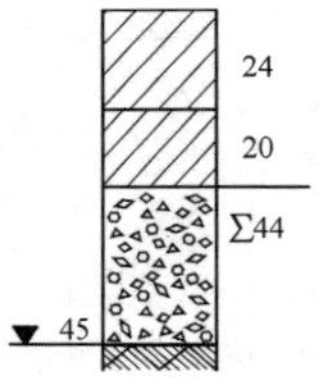				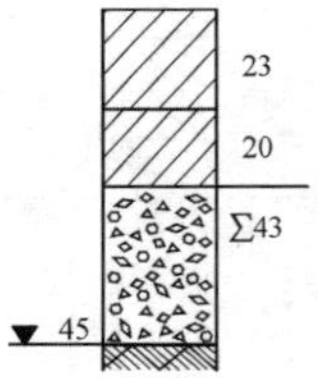				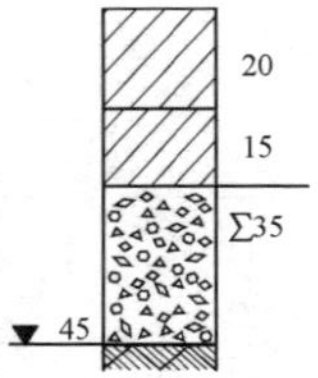				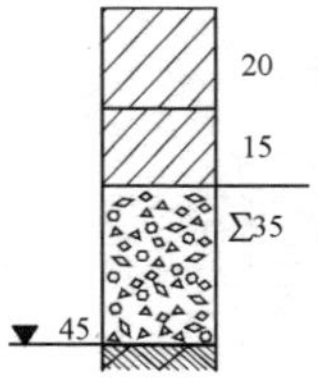			
1.3	不易冻土层厚度/cm	3	13	23	33	9	19	29	39	10	20	30	40	1	11	21	31	2	12	22	32	10	20	30	40	—	10	20	30
2	在防冻层上设置沥青基层																												
2	水泥路面 / 沥青基层 / 防冻层	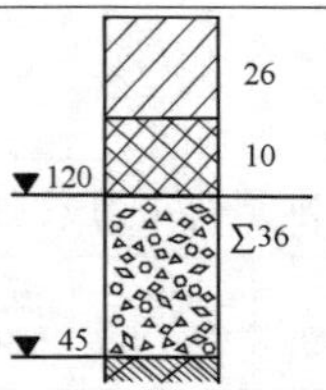				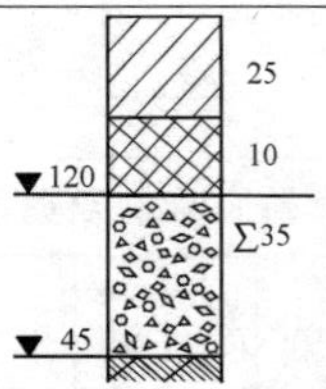				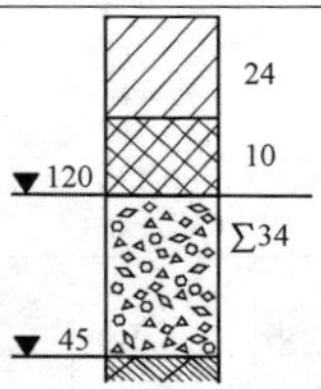				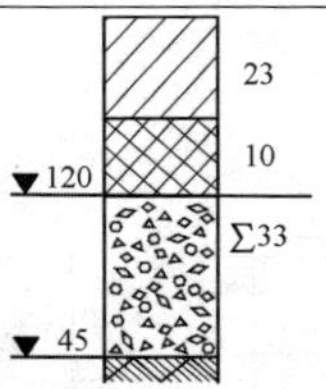				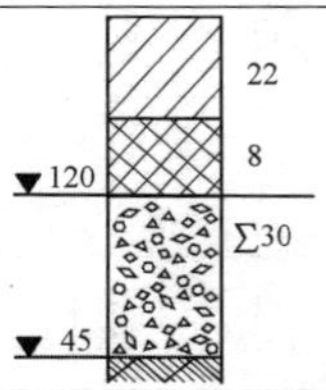											
2	防冻层的厚度/cm	—	29	39	49	—	30	40	50	—	31	41	51	—	—	32	42	—	25	35	45								

续表 2.15

区域	设计等级	Bk 100				Bk 32				Bk 10				Bk 3.2				Bk 1.8				Bk 1.0				Bk 0.3			
	累计交通量 B / 百万辆	＞32				10～32				3.2～10				1.8～3.2				1.0～1.8				0.3～1.0				≤0.3			
	路面结构层总厚度[①]/cm	55	65	75	85	55	65	75	85	55	65	75	85	45	55	65	75	45	55	65	75	45	55	65	75	35	45	55	65
3.1	在不易冻土层上设置级配碎石基层																												
	水泥路面 / 级配碎石基层 / 不易冻土层	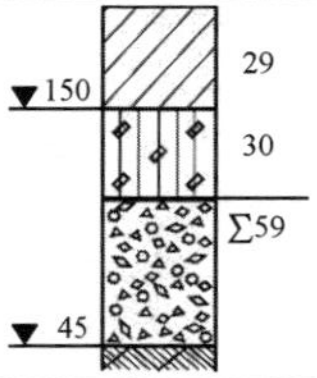				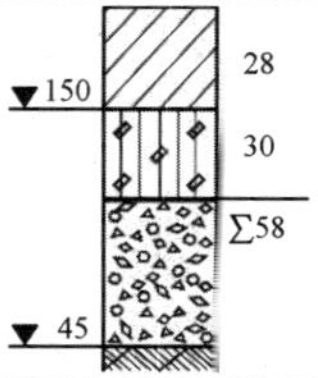				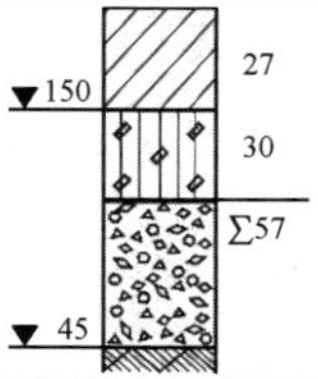				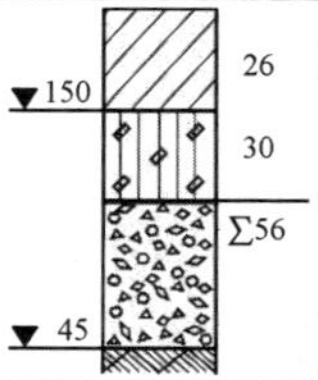				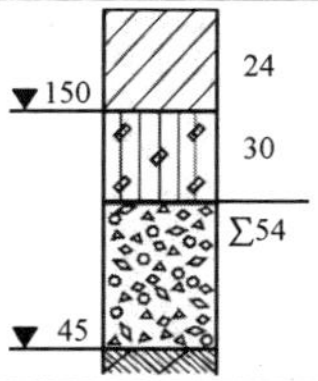											
	不易冻土层厚度 /cm	＞12																											
3.2	在防冻层上设置级配碎石基层																												
	水泥路面 / 级配碎石基层 / 防冻层	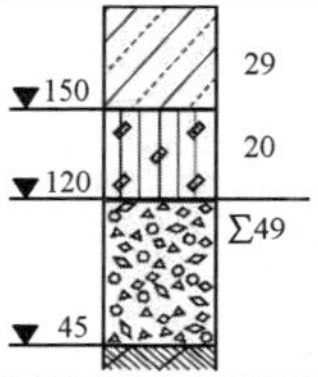				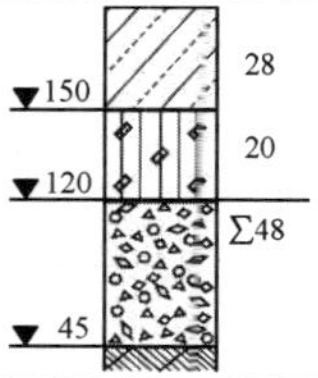				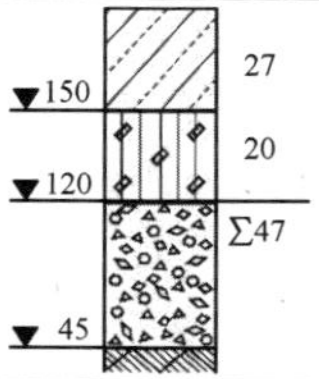				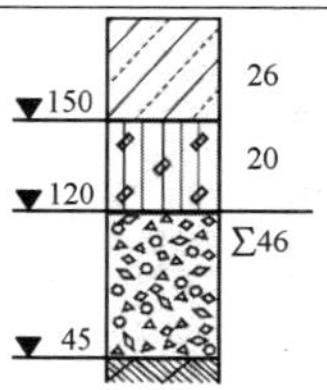				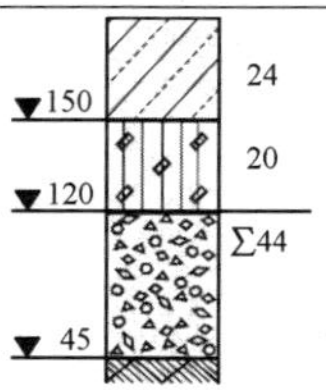											
	防冻层的厚度 /cm	—	—	26	36	—	—	27	37	—	—	28	38	—	—	19	29	—	—	21	31								

续表 2.15

区域	设计等级	Bk 100				Bk 32				Bk 10				Bk 3.2				Bk 1.8				Bk 1.0				Bk 0.3			
	累计交通量 B / 百万辆	>32				10～32				3.2～10				1.8～3.2				1.0～1.8				0.3～1.0				≤0.3			
	路面结构层总厚度[①] /cm	55	65	75	85	55	65	75	85	55	65	75	85	45	55	65	75	45	55	65	75	45	55	65	75	35	45	55	65
4	在水泥路面下直接设置防冻层																												
	水泥路面																					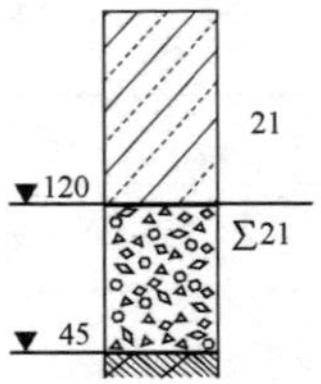				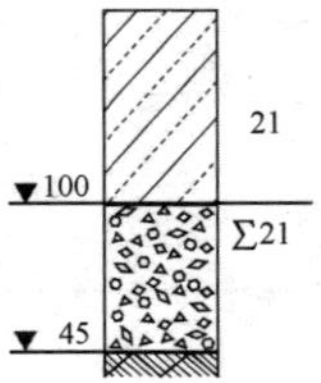			
	防冻层																												
	防冻层的厚度 /cm																					24	34	44	54	14	24	34	44

注:①如果数值有偏差,防冻层的厚度或不易冻土材料可以用插值法确定。

2.5　道路层材料类型设计

依据道路路基土的类型和道路结构设计等级，可以在德国 TL Asphalt-StB 07/13 和 ZTV Asphalt-StB 07/13 两本规范中(图 2.6)确定沥青道路各结构层的混合料类型和沥青类型。

(1)TL Asphalt-StB 07/13 规范(*Technische Lieferbedingungen für Asphaltmischgut für den Bau von Verkehrsflächenbefestigungen*)(2007 年出版，2013 年修订)为德国公路沥青混合料的供货技术规范，具体规定了路用沥青混合料生产制备过程中的材料参数及技术要求。

(2)ZTV Asphalt-StB 07/13 规范(*Zusätzliche Technische Vertragsbedingungen und Richtlinien für den Bau von Verkehrsflächenbefestigungen aus Asphalt*)(2007 年出版，2013 年修订)为德国公路沥青混合料的附加技术合同条款和条件，具体规定了沥青混合料的制成品要求及施工过程中的工艺参数，适用于沥青路面的交工验收。

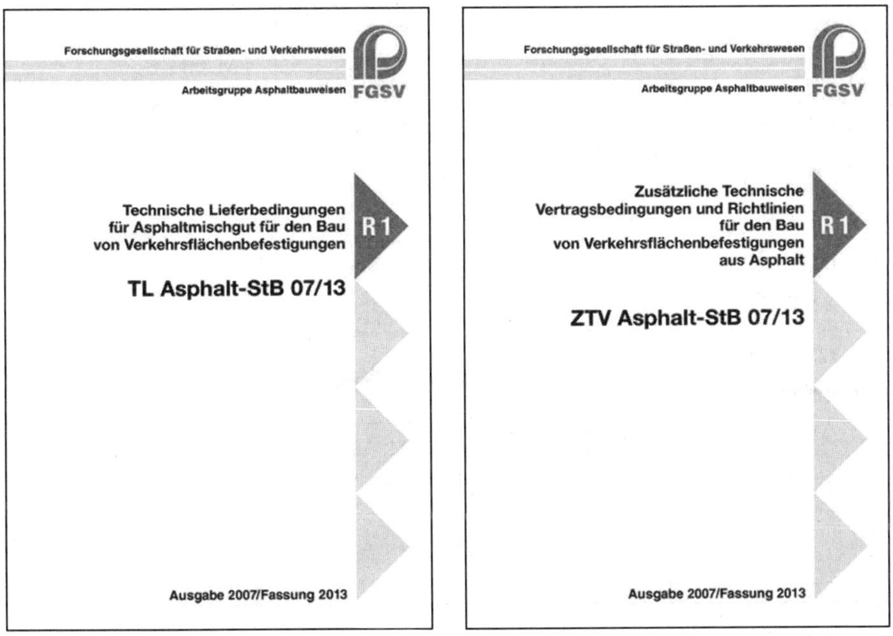

(a) TL Asphalt-StB 07/13规范　　(b) ZTV Asphalt-StB 07/13规范

图 2.6　德国高速公路规范

德国 TL Asphalt-StB 07/13 规范中给出了德国公路用沥青混合料的命名规则，其具体顺序为：沥青混合料类型 + 公称最大粒径 + 层位和功能 + 荷载类型。

(1)德国 TL Asphalt-StB 07/13 规范将沥青混合料按照材料的性质和用途分为沥青混凝土(AC)、沥青玛蹄脂碎石混合料(SMA)、多孔沥青混合料(PA)、浇筑式沥青混合料(MA)4 种，详见第 6 章。

(2)公称最大粒径：5 mm、8 mm、11 mm、16 mm、22 mm 和 32 mm。

(3)层位和功能：表面层(D)，黏结层(B)，承重层(T)。

(4)荷载类型:重载(S),中载(N),轻载(L)。

基于以上原则,以 AC 32 T S 为例,其含义为:适用于重载交通条件下,用于沥青路面承重层、公称最大粒径为 32 mm 的沥青混凝土。

从德国路用沥青混合料的命名规则中可以看出,即使是类型和公称最大粒径均相同的沥青混合料,其原材料性质、配合比设计及混合料性质要求也会因混合料所在层位和该条公路对应的交通荷载等级不同而有变化。这与我国沥青混合料规范存在很大的不同。

德国 TL Asphalt-StB 07/13 规范中,不同层位和荷载等级的各类型混合料原材料具体要求见表 2.16 和表 2.17。

表 2.16　沥青混合料类型选择

<table>
<tr><th rowspan="2">类型</th><th rowspan="2">承重层</th><th rowspan="2">黏结层</th><th colspan="4">面层</th></tr>
<tr><th>沥青混凝土(AC)</th><th>沥青玛蹄脂碎石(SMA)混合料</th><th>浇筑式沥青(MA)混合料</th><th>多孔沥青(PA)混合料</th></tr>
<tr><td>Bk 100 和 Bk 32</td><td>AC 32 T S;
AC 22 T S</td><td>AC 22 B S;
AC 16 B S</td><td>—</td><td rowspan="3">SMA 11 S;
SMA 8 S</td><td rowspan="3">MA 11 S;
MA 8 S;
MA 5 S</td><td rowspan="3">PA 11;
PA 8</td></tr>
<tr><td>Bk 10</td><td>AC 32 T S;
AC 22 T S</td><td>AC 22 B S;
AC 16 B S</td><td>AC 11 D S</td></tr>
<tr><td>Bk 3.2</td><td>AC 32 T S;
AC 22 T S</td><td>AC 16 B S</td><td>AC 11 D S</td></tr>
<tr><td>Bk 1.8</td><td>AC 32 T N;
AC 22 T N</td><td>AC 16 B N</td><td>—</td><td>SMA 8 N</td><td rowspan="3">MA 11 N;
MA 8 N;
MA 5 N</td><td rowspan="4">—</td></tr>
<tr><td>Bk 1.0</td><td>AC 32 T N;
AC 22 T N</td><td>—</td><td>—</td><td>SMA 8 N</td></tr>
<tr><td>Bk 0.3</td><td>AC 32 T N;
AC 22 T N</td><td>—</td><td>—</td><td>SMA 8 N;
SMA 5 N</td></tr>
<tr><td>自行车道、人行道</td><td>AC 32 T N;
AC 22 T L</td><td>—</td><td>AC 8 D L;
AC 5 D L</td><td>—</td><td>MA 5 N</td></tr>
</table>

图 2.7 为德国高速公路典型的路面结构。其中,沥青面层为适用于重载型路面的、公称最大粒径为 8 mm 的沥青玛蹄脂碎石混合料 SMA 8 S,结构厚度为 4 cm,使用的沥青类型为标号为 25/55－55 聚合物改性沥青。沥青黏结层为适用于重载型路面的、公称最大粒径为 16 mm 的沥青混凝土 AC 16 B S,结构厚度为 8 cm,同样使用的是标号为 25/55－55 聚合物改性沥青。沥青基层(承重层)为适用于重载型路面的、公称最大粒径为32 mm的沥青混凝土 AC 32 T S,结构厚度为 22 cm,使用的沥青类型为标号为 50/70 的普通沥青。沥青类型与沥青命名方式详见第 5 章。

表 2.17　沥青混合料中沥青类型选择

类型	承重层	黏结层	面层			
			沥青混凝土 AC	沥青玛蹄脂(SMA)碎石混合料	浇筑式沥青(MA)混合料	多孔沥青混(PA)合料
Bk 100 和 Bk 32	50/70 (30/45)	25/55－55；30/45；(10/40－65)	—	25/55－55	20/30；30/45；(10/40－65)	40/100－65
Bk 10	50/70 (30/45)	25/55－55；30/45；(10/40－65)	25/55－55	25/55－55	20/30；30/45；(10/40－65)	40/100－65
Bk 3.2	50/70 (30/45)	25/55－55；30/45；(10/40－65)	25/55－55 (50/70)	25/55－55	30/45 (25/55－55)	40/100－65
Bk 1.8	50/70 (70/100)	50/70	50/70 (25/55－55)	50/70 (25/55－55)	30/45 (25/55－55)	—
Bk 1.0	70/100 (50/70)	—	50/70 (70/100)	50/70	30/45	—
Bk 0.3	70/100	—	50/70 70/100	70/100	30/45	—
自行车道、人行道	70/100	—	70/100	—	30/45	—

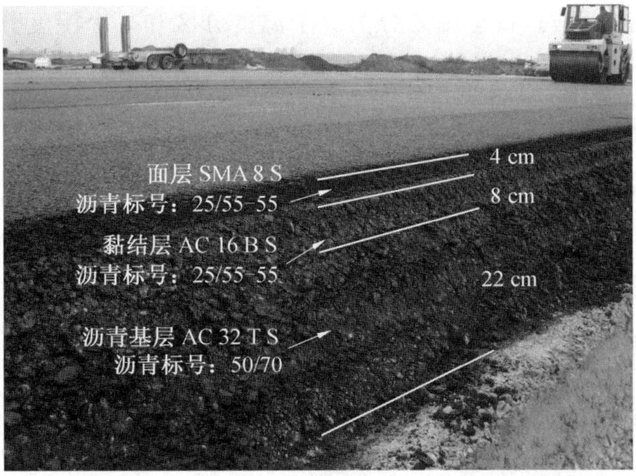

图 2.7　德国高速公路典型路面结构

图 2.7 所示德国高速公路典型路面结构的结构层总厚度达到 34 cm，为规范最低要求。

2.6 中德路面结构标准化设计方法对比

路面结构标准化设计法是当前德国的沥青路面结构设计的基础，而我国现有路面结构设计流程为：确定交通荷载等级；设计结构组合；材料性质要求和参数确定；力学指标验算。因此，我国路面结构设计体系中缺少与标准化设计法对应的部分，其方法更接近于德国力学经验法（详见第 8 章）。

总体而言，路面结构标准化设计法基于对全德国高速公路路网的长期观测和经验分析。因此，对于荷载气候等条件差异性不大的国家和地区，路面结构标准化设计法具有很好的适用性。路面结构统一设计的理念简单、方法易操作，可以极大地方便设计与施工人员的使用。但是标准化设计法是否适用于环境和荷载差异较大的国家和地区，尚存在疑问。此外，标准化设计法目前还无法适用于新材料、新结构的应用。由于新材料、新结构的实际性能缺少长期观测数据，因此对其路面性能和使用寿命的预测不够准确。

2.6.1 路基土性质

在德国路面结构标准化设计法中，首先按照 DIN 18196 标准将路基土依据其冻融敏感性的不同分为 3 类。不同冻融敏感性的路基对路面结构设计的影响体现在防冻层厚度上。而我国现有路面结构设计中，对路基土材料的性质要求体现在路基土的顶面回弹模量之中。路基顶面回弹模量的计算包含路基土的材料类型及干湿状态。不同交通荷载等级对路基顶面回弹模量的最小值有不同的要求。

2.6.2 气候条件

德国《路面结构标准化设计规范》(RStO 12)根据气候条件的不同，将整个德国分为 3 个霜冻区。通过在基本道路层厚的基础上进行层厚增减体现不同霜冻区的影响。而我国则根据温度和湿度状态的不同，将全国划分为 3 个温度分区和 4 个湿度分区，并组合得到 7 个温湿度分区。在不同的气候分区内，路面材料的性质要求不同。

2.6.3 荷载换算

在我国最新的沥青路面设计规范中，对交通参数的考虑：首先将车辆按照轮组和轴组的不同划分为 11 类，然后再根据每一类车辆中不同轴型对路面作用效应的不同分别计算各自的当量轴载换算系数，最后得到设计年限内的车辆当量轴载累计作用次数。根据我国的《公路沥青路面设计规范》(JTG D50—2017)，各类车辆当量设计轴载换算系数可按 3 个设计水平确定。

中德两国当量设计轴载影响因素对比见表 2.18。

表 2.18　中德两国当量设计轴载影响因素对比

	德国	中国
交通量	增长率为 1%～3%，详见表 2.1	增长率为 1%～24%
车道数量	修正系数为 0.4～1，详见表 2.4	方向系数，一般为 0.5
车道宽度	考虑车道宽度，修正系数为 1～2，详见表 2.5	换算车道系数
轴载	仅考虑重车的影响，并通过荷载集中分布系数和轴载数量系数进行换算	根据具体的车辆分类进行换算(轴载谱)
坡度	修正系数为 1～1.45，详见表 2.6	不考虑

在德国的设计方法中，重车交通量由初始年的调查数据得到，并由公路等级直接确定增长率，进而进行轴载换算。而在我国的设计方法中，通过初始年交通量调查得到不同分类的车辆数量；增长率则根据公路等级及地区经济和交通情况，通过调查分析确定，其一般取值见表 2.19。

表 2.19　中国交通量增长率的取值范围

公路等级	设计年限/年				
	10	15	20	30	40
高速公路	5%～9%	4%～7%	4%～7%	3%～6%	2%～4%
一级公路	6%～11%	4%～9%	3%～9%	2%～6%	2%～4%
二级公路	5%～12%	3%～8%	2%～6%	2%～4%	1%～3%
三级公路	3%～24%	2%～18%	2%～13%	1%～8%	1%～6%

2.6.4　道路设计等级与设计年限

德国道路设计寿命通常为 30 年。德国《路面结构标准化设计规范》(RStO 12)根据换算所得的交通量，将德国的道路分为 7 个设计等级，见表 2.9，而我国沥青路面的公路等级和设计使用年限、设计交通荷载等级见表 2.20 和表 2.21。

表 2.20　我国沥青路面设计年限

公路等级	设计使用年限/年	公路等级	设计使用年限/年
高速公路、一级公路	15	三级公路	10
二级公路	12	四级公路	8

表 2.21　我国沥青路面交通荷载等级

设计交通载荷等级	极重	特重	重	中等	轻
设计使用年限内设计车道累计大型客车和货车交通量/($\times 10^6$ 辆)	≥50.0	50.0～19.0	19.0～8.0	8.0～4.0	<4.0

2.6.5 结构组合与厚度

在德国，沥青路面结构分为表面层、黏结层、承重层和防冻层。表面层是直接承受行车荷载和自然环境作用的结构层。德国高速公路不限速的行驶条件，对表面层的安全性、平整性、降噪等表面功能提出了很高的要求。整个沥青路面结构厚度要根据道路结构设计等级及路基土冻融敏感性直接确定，并根据霜冻区、地域气候、地下水位、路基类型和边沟类型的不同略做增减。总体而言，德国高等级沥青路面在结构层组合设计方面，含有的沥青结构层数多，在高速公路上达到4～5层，除了表面层厚为3.5～4 cm外，其余各面层厚度一般不小于8 cm。图2.7中的沥青结构层总厚度达到34 cm。在此基础上的力学经验法验算，详见第8章。

我国沥青路面结构层分为面层、基层、底基层及垫层。其中面层又可划分为表面层、中面层和下面层。其中表面层要求平整密实、抗滑耐磨、稳定耐久；中、下面层要求密实、基本不透水，并具有高温抗车辙、抗剪切能力。基层是主要承重层，应具有稳定、耐久性能和较高的承载能力。底基层则是与面层、基层一起承受车轮荷载反复作用的次要承重层。垫层是设置在底基层与土基之间的结构层，起排水、隔水、防冻、防污及减少层间模量比、降低半刚性底基层拉应力的作用。在我国的沥青路面设计规范中，结构厚度是根据结构组合的不同，由经验推荐值在一个范围之内选定，最后通过力学验算确定。

第3章　路　基　土

3.1　概　　述

路基是道路结构中很重要的组成部分，位于路面结构的最下层。路基承受来自车辆荷载和上部结构自重的共同作用。工程实际中，路基的强度不足、稳定性差或过量变形等因素造成了诸多路面结构损害。环境影响与车辆荷载的共同作用下，路基中过大的塑性变形会导致沥青路面结构产生车辙和路面平整度变差；而路基中过大的弹性变形则会导致沥青层的疲劳开裂。所以，设计和构筑一个坚实、均匀、稳定的路基，是维持路面整体结构稳定性、保证道路良好使用性能的重要前提。

本章将按照德国现行路基规范，介绍德国土的工程分类、路基土强度指标等方面。最后将结合中德两国地域环境特征，对比中德两国路基土分类体系和设计指标差异。

3.2　路基土的工程性质

土是自然地质历史的产物，它的成分、结构及工程性质千差万别。在工程实际中，为了判断土的基本性质，合理地选择研究方法，以及在科学技术交流中有统一的语言，需要对土进行系统的分类。

土的分类问题不仅涉及工程用途的问题，而且与分类标准、试验方法及工程设计、施工等的关系极为密切。因此，土的工程分类是研究一切土木工程及道路工程的基础。在公路工程中，研究土基的压实、强度、稳定性、变形能力和水稳定性等问题，需要对各类公路用土依据其工程性质进行分类，并根据不同的土类分别采取不同的工程技术措施。

(1)巨粒土具有很高的强度和稳定性，是填筑路基的合适材料，亦可用于砌筑边坡。

(2)级配良好的碎石或砾石混合料，通常密实程度好，其强度和稳定性均能满足要求。砾石混合料除了适用于填筑路基之外，还可用于铺筑中级路面，经适当处理后可以铺筑高级路面的基层、底基层。

(3)砂土具有较大的内摩擦系数强度，透水性强、水稳定性好，但松散、黏结性小、不易压实。经充分压实的砂土路基，压缩变形小，稳定性好。

(4)级配适宜的砂性土同时包含一定数量的粗细颗粒，强度和稳定性等都能满足要求，遇水不黏着、不膨胀，是理想的路基填筑材料。

(5)粉性土含有较多的粉土颗粒，毛细作用强烈，在季节性冰冻地区容易造成冻胀翻浆等病害。因此，粉性土属于不良的公路用土。如必须用粉性土填筑路基，则应改良土质并采取加强排水、隔离水等措施。

(6)黏性土中细颗粒含量①多，透水性小而吸水能力强，毛细现象显著，有较大的可塑

---

①　全书未特殊说明的“含量”，均指质量分数。

性。土的内摩擦系数小而黏聚力大。在适当含水率时充分压实并设置良好的排水设施筑成的黏性土路基，也能获得较好的稳定性。

(7)重黏土工程性质依赖于其黏土矿物成分，因此性质差异很大。部分产地的重黏土塑性大，稀释后膨胀强烈，干缩时渗透性极低，施工时难以挖掘与破碎。

因此，土作为路基建筑材料，砂性土最优，黏性土次之，粉性土属不良材料，最容易引起路基病害。此外，还有一些特殊土类，如含有机质的土及含易溶盐的土等，用以填筑路基时必须采取相应技术措施。

德国路基土现行规范为 TP BF-StB(*Technische Prüfvorschriften für Boden und Fels im Straßenbau*)(2016 年版)和 ZTV E-StB 17(*Zusätzliche Technische Vertragsbedingungen und Richtlinien für Erdarbeiten im Straßenbau*)(2017 年版)。TP BF-StB 规范包含道路建设土石所有技术测试规程，如图 3.1(a)所示。而 ZTV E-StB 17 规范(图 3.1(b))为附加技术合同条款和条件，具体规定路基土材料性质、施工过程中工艺参数、结构强度要求以及交工验收指标。

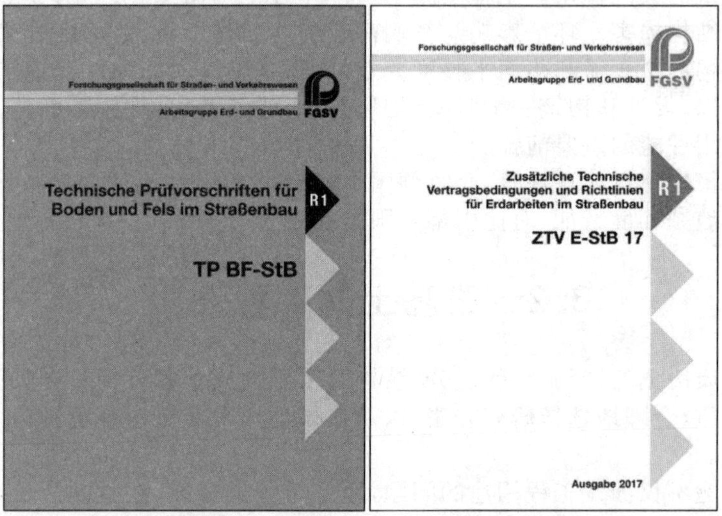

(a) TP BF-StB 规范　　(b)ZTV E-StB 17规范

图 3.1　德国路基土现行规范

3.3　德国路基土分类

目前各国各行业关于土的标准的分类存在着不同的体系，即使是在同一行业中，不同的规范之间也存在差异。国际上现在土建、公路多采用的土壤分类法是 1942 年卡萨格兰德(A. Kansngrande)创立的。在德国，土的工程分类是岩土工程勘测与设计的前提，可以指导工程师选择合适的勘察方法与试验方法，采取必要的施工措施。在进行分类研究的时候，要遵循同类土的工程性质最大程度相似和异类土的工程性质显著差异的原则。

3.3.1　粒径分类

德国路基土分类方法与世界各国公路用土的分类依据大致相近，都是根据土颗粒的粒径组成、土的塑性指标、土颗粒的矿物成分以及其余物质的含量等指标进行划分。

土的颗粒大小及其组成情况，通常用土中各个不同粒组的相对含量(各粒组占土质量百分比)来表示，称为土的颗粒级配，它可用以描述土中不同粒径土粒的分布状态。德国路基土的详细分类见表 3.1。

表 3.1 德国路基土的详细分类

	定义和名称						
	主要土类	粒度质量分数		A线的位置	分组		缩写符号
		粒径					
		≤0.063 mm	≤2 mm				
1	粗粒土	<5%	≤60%	—	砾石 G	单一级配砾	GE
2						级配良好砾	GW
3						级配不良砾	GI
4			>60%	—	砂 S	单一级配砂	SE
5						级配良好砂	SW
6						级配不良砂	SI
7	混合粒土	5%～40%	≤60%	—	砾石一粉质土混合	小于0.063 mm的土颗粒含量[①]:5%～15%	GU
8						小于0.063 mm的土颗粒含量:15%～40%	GU*
9					砾石一黏土混合	小于0.063 mm的土颗粒含量:5%～15%	GT
10						小于0.063 mm的土颗粒含量:15%～40%	GT*
11			>60%	—	砂一粉质土混合	小于0.063 mm的土颗粒含量:5%～15%	SU
12						小于0.063 mm的土颗粒含量:15%～40%	SU*
13					砂一黏土混合	小于0.063 mm的土颗粒含量:5%～15%	ST
14						小于0.063 mm的土颗粒含量:15%～40%	ST*

续表 3.1

	定义和名称						
	主要土类	粒度质量分数		A 线的位置	分组		缩写符号
		粒径					
		≤0.063 mm	≤2 mm				
15	细粒土	>40%	—	I_p<4% 或在 A 线下方 (I_p 为塑性指数)	粉质土	低塑性粉质土：W_L<35%	UL
16						中塑性粉质土：35%≤W_L≤50%	UM
17						高塑性粉质土：W_L>50%	UA
18				I_p>7% 且在 A 线上方 (I_p 为塑性指数)	黏土	低塑性黏土：W_L<35%	TL
19						中塑性黏土：35%≤W_L≤50%	TM
20						高塑性黏土：W_L>50%	TA

注：①表 3.1 中含量均指质量分数。

德国规范 DIN EN 18196—2006 中规定，德国路基土首先按照土中小于 0.063 mm 的土颗粒的质量分数划分成三大类：

(1)粗粒土：小于 0.063 mm 的土颗粒质量分数小于 5%。

(2)混合粒土：小于 0.063 mm 的土颗粒质量分数介于 5%～40%之间。

(3)细粒土：小于 0.063 mm 的土颗粒质量分数大于 40%。

3.3.2 粗粒土

德国公路工程用粗粒土按照其颗粒大小和组成可以分为砾和砂。

(1)砾：小于 2 mm 的土颗粒质量分数不超过 60%。

(2)砂：小于 2 mm 的土颗粒质量分数超过 60%。

德国粗粒土分类如图 3.2 所示。

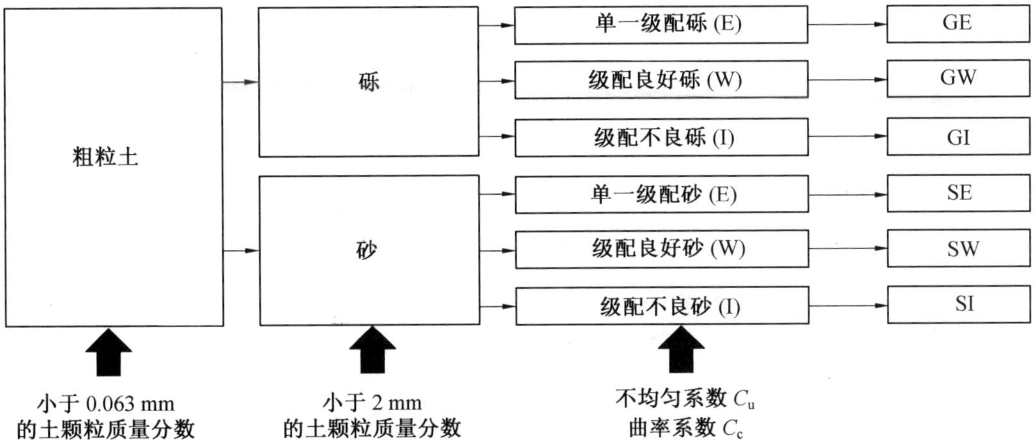

图 3.2 德国粗粒土分类

按照级配曲线形状，砾可以再分为单一级配砾、级配良好砾、级配不良砾；砂可以再分为单一级配砂、级配良好砂、级配不良砂。三种土级配曲线如图 3.3 所示。

路基土级配曲线形状可以通过不均匀系数和曲率系数两个参数描述。不均匀系数 C_u 为描述土颗粒粒径分布均匀性的系数。不均匀系数 C_u 按下式计算：

$$C_u = \frac{d_{60}}{d_{10}} \tag{3.1}$$

式中 d_{10}—— 累积颗粒质量分数为 10% 的土颗粒粒径，mm；

d_{60}—— 累积颗粒质量分数为 60% 的土颗粒粒径，mm。

不均匀系数是限制粒径与有效粒径的比值，是反映组成土的颗粒均匀程度的一个指标。不均匀系数 C_u 小于 6 的土称为单一级配土。不均匀系数 C_u 越大，表示粗粒土粒组分布越广。但不均匀系数 C_u 过大，表示可能缺失中间粒径，属不连续级配。因此还需要引入曲率系数。

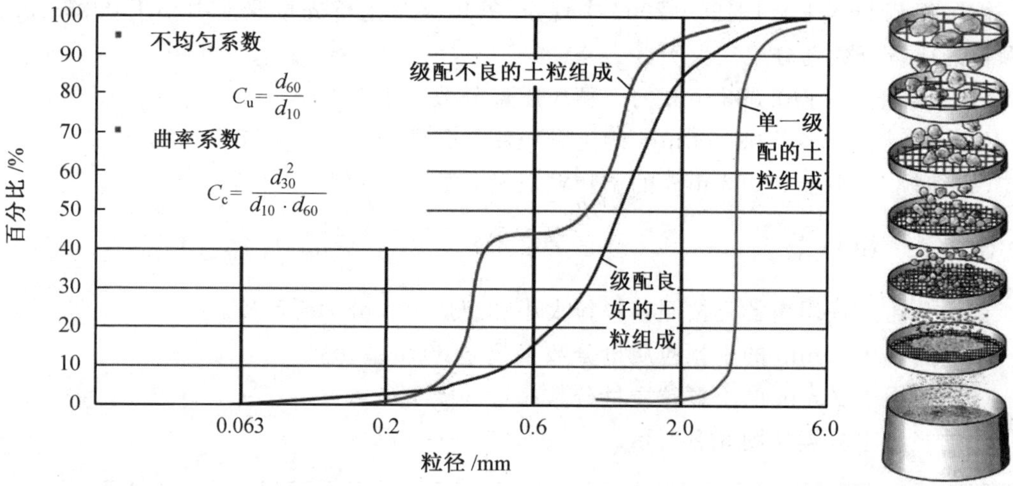

图 3.3 三种土级配曲线示意图

曲率系数 C_c 是描述土的粒径级配累计曲线的斜率是否连续的指标系数，可按下式计算：

$$C_c=\frac{d_{30}^2}{d_{60}\cdot d_{10}} \tag{3.2}$$

式中 d_{10}—— 累积颗粒质量分数为 10% 的土颗粒粒径，mm；

d_{30}—— 累积颗粒质量分数为 30% 的土颗粒粒径，mm；

d_{60}—— 累积颗粒质量分数为 60% 的土颗粒粒径，mm。

级配与不均匀系数和曲率系数的关系见表 3.2。级配不良的土粒，其不均匀系数要求 $\geqslant 6$，曲率系数要求 <1 或 >3；级配良好的土粒，其不均匀系数要求 $\geqslant 6$，曲率系数要求 $1\sim3$；单一级配的土粒，其不均匀系数要求 <6，曲率系数无要求。

表 3.2 级配与不均匀系数和曲率系数的关系

分组	不均匀系数 C_u	曲率系数 C_c
单一级配(Enggestuft,E)	<6	—
级配良好(Weitgestuft,W)	$\geqslant 6$	$1\sim3$
级配不良(Intermittierend gestuft,I)	$\geqslant 6$	<1 或 >3

3.3.3 细粒土

随着含水量的不同，细粒土可以分别呈现流动状态、可塑状态、半固体状态和固体状态。液限(W_L)是细粒土呈可塑状态的上限含水率，塑限(W_P)是细粒土呈可塑状态的下限含水率。塑性指数(I_P)定义为液限与塑限之差。

细粒土按照其液限值划分为三个类别：

(1) 低塑性土(Leicht Plastisch,L)：$W_L<35\%$。

(2) 中塑性土(Mittel Plastisch,M)：$35\%\leqslant W_L\leqslant 50\%$。

(3) 高塑性土(Ausgeprägt Plastisch,A)：$W_L>50\%$。

德国路基土现行规范 ZTV E-StB 17 采用的塑性图如图 3.4 所示。与我国规范不同，德国塑性图中不存在 B 线，只依据 A 线对细粒土的组成进行区分。A 线方程为

$$I_P = 0.73 \times (W_L - 20) \tag{3.3}$$

式中　I_P—— 土的塑性指数；

W_L—— 土的液限，%。

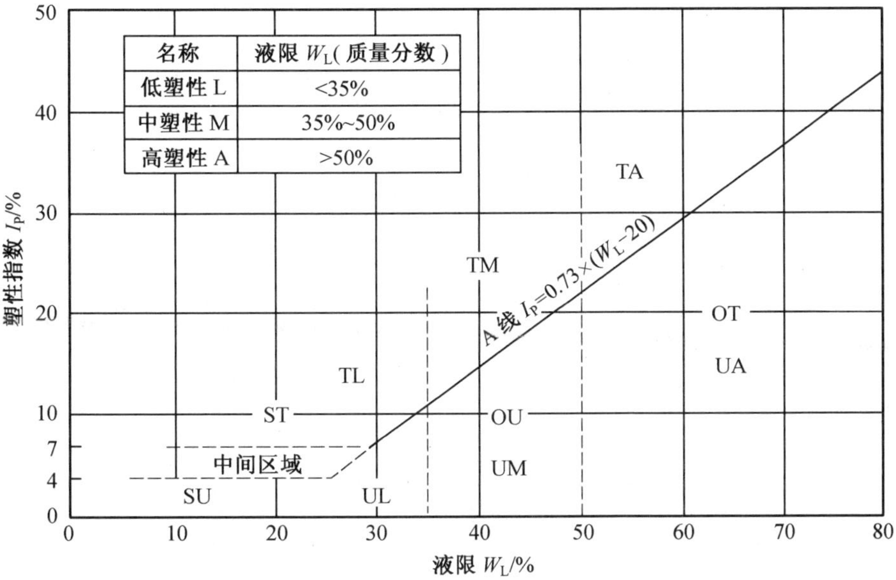

图 3.4　德国细粒土的塑性图

3.3.4　有机质土

德国路基土现行规范 ZTV E-StB 17 还给出了德国有机质土的分类标准，见表 3.3。总体上，有机质土划分为含有有机物或有机外加剂的土壤、天然有机质土两大类。在此基础上，再根据下列指标进行进一步的分类：

(1) 小于 0.063 mm 的土颗粒质量分数。

(2) 液限(W_L)。

(3) 塑性图中位于 A 线上方或下方。

(4) 可燃性等。

表 3.3 德国有机质土分类标准

SP	1		2	3	4	5	6	7	8			9
	定义和名称								区别			
	主要土类	粒度质量分数 粒径 ≤0.063 mm	粒度质量分数 粒径 ≤2 mm	A 线位置		分组		缩写符号	干燥状态强度	摇动时试验中材料反应	搓条实验中的塑性	示例
21	含有有机物或有机外加剂的土壤	>40%	—	$I_P \geqslant 7\%$在 A 线下方	不可燃	含有有机化合物和有机砂土 35%< $W_L \leqslant 50\%$		OU	中	慢到快	中	胡泥灰岩，硅藻土
22						有机黏土 $W_L > 50\%$		OT	高	无	极高	淤泥
23		≤40%				粗粒混合土壤(含有腐殖质)		OH	植物外加剂，多为深色，中等气味，灼烧损失可达约 20%			表土
24						粗粒混合土壤(钙质硅质地层)		OK	非植物外加剂，多为浅色，质量轻，孔隙率高			石灰

续表 3.3

SP	1	2		3	4	5	6	7	8			9
	定义和名称								区别			
	主要土类	粒度质量分数 粒径 ≤0.063 mm	粒度质量分数 粒径 ≤2 mm	A 线位置	分组		缩写符号		干燥状态强度	摇动时试验中材料反应	搓条实验中的塑性	示例
25	天然有机质土	—		—	可燃物质	低中度分解的泥炭（腐殖质）	HN		原生腐殖质形成	根据 DIN 19682—12，分解度为 1～5，纤维状，木质，浅棕色至棕色		沼泽
26						分解泥炭	HZ			根据 DIN 19682—12 的分解度 6～10，黑褐色至黑色		
27						泥浆作为污泥、腐泥等的总称	F		来自植物残骸、粪便和微生物的沉水（沉积）污泥，通常散布着沙子、黏土和石灰，蓝黑色或绿色到黄棕色，偶尔深灰棕色到蓝黑色，有弹性，柔软的海绵状			泥浆污泥

3.3.5 路基土冻融敏感性

德国路基土现行规范 ZTV E-StB 17 将路基土按冻融敏感性分为三类，见表 3.4。德国路基土冻融敏感性的准确划分标准如图 3.5 所示。

表 3.4 德国路基土冻融敏感性分类

土类别	霜冻敏感区	土的组成按照德国 DIN 18196 划分
F1	不易冻土(无冻融敏感性)，一般为砂砾土	GW、GI、GE、SW、SI、SE ST*、GT*、SU*、GU*
F2	中等易冻土(低、中冻融敏感性)	TA OT、OK ST、GT、SU、GU
F3	严重易冻土(强冻融敏感性)，一般为黏土和粉土	TL、TM、UL、UM、UA OU ST*、GT*、SU*、GU*

注：* ST、GT、SU、GU 通常属于 F2 土，但是如果其小于 0.063 mm 的土颗粒质量分数和不均匀系数满足图 3.5 要求(即落入图 3.5 折线阴影区域)，可算作 F1 土。

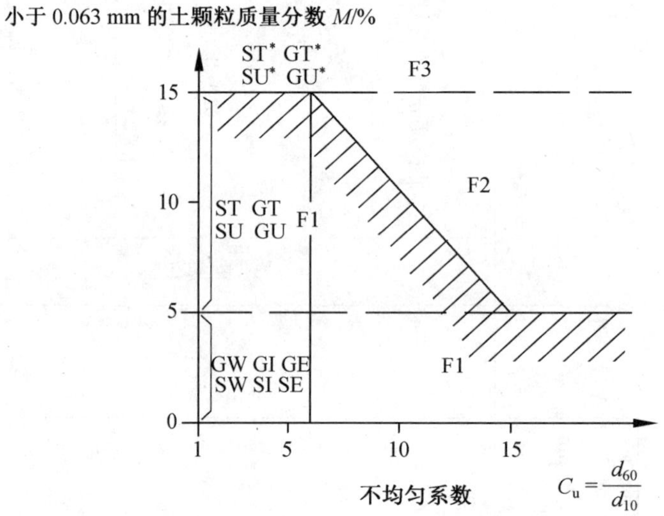

图 3.5 德国路基土冻融敏感性划分标准

德国路面结构标准化设计法中，路基土的性质，特别是其冻融敏感性，直接影响到上部路面结构层的组合设计和厚度。有机土、粉砂土、部分黏土和粉土颗粒粒径较小，毛细现象易于吸水且吸水后保水性优于砂砾土。因此按照德国 RStO 12 规范明确规定，中等易冻土(F2)、严重易冻土(F3)必须设置防冻层。防冻层的厚度范围一般在 15～30 cm 之间。由于德国国土面积与我国相比较小，涉及的气候环境类型相对简单，因此道路设计设防冻层后通常不需要设置防水垫层等。

3.3.6　中德对比

我国根据多年的工程实践，借鉴国外“统一土壤分类法”中的体系和原则，结合土的基本工程属性以及公路工程的特点，在《公路土工试验规程》(JTG E40—2007)中给出了公路路基土的分类方法(图 3.6)。分类方法除考虑粒度成分外，还考虑了土的塑性指数及液限的大小等因素，以及便于路面结构设计理论中土基力学参数的取值。

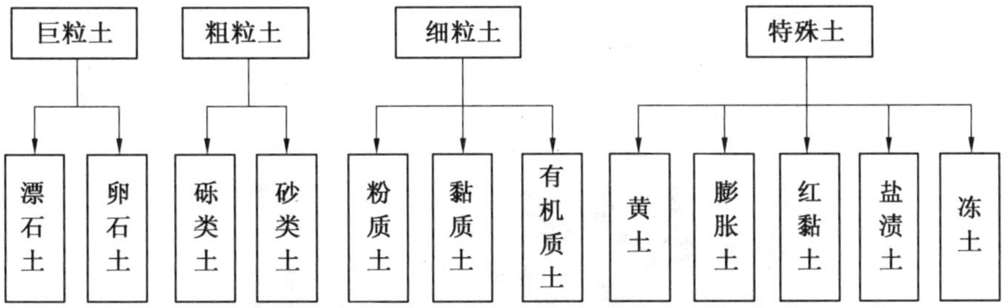

图 3.6　我国交通部规范中土的分类

中德两国使用的土壤标准筛尺寸不同(单位：mm)：

中国：60、40、20、10、5、2、1、0.5、0.25、0.125、0.075。

德国：63、31.5、16、8、4、2、1、0.5、0.25、0.125、0.063。

我国最小的筛孔一般取 0.075 mm，德国最小筛孔小于我国。我国规范中采用某一类土颗粒的质量分数多少来进行具体分类，而德国规范中粗粒土采用不均匀系数与曲率系数进行细分。

我国规范将巨粒组(大于 60 mm 的颗粒)质量多于总质量 50%的土称为巨粒土。砾粒组(2～60 mm 的颗粒)质量多于总质量 50%的土称为粗粒土。粗粒土又可以再细分为砾类土和砂类土两种：

(1)砾粒组(2～60 mm 的颗粒)质量多于总质量 50%的土称为砾类土。

(2)砾粒组质量分数小于或等于 50%土称为砂类土。

细粒组(小于 0.075 mm 的颗粒)质量多于总质量 50%的土总称为细粒土。我国规范将工程土按照塑性图的 A 线划分为高液限和低液限两大类。而德国则将工程土按塑性细分成高、中、低三种。

我国规范中，通常为排除滞留在路基的水设置防水垫层，为抗冻性差的路基设置防冻垫层。而德国则依据路基土的冻融敏感性决定设置防冻垫层的必要性和相应的厚度。

3.4　土基强度指标

沥青路面出现很多病害，可以归结于由土基强度不足、稳定性变差或在外荷载作用下产生的过量变形所致。因此，准确描述路基的抗变形能力、选取相应的措施控制路基的变形，是保证沥青路面耐久性的重要前提。

德国路基土现行规范 ZTV E-StB 17 规定，可以采用静态和动态承载板试验确定路基的强度和抗变形能力。德国 DIN EN 18134 规范和 TP BF-StB 16 规范分别规定了静态和动态承载板试验的具体操作流程和方法。德国 TP BF-StB 16 规范还规定了加州承载比试验的具体操作流程和方法。

3.4.1 承载板试验

路基土是一种非线性的弹塑性体，具有较复杂的荷载一变形特性，但在路面结构厚度和强度足够的情况下，行车荷载作用下路基土表现出较多的弹性特征。因而德国规范采用土基变形模量来表征其抗变形能力。

压入承载板试验是研究路基土应力应变特性最常用的一种方法，包括静态和动态两种，静态承载板试验如图 3.7 所示。直径 300 mm 的刚性承载板置于路基顶面，逐级加载、卸载、再加载，记录施加于承载板上的荷载以及由该荷载引起的沉降变形。

图 3.7　德国静态承载板试验

根据试验结果，可绘出路基顶面压应力一变形的关系曲线，如图 3.8 所示。

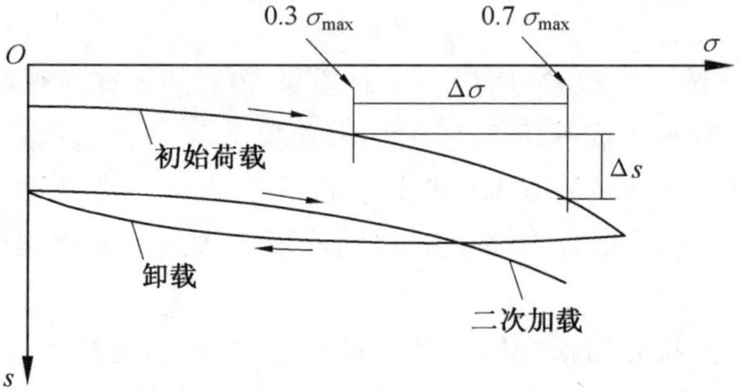

图 3.8　静态承载板试验路基顶面压应力一变形的关系曲线

在路基顶面压应力一变形关系曲线上，第一次加载时产生的最大应力记为σ_{max}（通常为 0.5 MN/m^2）。E_{v1} 表示第一次加载时 $0.3\sigma_{max}$ 和 $0.7\sigma_{max}$ 区间内的区间割线模量，E_{v2} 表示第二次加载阶段 $0.3\sigma_{max}$ 和 $0.7\sigma_{max}$ 区间内产生的割线模量。计算方法见式(3.4)和式(3.5)。

$$E_{v1}=1.5\cdot r\cdot\frac{\Delta\sigma_1}{\Delta s_1}\tag{3.4}$$

$$E_{v2}=1.5\cdot r\cdot\frac{\Delta\sigma_2}{\Delta s_2}\tag{3.5}$$

式中　$\Delta\sigma_1$——第一次加载时，$0.3\sigma_{max}$ 和 $0.7\sigma_{max}$ 区间内应力变化，MPa；

Δs_1—— 第一次加载时，0.3σ_{max} 和 0.7σ_{max} 区间内变形变化，mm；

$\Delta\sigma_2$—— 第二次加载时，0.3σ_{max} 和 0.7σ_{max} 区间内应力变化，MPa；

Δs_2—— 第二次加载时，0.3σ_{max} 和 0.7σ_{max} 区间内变形变化，mm；

r—— 刚性承载板半径，150 mm。

值得注意的是，动态承载板试验只适用于最大粒径不超过 63 mm 的粗粒土和混合粒土。其动态土基变形模量 E_{vd} 测量范围为 15 ～ 70 MN/m^2，测量设备如图 3.9 所示。

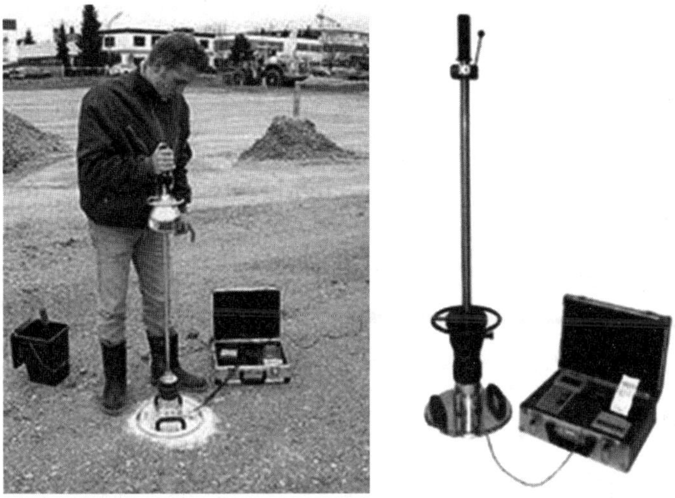

图 3.9　德国动态承载板试验测量设备

直径 300 mm、厚度 20 mm 的刚性承载板置于路基顶面。试验时，10 kg±0.1 kg 冲击锤自然落下。加速度传感器和应变式传感器测量冲击荷载和路基变形，动态承载板试验荷载—变形关系曲线如图 3.10 所示。

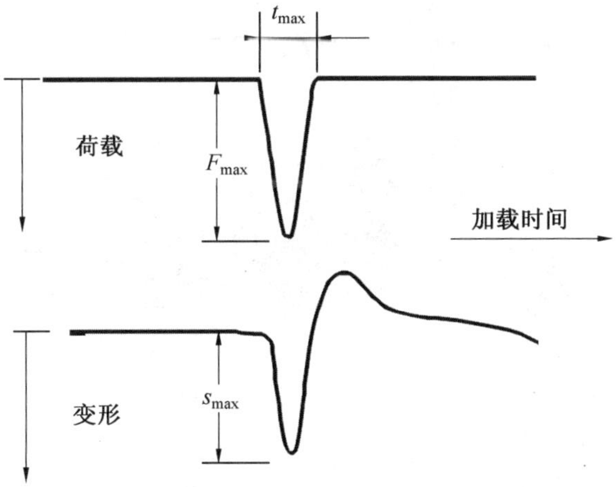

图 3.10　动态承载板试验荷载—变形的关系曲线

动态土基变形模量 E_{vd} 按照下式计算：

$$E_{vd} = 15 \times r \times \frac{\sigma_{max}}{s_{max}} \tag{3.6}$$

式中　σ_{max}—— 加载测得的应力最大值，MPa；

s_{max}—— 加载测得的变形最大值,mm;

r—— 刚性承载板半径,150 mm。

德国规范中对土基变形模量的要求见表 3.5。

表 3.5　土基变形模量要求

路基土冻融敏感性	道路设计等级	静态土基变形模量 E_{v2} /(MN·m^{-2})	动态土基变形模量 E_{vd} /(MN·m^{-2})
F1	Bk 100、Bk 32、Bk 10、Bk 3.2、Bk 1.8	120	65
	Bk 1.0 和 Bk 0.3	100	50
F2、F3	Bk 100、Bk 32、Bk 10、Bk 3.2、Bk 1.8	40	—
	Bk 1.0 和 Bk 0.3	75	—

如前文所述,按照德国路面结构标准化设计规范 RStO 12,如果路基土是中等易冻土(F2)、严重易冻土(F3),则在土基上方必须设置 15 ~ 30 cm 防冻层。由于整体结构厚度的增加,因此对于土基变形模量的要求可以适当降低。

3.4.2　加州承载比试验

除了静态和动态承载板试验外,德国 TP BF-StB 16 规范还规定了加州承载比试验的具体操作流程和方法。加州承载比(California Bearing Ratio,CBR)试验是美国加利福尼亚州提出的一种评定基层材料承载能力的试验方法。加州承载比试验设备如图 3.11 所示。

图 3.11　加州承载比试验设备

承载能力以材料抵抗局部荷载压入变形的能力来表征,并以标准碎石材料的承载能力为标准,即土基试件在给定贯入深度时所施加的试验荷载与标准碎石材料在相同贯入量时所施加的荷载之比值,以相对值的百分数表示为 CBR 值。计算公式为

$$CBR = \frac{F}{F_s} \times 100\% \tag{3.7}$$

式中　F—— 土基试件在贯入 2.5 mm 和 5 mm 时所施加的试验荷载,kN;

F_s—— 标准土试件在贯入 2.5 mm 和 5 mm 时所施加的试验荷载,kN。

加州承载比试验也可以用于评价土基强度，德国 TP BF-StB 规范给出了标准土试件不同贯入深度所施加的试验荷载值，见表 3.6。

表 3.6　标准土试件不同贯入深度所施加的试验荷载值

荷载/kN	13.2	20.0	25.4	30.6
贯入深度/mm	2.5	5.0	7.5	10.0

但是在目前德国路基土规范 ZTV E-StB 17 中，尚未给出加州承载比试验具体的指标要求。但德国工程经验认为：

(1)当 CBR<3 时，路基承载力严重不足。

(2)当 6<CBR<12 时，路基承载力适中。

(3)当 CBR>25 时，路基承载力极好。

3.4.3　中德对比

中德两国土基强度指标并不相同。德国采用静态或动态承载板试验评价土基强度。其中，静态或动态承载板测得的变形模量 E_{v2} 与我国规范回弹模量 E 相比，避免了材料在初始加载时变形不稳定和卸载时数据不具有代表性的问题，能够更加真实地反映土基材料的强度。

但我国土基强度指标除回弹模量外，还包括地基反应模量、CBR 值等指标。整体上讲，各指标之间有一定的相关性，但因定义和内涵不同，所反映的路基性能也有所不同。路基的回弹模量可以通过承载板测定、弯沉测定、本构模型预估或查表等方法得到。地基反应模量可以用刚性承载板试验测定。我国对路基材料 CBR 值的要求见表 3.7。

表 3.7　我国路基 CBR 值要求

路基部位		路面底下深度/m	最小承载比/%		
			高速公路、一级公路	二级公路	三级公路
上路床		0～0.3	8	6	5
下路床	轻、中、重交通	0.3～0.8	5	4	3
	特重、极重交通	0.3～1.2	5	4	—

3.5　土基压实特性

土体经过挖掘、搬运和填筑，原有状态和性质会发生明显变化。未经压实的土体，孔隙大、可压缩性高、抗剪强度低。为保证沥青路面结构稳定性和使用品质，必须严格按照工程标准，利用碾压、夯实或振动等方法，对土基进行充分压实。充分压实的土基可以显著提升其承载强度和稳定性，减小土基和路面在车轮荷载作用下产生的变形，有效地延长路面的使用寿命。

世界各国通常采用土基的压实度作为控制指标。所谓压实度是指压实后土的干密度与该种土在室内标准条件下的最大干密度之比，以百分数表示。一般影响土压实的因素有土的种类和级配、压实方式、压实能量、含水率和土的厚度等。在同一压实条件下，含水率对压实状态有决定性影响，如图 3.12 所示。

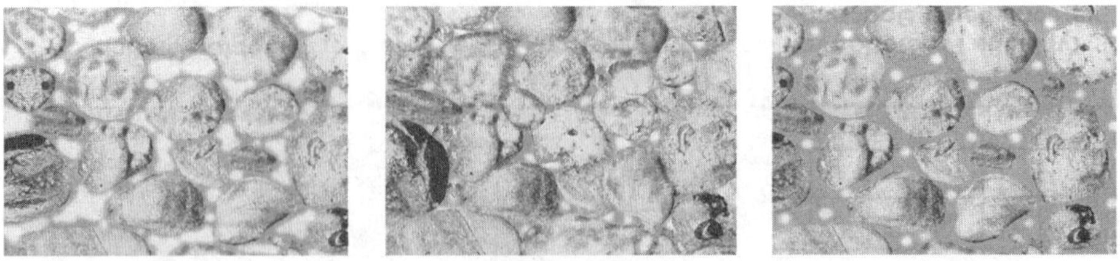

(a) 低含水率　(b) 最优含水率　(c) 饱和含水率

图 3.12　含水率对土压实状态的影响

含水率低的土，其颗粒之间的摩擦力较大，因此不易压实，如图 3.12(a)所示。随着含水量的增加，水填充颗粒之间的孔隙起到润滑作用。土颗粒之间的摩擦阻力下降，压实效果变好；在达到最优含水率时，所得到的土干密度最大，图 3.12(b)所示。当含水量继续增加时，土颗粒之间的孔隙由水填充，土呈饱和状态而无法继续压实，如图 3.12(c)所示；土的干密度会下降，进而导致土的强度和承载力显著下降。对于不同种类土，其最佳含水量差异很大。德国常见路基土中，砂土的最优含水率为 6%～12%，粉土的最优含水率为 15%～22%，黏土的最优含水率为 20%～25%。

3.5.1　普氏击实试验

普氏击实试验(德文：Proctorversuch；英文：Proctor Compaction Test)是世界范围内最常用的研究土压实特性的室内基本方法。德国路基土现行规范 ZTV E-StB 17 也规定，采用普氏击实试验测定路基土的密实度和含水率的关系。普氏击实试验保证了对所有测试土试样，在同一压实方式、同一压实功条件下进行压实。利用普氏击实曲线确定土的最大干密度与相应的最优含水率，为公路施工控制路堤、土坝或土基密实度提供设计依据。

德国 DIN 18127 规范和 TP BF-StB 16 规范规定了普氏击实试验的具体操作流程和方法。对于公称最大粒径小于 31.5 mm 的路基土标准，普氏击实试验的试验步骤如下：

(1)土样过 31.5 mm 筛。粒径大于 31.5 mm 的颗粒称重后移除。

(2)依据经验，选择测试土试样的初始含水率。通常情况下，粗粒土初始含水率较低，而细粒土较高。加入给定水量后，均匀搅拌。

(3)将击实筒(直径为 150 mm，高度为 125 mm)与底座连接好，将拌好的 6 kg 试样分 3 层装入击实筒内。

(4)击实试验开始，直径为 75 mm、质量为 4.5 kg 的击锤自然落下，下落高度为 450 mm；每层土试样击实 25 次，并保证其均匀压实。

(5)3 层土试样击实试验完成后，卸下护筒，用直刮刀修平超出击实筒顶部的试样，拆除底板，如图 3.13 所示。

(6)称出击实筒与试样的总质量，并减去击实筒质量后，得出试样总质量，并计算试样的湿密度、干密度。

(7)将试样从击实筒中推出，提高试样含水率(通常为 1%～2%)，重复前述步骤。普氏击实试验应该至少选取五个不同的含水率进行。

图 3.13 土的击实试验

由于大颗粒会影响压实质量，因此先移除，但为了考虑粒径大于 31.5 mm 的颗粒影响，对含水率和干密度按照公式(3.8)和公式(3.9)进行修正：

$$w' = w \cdot (1 - \ddot{u}) + w_{\ddot{u}} \cdot \ddot{u} \quad (3.8)$$

$$\rho'_{d} = \rho_{d} \cdot (1 - \ddot{u}) + 0.9 \cdot \ddot{u} \cdot \rho_{s\ddot{u}} \quad (3.9)$$

式中 w'—— 修正后的含水率，%；

ρ'_{d}—— 修正后的干密度，g/cm^3；

ρ_{d}—— 普氏击实试验中测得的干密度，g/cm^3；

$\ddot{u}$—— 大于 31.5 mm 颗粒占土试样总质量的百分比，%；

$\rho_{s\ddot{u}}$—— 大于 31.5 mm 颗粒占土试样总质量的密度，g/cm^3；

w—— 普氏击实试验中土试样的含水率，%；

$w_{\ddot{u}}$—— 大于 31.5 mm 颗粒土的含水率，通常取值 1%。

根据五次击实试验的结果以及考虑粒径大于 31.5 mm 颗粒影响的修正值，可以画出两条普氏击实曲线，如图 3.14 所示。土基压实度的计算通常以修正后的普氏击实曲线为准。由图 3.14 可见，修正后，含水率变小，而干密度变大。

在普氏击实曲线可以直接求出测试土试样最大干密度（简称普氏击实密度）并读出相应的最优含水率，如图 3.15 所示。

压实度(D_{pr})作为土基压实质量的控制指标，按公式(3.10)求出。所谓压实度是指土基压实后实测的干密度与该种土在室内普氏击实试验中获得的最大干密度之比，以百分数表示：

$$D_{pr} = \frac{\rho_{ds}}{\rho_{pr}} \times 100\% \quad (3.10)$$

式中 ρ_{ds}—— 土基中实测的干密度，g/cm^3；

ρ_{pr}—— 普氏击实试验最大干密度，g/cm^3。

如前文所述，普氏击实密度只是土试样在标准试验条件下能达到的最大干密度。如改进压实方式或提升压实能量（增加击实次数），试样干密度值还能继续提高。因此，德国规范中还给出了饱和曲线公式，求解土试样在饱和状态下的理论最大干密度 $\rho_{d,\max}$：

$$\rho_{d,\max} = \frac{(1 - n_a) \cdot \rho_s}{1 + \frac{w \cdot \rho_s}{\rho_w}} \quad (3.11)$$

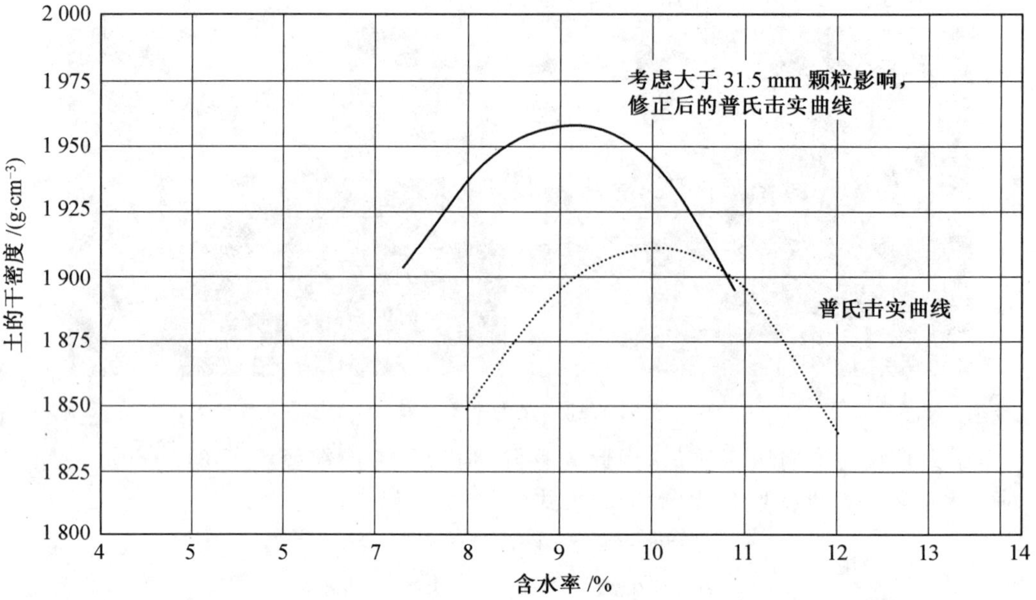

图 3.14　普氏击实曲线

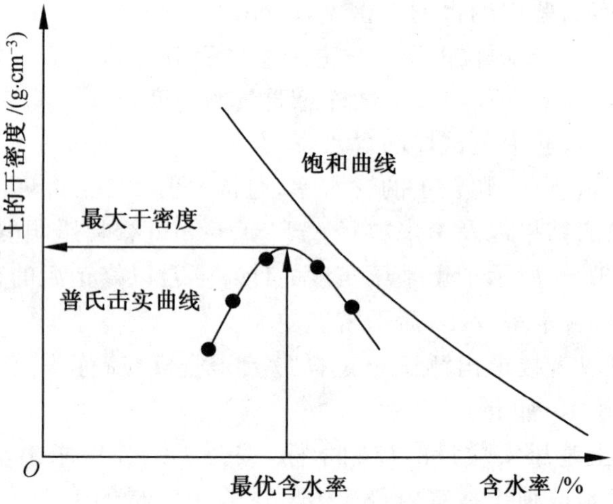

图 3.15　普氏击实曲线上读取最大干密度和最优含水率

式中　n_a—— 土的孔隙率，饱和状态下为 0，对于工程应用，可选取 3%；

ρ_w—— 水的密度，g/cm³；

ρ_s—— 土壤密度，g/cm³；

w—— 含水率，%。

由公式(3.8) 可以推导出路基土试样的孔隙率，见公式(3.12)：

$$n_a = \left[1 - \rho_d \cdot \left(\frac{1}{\rho_s} + \frac{w}{\rho_w}\right)\right] \times 100\% \tag{3.12}$$

式中　ρ_d—— 测试土样的干密度，g/cm³；

ρ_w—— 水的密度，g/cm³；

ρ_s—— 土壤密度，g/cm³；

w—— 含水率，%。

图 3.16 给出了五种典型德国路基土的普氏击实曲线，分别为：①砂砾石；②砾砂混合料；③单一级配砂；④砂一粉质土混合；⑤低塑性黏土。

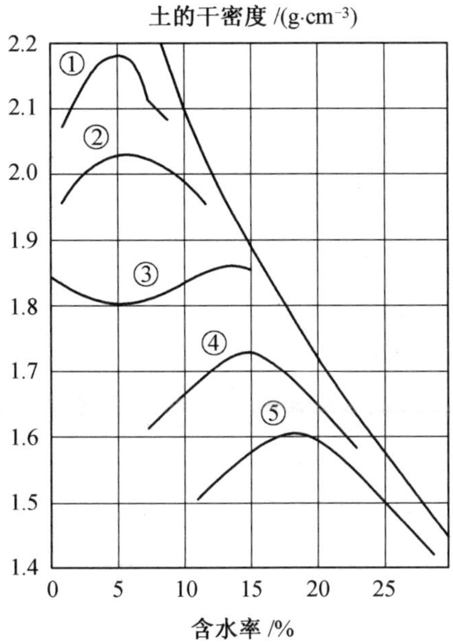

图 3.16 五种典型德国路基土的普氏击实曲线

德国路基土规范 ZTV E-StB 17 对路基各部位压实指标要求见表 3.8。

表 3.8 德国路基土规范 ZTV E-StB 17 对路基各部位压实指标

区域	土的类型	压实度 D_{pr}/%	孔隙率 n_a/%
路堤顶面以下 1 m 范围内和路堑顶面以下 0.5 m 范围内	GW,GI,GE, SW,SI,SE, GU,GT,SU,ST	100	—
路堤顶面以下超过1 m	GW,GI,GE, SW,SI,SE, GU,GT,SU,ST	98	—
路堤顶面到原地面和路堑顶面以下 0.5 m 范围内	GU*,GT*,SU*,ST*, U,T,OU,OT	97	≤12

德国路面结构标准化设计规范 RStO 12 规定，对中等易冻土(F2)、严重易冻土(F3)，必须设置 15～30 cm 防冻层。由于整体结构厚度的增加，因此对于冻融敏感性土压实度的要求可以适当降低至 97%，但是需要检测土样孔隙率 n_a 是否超过 12%。

3.5.2 中德对比

我国的《公路路基设计规范》(JTG D30—2015)对路床和路堤的压实度要求见表 3.9 和表 3.10。

表 3.9 我国路床压实度要求

<table>
<tr><th colspan="2" rowspan="2">路基部位</th><th rowspan="2">路面底面以下深度/m</th><th colspan="3">路床压实度/%</th></tr>
<tr><th>高速公路、一级公路</th><th>二级公路</th><th>三、四级公路</th></tr>
<tr><td colspan="2">上路床</td><td>0～0.3</td><td>≥96</td><td>≥95</td><td>≥94</td></tr>
<tr><td rowspan="2">下路床</td><td>轻、中等及重交通</td><td>0.3～0.8</td><td>≥96</td><td>≥95</td><td>≥94</td></tr>
<tr><td>特重、极重交通</td><td>0～1.2</td><td>≥96</td><td>≥95</td><td></td></tr>
</table>

表 3.10 我国路堤压实度要求

<table>
<tr><th colspan="2" rowspan="2">路堤部位</th><th rowspan="2">路面底面以下深度/m</th><th colspan="3">压实度/%</th></tr>
<tr><th>高速、一级公路</th><th>二级公路</th><th>三、四级公路</th></tr>
<tr><td rowspan="2">上路堤</td><td>轻、中等及重交通</td><td>0.8～1.5</td><td>≥94</td><td>≥94</td><td>≥93</td></tr>
<tr><td>特重、极重交通</td><td>1.2～1.9</td><td>≥94</td><td>≥94</td><td>—</td></tr>
<tr><td rowspan="2">下路堤</td><td>轻、中等及重交通</td><td>1.5 以下</td><td rowspan="2">≥93</td><td rowspan="2">≥92</td><td rowspan="2">≥90</td></tr>
<tr><td>特重、极重交通</td><td>1.9 以下</td></tr>
</table>

综上可见,中德两国规范都对路基压实度提出了严格要求。而且越靠近路基顶面,压实度要求越高。但是德国规范对路基的压实度取值略高于我国规范,并且对于冻融敏感性土还增加了孔隙率方面的要求。

3.6 防冻层与无黏结承重层

防冻层与无黏结承重层是路基路面体系中的重要组成部分,位于路基和沥青基层之间,在路面结构中起着"承上启下"的作用。现行的德国防冻层与无黏结承重层规范有两部:

(1) TL SoB-StB 04/07(*Technische Lieferbedingungen für Asphaltmischgut für*)于 2004 年正式发行,2007 年修订,具体规定了防冻层与无黏结承重层生产制备过程中材料参数及技术要求。

(2) ZTV SoB-StB 04/07 (*Zusätzliche Technische Vertragsbedingungen und Richtlinien für den Bau von Schichten ohne Bindemittel im Straßenbau*)于 2004 年正式发行,与结构性能指标作为附加技术合同条款和条件,具体规定了防冻层与无黏结承重层施工过程中工艺参数,适用于交工验收。

防冻层位于路基上方、无黏结承重层下方,是由一定级配矿物集料拌和摊铺压实而成。

防冻层兼具防冻和承重的作用，因此需要较高的承载力，同时还具有良好的排水作用。防冻层的设置主要取决于道路路基土的冻融敏感性。对于中等易冻土(F2)、严重易冻土(F3)必须设置防冻层。德国 TL SoB-StB 04/07 规范规定了 8 种不同公称最大粒径防冻层矿物混合料类型，其级配曲线如图 3.17 所示。

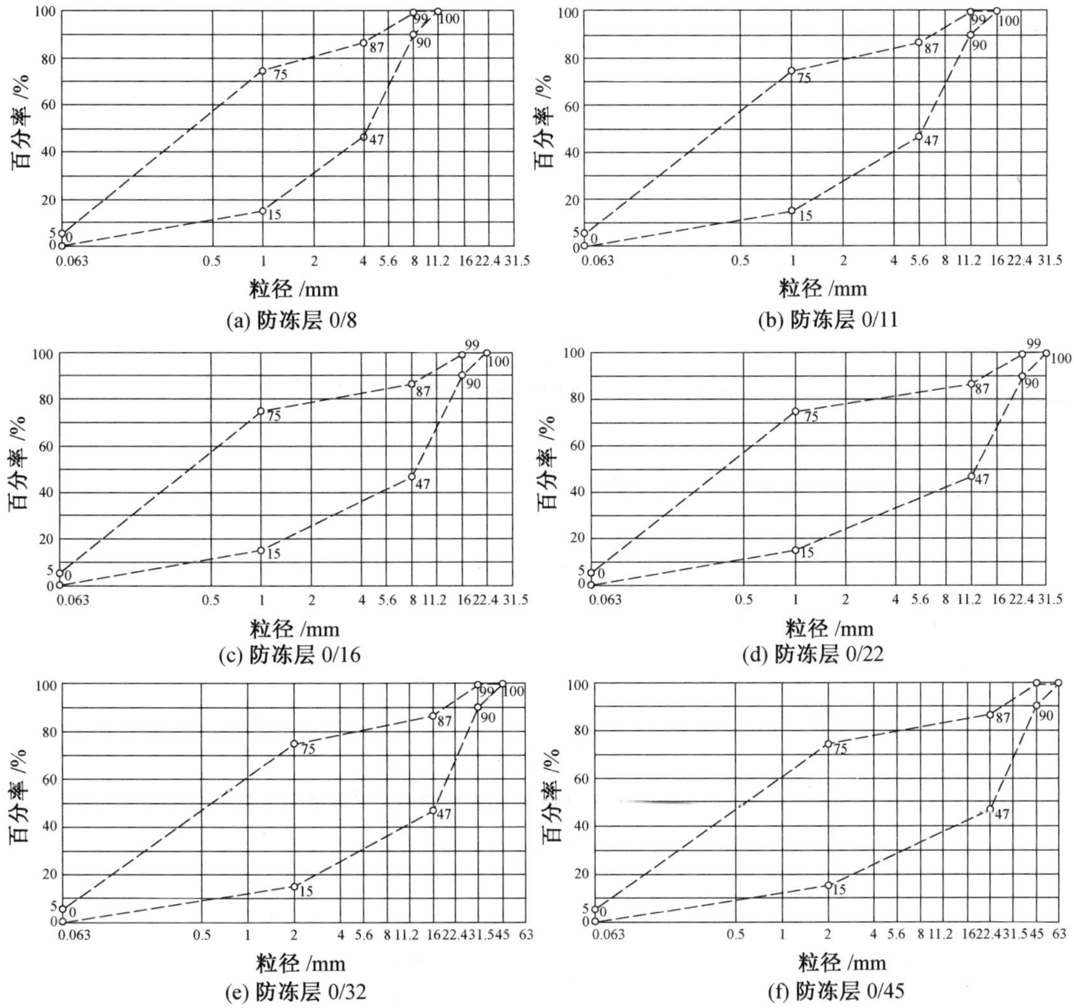

(a) 防冻层 0/8　(b) 防冻层 0/11　(c) 防冻层 0/16　(d) 防冻层 0/22　(e) 防冻层 0/32　(f) 防冻层 0/45

图 3.17　8 种不同公称最大粒径防冻层矿物混合料级配曲线

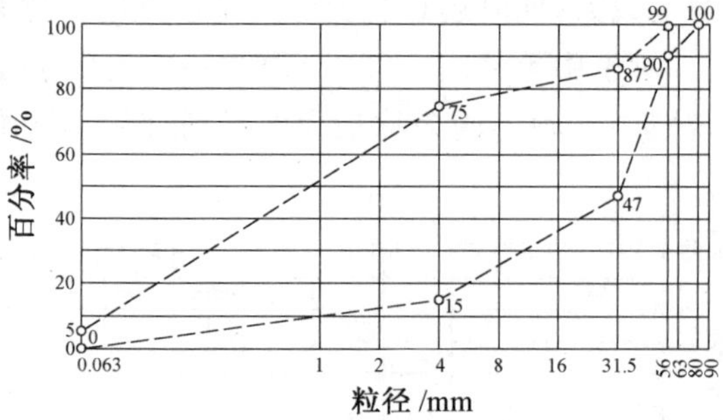

(g) 防冻层 0/56

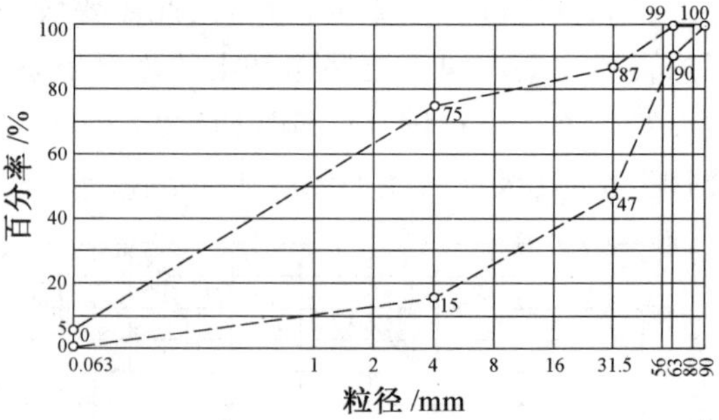

(h) 防冻层 0/63

续图 3.17

无黏结承重层为路面结构下部，通常位于沥青或水泥承重层下方，可分为碎石承重层和砾石承重层两种。德国 TL SoB-StB 04/07 规范规定了 3 种不同无黏结承重层矿物混合料类型，其级配曲线如图 3.18 所示。

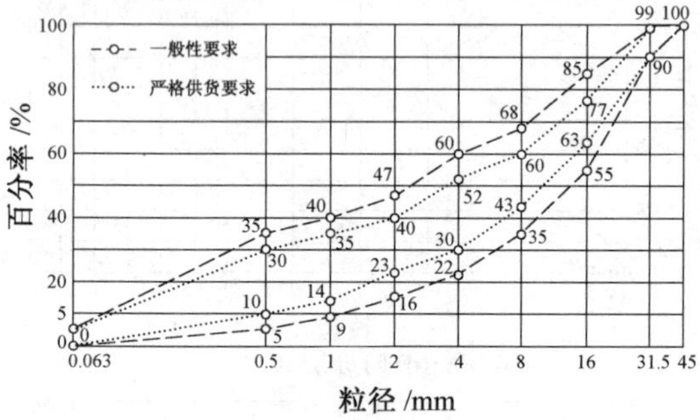

(a) 防冻层 0/32

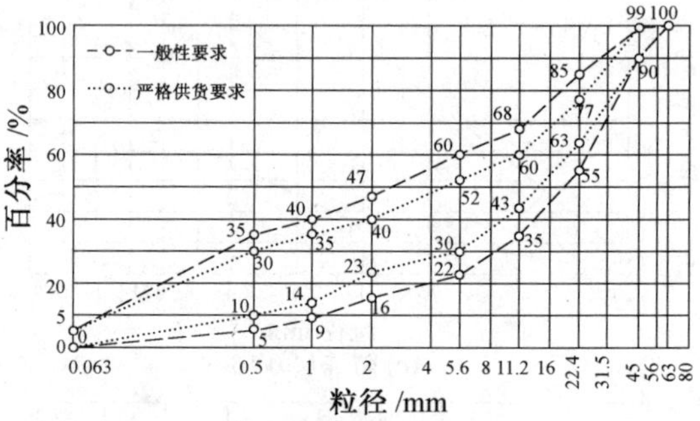

(b) 防冻层 0/45

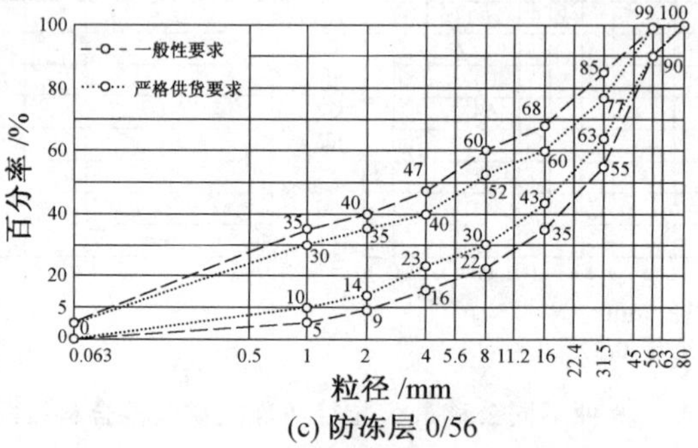

(c) 防冻层 0/56

图 3.18　3 种不同无黏结承重层矿物混合料类型级配曲线

防冻层与无黏结承重层的粒径和压实厚度应满足表 3.11 要求。此外摊铺和压实过程中应该注意，矿物混合料的含水量应不低于根据德国 DIN EN 13286—2 规范测定的最佳含水量的 90%。

表 3.11 德国防冻层与无黏结承重层的粒径和压实厚度要求

粒径范围/mm	压实厚度/cm
防冻层:0～8、0～11、0～16、0～22、0～32 无黏结承重层:0～32	12
无黏结承重层:0～45	15
无黏结承重层:0～56	18
防冻层:0～63	20

防冻层摊铺和压实后,德国 ZTV SoB-StB 04/07 规范对防冻层各部位压实指标和强度指标见表 3.12 和表 3.13。

表 3.12 德国防冻层各部位压实指标

区域	道路设计等级	压实度 D_{pr}/%
防冻层顶面至以下 0.2 m 范围内	Bk 100、Bk 32、Bk 10、Bk 3.2、Bk 1.8	103
	Bk 1.0、Bk 0.3	100
防冻层顶面 0.2 m 以外的范围	—	100

表 3.13 德国防冻层各部位强度指标

道路设计等级	静态土基变形模量 E_{v2}/(MN · m^{-2})
Bk 100、Bk 32、Bk 10、Bk 3.2、Bk 1.8	≥120
Bk 1.0、Bk 0.3	≥100

无黏结承重层摊铺和压实后,德国 ZTV SoB-StB 04/07 规范规定其压实度 D_{pr} 至少 103%。对于无黏结承重层压实后的强度指标,取决于路面结构层的设置、道路设计等级、层厚等影响因素,见表 3.14。

表 3.14 德国无黏结承重层强度指标

结构层位置	道路设计等级	砾石承重层变形模量 E_{v2}/(MN · m^{-2})	碎石承重层变形模量 E_{v2}/(MN · m^{-2})
无黏结承重层置于防冻层之上	Bk 100、Bk 32、Bk 10、Bk 3.2、Bk 1.8	≥150(厚度≥20 cm) ≥180(厚度≥25 cm)	≥150(厚度≥15 cm) ≥180(厚度≥20 cm)
	Bk 1.0、Bk 0.3	≥120(厚度≥20 cm) ≥150(厚度≥25 cm)	≥120(厚度≥15 cm) ≥150(厚度≥20 cm)

续表 3.14

结构层位置	道路设计等级	砾石承重层变形模量 E_{v2}/(MN·m^{-2})	碎石承重层变形模量 E_{v2}/(MN·m^{-2})
无黏结承重层置于土基之上	Bk 100、Bk 32、Bk 10、Bk 3.2、Bk 1.8	≥150(厚度≥40 cm)	≥150(厚度≥30 cm)
	Bk 1.0、Bk 0.3	≥120(厚度≥30 cm)	≥120(厚度≥25 cm)
	自行车道、人行道	≥80	≥80

对比我国和德国的级配碎石(级配砾石)基层可以发现,我国级配碎(砾)石的厚度一般为 10 cm 或 12 cm,而德国层厚则至少为 15 cm。我国规范使用加州承载比 CBR 方法评定级配碎(砾)石承载能力。在高等级路面,承载能力要求较高,其 CBR 值要求也较高(表 3.15)。相对于底基层而言,基层承受更多的荷载,因此基层的 CBR 值要求比底基层的高。

表 3.15 我国规范中级配碎石的 CBR 值

结构层	公路等级	特重交通	重交通	中等、轻交通
基层	二级及二级以下公路	≥160	≥140	≥120
底基层	高速公路、一级公路	≥120	≥100	≥80
	二级及二级以下公路	≥100	≥80	≥60

第 4 章　集　　料

沥青混合料是一种由适当级配的粗细集料及矿粉和规定等级与用量的沥青等多种成分组成的复杂材料。在一般的沥青混合料中，集料是其占比最高的组成部分，大致占沥青混合料体积的 80%～95%，占其质量的 95%左右。因此，集料的特性和质量对沥青混合料的路用性能起相当重要的作用。

为了挑选和评价集料，需要采用不同的试验方法对集料性能进行测试与评价。现行的德国公路用集料规范为 TL Gestein-StB 04 和 TP Gestein-StB(图 4.1)：

① TL Gestein-StB 04 (*Technische Lieferbedingungen für Gesteinskörnungen im Straßenbau*)为德国公路用集料的供货技术规范，具体规定了集料生产制备过程中材料参数及技术要求。最新一版的 TL Gestein-StB 于 2004 年正式发行，于 2017 年、2018 两次补充修订。

② TP Gestein-StB (*Technische Prüfvorschriften für Gesteinskörnungen im Straßenbau*)为德国公路用集料的性能测试规范。最新一版的 TP Gestein-StB 于 2016 年正式发行，于 2018 年补充修订。

(a) TL Gestein-StB 04 规范

(b) TP Gestein-StB 规范

图 4.1　德国公路用集料规范

德国道路交通研究会(Forschungsgesellschaft für Straßen-und Verkehrswesen, FGSV)于 2018 年对集料规范 TL Gestein-StB 04 和 TP Gestein-StB 进行了大规模的补充

和修订。其目的是在实验室条件下对集料路用性能进行更全面和准确的评估，确保在实际工程应用中的良好路用性能。

TP Gestein-StB 规范规定了德国公路用集料性能测试与评价的总体原则。而欧盟规范(EN)和德国工业标准规范(DIN)则规定了每种测试与评价手段具体的试验步骤和方法，具体包括：

(1) DIN EN 932，路用集料的基本性能测试（Prüfverfahren für allgemeine Eigenschaften von Gesteinskörnungen）。

(2)DIN EN 1097，路用集料的力学与物理性能测试（Prüfverfahren für mechanische und physikalische Eigenschaften von Gesteinskörnungen）。

(3)DIN EN 1367，路用集料的耐高温性能与耐候性测试（Prüfverfahren für thermische Eigenschaften und Verwitterung sbeständigkeit von Gesteinskörnungen）。

(4) DIN EN 1744，路用集料的化学性能测试（Prüfverfahren für chemische Eigenschaften von Gesteinskörnungen）。

(5)DIN EN 13719，沥青混合料中矿粉性能测试（Prüfverfahren für mineralische Füller in bitumenhaltigen Mischungen）。

因此，本章将对德国公路用集料各种试验方法、评价指标和适用范围进行系统的介绍，并与我国现行集料测试与评价规范进行比较研究。

4.1　集料物理指标

4.1.1　粒径

德国测试集料粒径的相关规范为 DIN EN 933—1(2013 年版)。筛分法的设备和测试规程与我国规范相比无明显差别。我国和德国的筛孔尺寸差异见表 4.1、表 4.2。

表 4.1　中国筛孔尺寸

筛孔尺寸/mm	<0.075	0.075	0.15	0.3	0.6	1.18	2.36	4.75	9.5	13.2	16	19	26.5	31.5	37.5
粗细集料划分	矿粉	细集料						粗集料							

表 4.2　德国筛孔尺寸

筛孔尺寸/mm	<0.063	0.063	1	2	4	5.6	8	11.2	16	22.4	31.5	45	56	63
粗细集料划分	矿粉	细集料			粗集料									

对比中德筛孔尺寸和粗细集料划分标准可以看出，德国将大于 2 mm 的矿料定义为粗集料，小于 2 mm 的矿料定义为细集料，小于 0.063 mm 的矿料定义为矿粉。而我国则将小于 2.36 mm 的矿料定义为细集料，小于 0.075 mm 的定义为矿粉。

4.1.2　密度和吸水率

德国规范 DIN EN 1097—6 规定了网篮法和比重瓶法两种常用的粗集料密度和吸水率

评价方法。整体而言，测试集料密度及吸水率的方法与我国基本一致，只是在试件取样、测试条件（如水温、浸水时间、最少试样质量、烘干温度等）等细节上略有差异。

1. 网篮法

网篮法适用范围为颗粒粒径大于 31.5 mm 但小于 63 mm 的集料。试验时，首先按照表 4.3 中要求称取规定质量的试样。

表 4.3　德国网篮法试验的试样质量要求(颗粒粒径大于 31.5 mm)

最大粒径/mm	最小质量/kg
≤63	15
≤45	7

然后将试样装入干净的容器中并注入洁净的水，轻搅动集料至附着在集料上的气泡完全逸出。试样在室温下保持浸水 24 h 后，将吊篮挂在天平的吊钩上，浸入水温为 20 ℃的水槽中。再将试样移入吊篮中称取集料的水中质量；提起吊篮，将集料倒在拧干的湿毛巾上，用毛巾吸走从集料中漏出的自由水和集料颗粒的表面水后，称取集料的表干质量 M_1；最后将集料置于浅盘中，放入 105 ℃±5 ℃的烘箱中烘干至恒重，然后冷却至室温，称取集料的烘干质量 M_4。根据公式(4.1)～(4.4)计算集料的各种密度。

$$\rho_a = \rho_w \cdot \frac{M_4}{M_4 - (M_2 - M_3)} \tag{4.1}$$

$$\rho_{rd} = \rho_w \cdot \frac{M_4}{M_1 - (M_2 - M_3)} \tag{4.2}$$

$$\rho_{ssd} = \rho_w \cdot \frac{M_1}{M_1 - (M_2 - M_3)} \tag{4.3}$$

$$WA_{24} = \frac{100 \cdot (M_1 - M_4)}{M_4} \tag{4.4}$$

式中　ρ_a——集料的表观相对密度，g/cm³；
ρ_{rd}——集料的毛体积密度，g/cm³；
ρ_{ssd}——集料的表干密度，g/cm³；
WA_{24}——集料 24 h 吸水率，%；
M_1——集料的表干质量，g；
M_2——集料和篮子的水中质量，g；
M_3——空篮子的水中质量，g；
M_4——集料的烘干质量，g。

2. 比重瓶法

比重瓶法适用范围为颗粒粒径小于 31.5 mm 的集料。试验所需试样的最小质量应满足表 4.4 的要求。

表 4.4　比重瓶法试样最小质量要求(颗粒粒径小于 31.5 mm)

最大粒径 /mm	最小质量 /kg
31.5	5
16	2
8	1
0.063 ~ 4	1

取集料试样装入比重瓶中，在 22 ℃±3 ℃ 下浸水 24 h；确认瓶中没有气泡，擦干瓶外的水分后，称取集料试样、水、瓶等的总质量；将试样倒出，用毛巾吸干漏出的自由水和颗粒的表面水，至表面看不到发亮的水迹，称取饱和面干集料的表干质量 M_1；将集料置于浅盘中，放入 110 ℃ ±5 ℃ 的烘箱中烘干至恒重，冷却至室温后称取集料的烘干质量 M_4。

试验通过测定集料的表干质量、比重瓶加水加集料的质量、比重瓶和水的质量以及集料的烘干质量来测定集料的表观相对密度、毛体积密度、表干密度和 24 h 吸水率，具体计算步骤见公式(4.5) ~ (4.8)。

$$\rho_a = \rho_w \cdot \frac{M_4}{M_4 - (M_2 - M_3)} \tag{4.5}$$

$$\rho_{rd} = \rho_w \cdot \frac{M_4}{M_1 - (M_2 - M_3)} \tag{4.6}$$

$$\rho_{ssd} = \rho_w \cdot \frac{M_1}{M_1 - (M_2 - M_3)} \tag{4.7}$$

$$WA_{24} = \frac{100 \cdot (M_1 - M_4)}{M_4} \tag{4.8}$$

式中　ρ_a—— 集料的表观相对密度，g/cm³；

ρ_{rd}—— 集料的毛体积密度，g/cm³；

ρ_{ssd}—— 集料的表干密度，g/cm³；

WA_{24}—— 集料 24 h 吸水率，%；

M_1—— 集料的表干质量，g；

M_2—— 比重瓶、水和集料的质量，g；

M_3—— 比重瓶和水的质量，g；

M_4—— 集料的烘干质量，g。

3. 规范要求

集料吸水率用于评价集料抗冻性能。在德国规范中，公路用集料(即所有结构层中沥青混合料允许使用的集料) 的吸水率最大不超过 0.5%，记为 $W_{cm}0.5$。

我国规范对于集料吸水率的要求见表 4.5。

表 4.5　中国集料吸水率要求

指标	高速公路及一级公路		其他等级公路
	表面层	其他层次	
吸水率(不大于)/%	2.0	3.0	3.0

相比较而言,德国规范对集料吸水率的要求更高。

4.1.3　针片状集料含量

德国测定针片状集料采用的相关规范为 DIN 933—3 和 DIN 933—4,具体方法为钢筋棒筛分试验与游标卡尺量取试验。日本和欧洲大部分国家都明确针片状颗粒的定义是最长端与最薄部分的比例 L/b 为 3∶1。

1. 形状指数 SI

德国规范 DIN 933—4 用游标卡尺测定集料形状指数(Shape Index,SI)。本试验应用于集料粒径在 4 ~ 63 mm 之间的集料颗粒,所采用的最小集料质量应根据最大集料粒径确定,满足表 4.6 中的要求。

表 4.6　集料质量要求

最大集料粒径 D/mm	最小集料质量 /kg
63	45
32	6
16	1
8	0.1

集料试验前应进行烘干,温度为 110 ℃ ± 5 ℃,烘干至 1 h 质量变化率为 0.1%。规范 DIN 933—4 要求将集料筛分成每一档,分别用游标卡尺(图 4.2)逐颗测量。以大于 3∶1 的非立方晶粒质量 M_1 与样品的总质量 M_2 之比表示,具体计算式为

$$SI = \frac{M_1}{M_2} \times 100\% \tag{4.9}$$

式中　SI—— 形状指数,%;

M_1—— 非立方晶粒(即颗粒最长端与最薄部分大于 3∶1) 的质量,g;

M_2—— 样品的总质量,g。

对于不同粒径集料组成的矿料混合料,可以以各档集料所有大于 3∶1 的颗粒质量之和 $\sum M_{1i}$ 与总质量 $\sum M_{2i}$ 之比作为形状指数。

$$SI = \frac{\sum M_{1i}}{\sum M_{2i}} \times 100\% \tag{4.10}$$

德国集料规范 TL Gestein-StB 04 根据形状指数对公路用集料进行分级,见表 4.7。

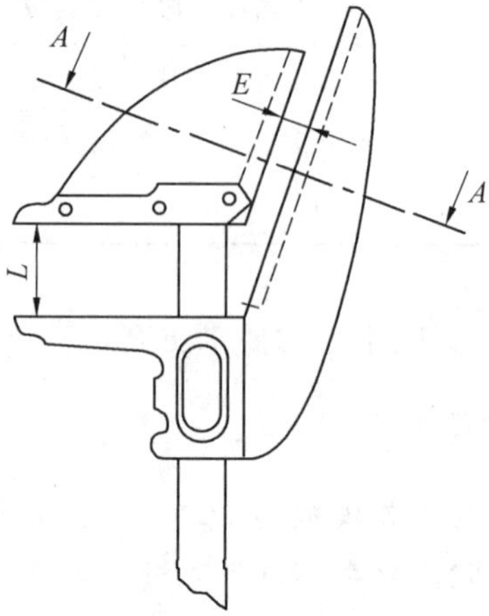

图 4.2　游标卡尺示意图

表 4.7　TL Gestein-StB 04 根据形状指数对公路用集料分级

形状指数 SI	分级
≤ 15	SI_{15}
≤ 20	SI_{20}
≤ 50	SI_{50}
没有要求	SI_{NR}

2. 薄片指数 FI

德国规范 DIN 933—3 将用钢筋棒筛分得到的指标称为集料的薄片指数(Flakiness Index,FI)。此方法与我国混凝土集料测定的针状规准仪相似。试验采用不同间距的钢筋筛过筛,以各档集料中能通过一定间距的钢筋筛孔的质量比例表示,钢筋棒筛示意图如图 4.3 所示。

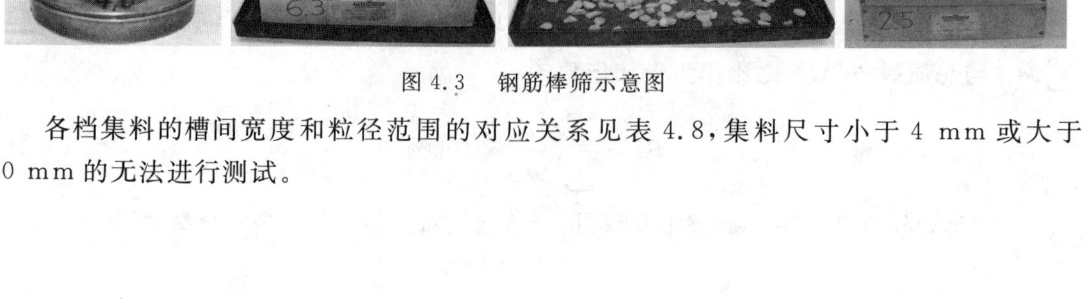

图 4.3　钢筋棒筛示意图

各档集料的槽间宽度和粒径范围的对应关系见表 4.8,集料尺寸小于 4 mm 或大于 80 mm 的无法进行测试。

表 4.8　德国槽间宽度和粒径范围的对应关系

粒径范围 /mm	槽间宽度 /mm
63 ～ 80	40 ± 0.5
50 ～ 63	31.5 ± 0.5
40 ～ 50	25 ± 0.4
31.5 ～ 40	20 ± 0.4
25 ～ 31.5	16 ± 0.4
20 ～ 25	12.5 ± 0.4
16 ～ 20	10 ± 0.2
12.5 ～ 16	8 ± 0.2
10 ～ 12.5	6.3 ± 0.2
8 ～ 10	5 ± 0.2
6.3 ～ 8	4 ± 0.15
5 ～ 6.3	3.15 ± 0.15
4 ～ 5	2.5 ± 0.15

能通过钢筋筛的集料颗粒称为薄片。通过钢筋筛的质量 M_1 与全部总质量 M_2 之比即为集料的薄片指数，见公式(4.11)。

$$FI = \frac{M_1}{M_2} \times 100\% \tag{4.11}$$

式中　FI —— 薄片指数，%；

M_1 —— 通过规定槽宽的样品质量，g；

M_2 —— 样品总质量，g。

德国集料规范 TL Gestein-StB 04 根据薄片指数对公路用集料进行分级，分级等级见表 4.9。

表 4.9　德国薄片指数与分级等级

薄片指数 FI	类型 FI
⩽ 15	FI_{15}
⩽ 20	FI_{20}
⩽ 50	FI_{50}
没有要求	FI_{NR}

3. 规范要求

德国沥青混合料规范 TL Asphalt-StB 07/13 中要求，不同沥青混合料类型、结构分层的集料必须满足相应的指标要求，德国路用集料形状指数和薄片指数要求见表 4.10。

表 4.10　德国路用集料形状指数和薄片指数要求

类型	沥青承重层（沥青混凝土 AC T）	沥青黏结层（沥青混凝土 AC B）	沥青上面层（沥青混凝土 AC D、沥青玛蹄脂碎石 SMA、浇筑式沥青混合料 MA）	多孔沥青混合料 PA	路面微表处 & 含砂雾封层
SI	SI_{50}	SI_{50}	SI_{20}	SI_{15}	SI_{NR}
FI	FI_{50}	FI_{50}	FI_{20}	FI_{15}	SI_{NR}

注：NR = 规范无要求。

我国规范中规定的针片状颗粒是指粗集料颗粒的最小厚度（或直径）方向与最大长度（或宽度）方向的尺寸之比小于 1∶3 的颗粒。我国规范中现采用游标卡尺法和规准仪法测定针片状集料含量（质量分数），其测试基本思路和原理与德国方法相似，针片状集料颗粒含量应满足表 4.11 要求。

表 4.11　中国公路用集料针片状集料要求

指标	高速公路	一级公路	其他等级
针片状颗粒质量分数（混合料）	15%	18%	20%
其中粒径大于 9.5 mm	12%	15%	—
其中粒径小于 9.5 mm	18%	20%	—

对比中德规范，二者对针片状集料含量的要求差别不明显。

4.1.4　破碎集料比例与破碎等级

矿场的砾石开采后，经破碎机破碎会形成数量不等的破碎面。德国规范 DIN EN 933—5 规定破碎集料比例为具有破碎面的粗集料占粗集料总量的比例，以百分率表示。砾石破碎产生的面积大于或等于该颗粒最大横截面积的一半者为破碎面，具有破碎面的集料称为破碎砾石。

将试样按规范要求称重，集料质量要求见表 4.12。集料试验前应进行烘干，温度为 110 ℃ ± 5 ℃，烘干至 1 h 时质量变化率为 0.1%。

表 4.12　德国集料质量要求

最大集料粒径 D/mm	最少集料质量 /kg
63	45
32	6
16	1
8	0.1

用水冲洗试样，至干净为止。用烘箱在温度为 110 ℃ ± 5 ℃ 条件下，烘干至恒重。待试样冷却后摊开，逐颗目测判断其破碎面占颗粒总表面积的比例。

德国沥青混合料规范 TL Asphalt-StB 07/13 中定义：

(1) 完全破碎砾石（tc）为破碎面积大于 90% 的集料。

(2) 破碎砾石(c)为破碎面积大于50%的集料。

(3) 光滑砾石(r)为破碎面积小于50%的集料。

(4) 完全光滑砾石(tr):光滑表面超过90%的颗粒的集料。

按公式(4.12),计算完全破碎砾石、破碎砾石、光滑砾石、完全光滑砾石质量与全部总质量M之比:

$$C_{(c,r,tc,tr)}=\frac{M_{(c,r,tc,tr)}}{M}\times 100\% \tag{4.12}$$

式中　$C_{(c,r,tc,otr)}$—— 破碎状颗粒含量,%;

$M_{(c,r,tc,tr)}$—— 某种类型集料中破碎颗粒的质量,g;

M—— 试样总质量,g。

根据计算结果,德国集料规范TL Gestein-StB 04规范中定义的德国路用集料破碎集料比例与破碎等级见表4.13。

表4.13　德国路用集料破碎集料比例与破碎等级

破碎等级 C	完全破碎砾石比例/%	破碎砾石与完全破碎砾石比例/%	完全光滑砾石比例/%
$C_{100/0}$	90～100	100	0
$C_{95/1}$	30～100	95～100	0～1
$C_{90/1}$	30～100	90～100	0～1
$C_{90/3}$	—	90～100	0～3
$C_{50/30}$	—	50～100	0～30
$C_{NR/70}$	—	—	0～70
C_{NR}	NR	NR	NR

注:NR = 规范无要求。

德国沥青混合料规范TL Asphalt-StB 07/13中规定,德国路用集料破碎集料比例要求应满足表4.14的指标要求。

表4.14　德国路用集料破碎集料比例要求

类型	沥青承重层(沥青混凝土AC T)	沥青黏结层(沥青混凝土AC B)	沥青上面层(沥青混凝土AC D、沥青玛蹄脂碎石SMA、浇筑式沥青混合料MA)	多孔沥青混合料PA	路面微表处&含砂雾封层
破碎面颗粒比例	C_{NR};$C_{50/30}$;$C_{90/1}$	$C_{90/1}$;$C_{95/1}$;$C_{100/0}$		$C_{100/0}$	C_{NR}

注:NR = 规范无要求。

对比可以发现,德国TL Gestein-StB 04规范根据集料表面破碎面颗粒比例将集料分类,而我国规范则根据集料的破碎面数量进行分类。我国规范中不同路面部位或路面类型对破碎集料比例的要求见表4.15。

表 4.15　中国破碎集料比例要求

路面部位或路面类型		具有一定数量破碎面颗粒的含量 /%	
		1 个破碎面	2 个或 2 个以上破碎面
沥青路面表面层	高速公路、一级公路	100	90
	其他等级公路	80	60
沥青路面中下面层、基层	高速公路、一级公路	90	80
	其他等级公路	70	50
SMA 混合料		100	90
贯入式路面		80	60

4.1.5　细集料棱角性

评价细集料棱角性的试验方法，欧洲最早是在法国标准 AFNOR NF P 18—564/1981 中规定了砂（包括天然砂和人工砂）的流动时间（Sand Flow Time）。而后世界各国纷纷采用此方法评价砂的表面特性及棱角性。

德国沥青混合料规范 TL Asphalt-StB 07/13 中要求，采用砂流动时间法表征细集料棱角性。在德国规范 DIN EN 933—6 中，砂流动时间法所需试验装置（细集料棱角性测量装置）如图 4.4 所示。所测定的砂子的粒径范围为 0.063～2 mm，漏斗内所装砂质量为1 000 g±2 g。

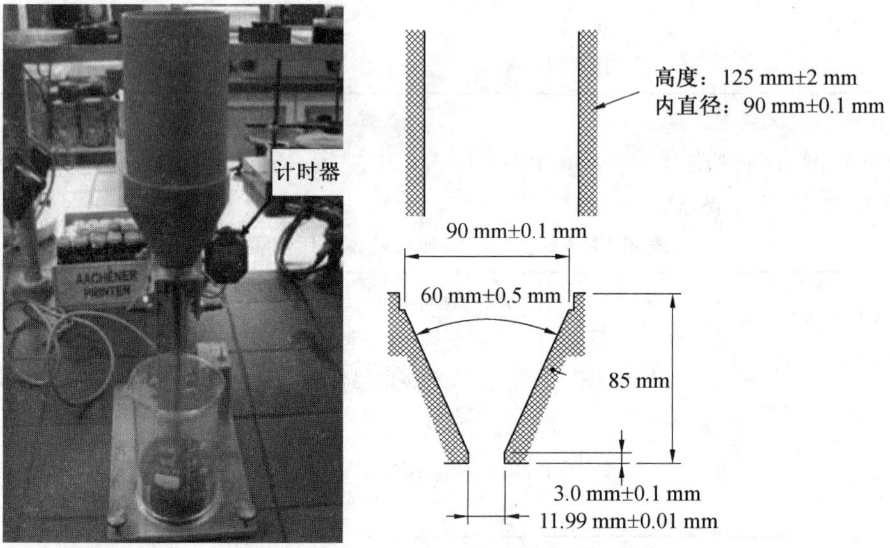

图 4.4　细集料棱角性测量装置

砂流动时间法用于测定给定质量的细集料（机制砂、石屑、天然砂）全部通过标准漏斗所需要的流动时间。德国集料规范 TL Gestein-StB 04 对不同类型集料的流动时间具有不同的要求，具体要求见表 4.16。

表 4.16　德国不同类型细集料流动时间

集料类型	天然砂	混合砂	机制砂
流动时间/s	<30	30～35	>35

砂流动时间法测试方法简单，适用于评定细集料颗粒的表面构造和粗糙度，表征细集料对沥青混合料的内摩擦角和抗变形性能的影响。德国规范中规定，集料按照路面的不同级配类型和不同的结构分层必须分别满足相应的流动时间要求，具体要求见表 4.17。

表 4.17　德国路用细集料棱角性的流动时间要求

类型	沥青承重层（沥青混凝土 AC T）	沥青黏结层（沥青混凝土 AC B）	沥青上面层（沥青混凝土 AC D、沥青玛蹄脂碎石 SMA、浇筑式沥青混合料 MA）	多孔沥青混合料 PA	路面微表处 & 含砂雾封层
破碎面颗粒比例	NR；E_{CS}30；E_{CS}35			E_{CS}35	E_{CS}NR

注：NR＝规范无要求。

当工程上同时使用不同品种的细集料，如将天然砂和机制砂或石屑混用时，应以实际配合比例组成的混合细集料进行试验，并满足相应规范的要求。

我国也将砂流动时间法作为细集料棱角性的标准试验方法使用。现行规范规定的漏斗流出孔直径有 12 mm 及 16 mm 两种，按照最大粒径的不同选择 2.36 mm 或 4.75 mm 的标准筛过筛。在试验具体方法上中德两国没有显著差异，但在评价指标上具有明显差异。我国按照道路等级确定流动时间的范围，明确了高速公路和一级公路的流动时间要求，对其他等级公路不做要求，具体见表 4.18。

表 4.18　中国细集料棱角性的流动时间要求

道路类型	高速公路和一级公路	其他等级公路
流动时间/s	>30	—

此外，我国借鉴美国在战略性公路研究计划（SHRP）研究的 AASHTO 33“细集料未压实空隙率”试验方法，将其作为评价细集料棱角性的指标。该方法是将干燥细集料试样通过一个标准漏斗，漏入一个经标定的圆筒，由细集料的空隙率作为棱角性指标。空隙率越大，意味着内摩擦角越大，球状颗粒越少，因而细集料的表面构造越粗糙。

4.2　粗集料路用性能评价

公路用的集料在服役期间，承受来自环境因素和交通荷载的共同作用。因此，集料力学性能的测试方法与评价指标显得至关重要。

4.2.1　粗集料抗破碎值

美国、日本及欧洲大部分国家均采用洛杉矶试验与抗冲击试验来评价粗集料的抗破碎能力。我国除采用这两种方法外，还采用粗集料压碎值试验。

德国沥青混合料规范 TL Asphalt-StB 07/13 中要求：采用抗冲击试验评价粗集料抗冲击强度，采用洛杉矶试验测定粗集料抵抗摩擦撞击的强度。

1. 抗冲击试验

德国规范 DIN EN 1097—2 中规定了抗冲击试验（Schlagzertrümmerungsversuch，SZ）的具体操作流程和方法。试验设备如图 4.5 所示。

图 4.5　德国抗冲击试验设备

首先，选取抗冲击试验所需的试样。试样由三种不同粒径大小（8～10 mm，10～11.2 mm，11.2～12.5 mm）的集料混合料组成。每个粒径范围需要称取的质量取决于测试粗集料的密度：

(1)集料粒径 8～10 mm：称取 0.25×集料密度的质量(g)。

(2)集料粒径 10～11.2 mm：称取 0.125×集料密度的质量(g)。

(3)集料粒径 11.2～12.5 mm：称取 0.125×集料密度的质量(g)。

试验时，将冲击锤抬高至高度 370 mm 处，自然落下。每个抗冲击试验共需打击 10 次。然后使用 0.2 mm、0.63 mm、2 mm、5 mm、8 mm 的筛孔对打击后的集料进行筛分，再分别称取五档筛孔上的集料质量，求出筛孔上残余集料与总质量之比。最后按照公式(4.16)计算出集料冲击值。

$$SZ=\frac{M}{5} \tag{4.16}$$

式中　SZ —— 集料冲击值，%；

M —— 五档筛上质量与总质量之比，%。

德国集料规范 TL Gestein-StB 04 中集料抗冲击荷载分类见表 4.19。

表 4.19　德国集料抗冲击荷载分类

集料冲击值/%	类型 SZ
≤18	SZ_{18}
≤22	SZ_{22}
≤26	SZ_{26}
≤32	SZ_{32}
≤35	SZ_{35}
NR	SZ_{NR}

注：NR＝规范无要求。

德国沥青混合料规范 TL Asphalt-StB 07/13 中明确要求，沥青路面集料抗冲击强度要满足相应的指标要求，详见表 4.20。

表 4.20　德国沥青路面集料抗冲击强度要求

类型	沥青承重层（沥青混凝土 AC T）	沥青黏结层（沥青混凝土 AC B）	沥青表面层（沥青混凝土 AC D、沥青玛蹄脂碎石 SMA、浇筑式沥青混合料 MA）	多孔沥青混合料 PA	路面微表处 & 含砂雾封层
抗冲击能力	SZ_{NR}	SZ_{18}、SZ_{22}	SZ_{18}、SZ_{22}、SZ_{26}	SZ_{18}	SZ_{18}

注：NR＝规范无要求。

我国测试粗集料冲击值的试验与德国类似。用冲击试验仪将称好的 9.5～13.2 mm 的粗集料击碎。13.75 kg 的冲击锤在集料表面以上 380 mm±5 mm，使锤自由落下连续锤击集料 15 次，用 2.36 mm 筛筛分，分别称取保留在 2.36 mm 筛上及筛下的石屑质量。粗集料冲击值定义为

$$AIV=\frac{M_2}{M}\times 100\% \tag{4.17}$$

式中　AIV ——粗集料冲击值，%；

M_2——冲击破碎后通过 2.36 mm 筛集料质量，g；

M——试样总质量，g。

此外，我国更重视粗集料压碎值，借此衡量石料在荷载下抵抗压碎的能力，以评定集料

在公路工程中的适用性。压碎值源自于 1967 年英国 BS—812 的材料试验规程，英联邦国家多采用压碎值和道瑞磨耗值评价粗集料性质。将 9.5～13.2 mm 的 3 kg 粗集料装入规定要求的金属筒中，均匀地施加荷载，在 10 min 左右的时间内达到总荷载 400 kN，稳压 5 s 后卸荷。用 2.36 mm 筛孔筛分压碎的试样，计算通过 2.36 mm 筛孔的集料质量占试样总质量的百分比。我国规范对粗集料压碎值要求见表 4.21。

表 4.21　我国规范对粗集料压碎值要求

指 标	单位	高速公路及一级公路		其他等级公路	试验方法
		表面层	其他层次		
石料压碎值(不大于)	%	26	28	30	T 0316

2. 洛杉矶试验

德国规范 DIN EN 1097—2 中规定了洛杉矶试验(Los Angeles Versuch，LA)的具体操作流程和方法，试验仪如图 4.6 所示。洛杉矶试验以磨耗试验中质量损失百分比表征粗集料抵抗摩擦撞击的强度。

图 4.6　洛杉矶试验的试验仪

洛杉矶试验选择的粗集料粒径范围为 10～14 mm，质量为 5 000 g±5 g，其中粒径小于 12.5 mm 的集料质量占总质量的 60%～70%，粒径小于 11.2 mm 的集料质量占总质量的 30%～40%。

将称好的集料装入磨耗机圆筒后，将 11 个钢球(直径为 45～49 mm，质量为 400～445 g)加入钢筒中，紧固密封。然后以 30～33 r/min 转速转动磨耗机圆筒，达到规范要求的 500 次回转次数，试验结束。

取出钢球，将经过磨耗的试样从投料口倒入容器，将试样用 1.6 mm 方孔筛过筛，筛去试样中被撞击磨碎的细屑，准确称量。计算质量损失百分比作为洛杉矶磨耗值指标：

$$LA=\frac{5\ 000-m}{50}\times 100\% \tag{4.18}$$

式中　LA——洛杉矶磨耗值，%；

m——1.6 mm 筛孔上的筛余质量，g。

德国集料规范 TL Gestein-StB 04 规范中集料抵抗磨耗类型见表 4.22。

表 4.22 德国集料抵抗磨耗类型分类

集料洛杉矶磨耗值/%	类型 LA
≤20	LA_{20}
≤25	LA_{25}
≤30	LA_{30}
≤40	LA_{40}
≤50	LA_{50}
NR	LA_{NR}

注：NR＝规范无要求。

德国沥青混合料规范 TL Asphalt-StB 07/13 中明确要求，沥青路面中集料抗磨耗能力应满足相应的指标要求，德国路用集料洛杉矶磨耗值要求见表 4.23。

表 4.23 德国路用集料洛杉矶磨耗值要求

类型	沥青承重层（沥青混凝土 AC T）	沥青黏结层（沥青混凝土 AC B）	沥青上面层（沥青混凝土 AC D、沥青玛蹄脂碎石 SMA、浇筑式沥青混合料 MA）	多孔沥青混合料 PA	路面微表处 & 含砂雾封层
抗破碎能力	LA_{NR}	LA_{20}、LA_{25}	LA_{20}、LA_{25}、LA_{30}	LA_{20}	LA_{20}

注：NR＝规范无要求。

中德在洛杉矶试验条件与方法上的差别很小。我国规范对粗集料洛杉矶磨耗值的要求见表 4.24。对比可知，德国规范对高速公路上面层沥青混合料中所使用集料的抗破碎和磨耗能力，提出了相对更高的要求。

表 4.24 中国对粗集料洛杉矶磨耗值的要求

指 标	单位	高速公路及一级公路		其他等级公路	试验方法
		表面层	其他层次		
洛杉矶磨耗损失（不大于）	%	28	30	35	T 0317

3. 公路用集料筛选

依据集料密度、冲击值和洛杉矶磨耗值，德国沥青混合料规范 TL Asphalt-StB 07/13 明确了公路工程集料的选择范围。不满足表 4.25 要求的集料，不允许在德国公路建设中使用。

表 4.25 德国公路工程集料选择范围

岩石种类	密度 /(kg · m^{-3})	LA	SZ
花岗岩 花岗闪长岩 黑花岗岩	2.60～2.80	LA_{30}	SZ_{26}
闪长岩 辉长岩	2.70～3.00	LA_{25}	SZ_{22}
流纹岩 流纹英安岩 安山岩 粗面岩 响岩	2.50～2.85	LA_{25}	SZ_{22}
玄武岩	2.40～2.85	LA_{25}	SZ_{22}
辉绿岩	2.75～2.95	LA_{25}	SZ_{22}
石灰石 白云石	2.65～2.85	LA_{30}	SZ_{32}
砂岩 石英岩 脉石英 石英砂岩	2.60～2.75	LA_{30}	SZ_{26}
片麻岩 闪岩 蛇纹岩	2.65～3.10	LA_{30}	SZ_{26}
破碎的碎石	2.60～2.75	LA_{30}	SZ_{26}
砾石	2.55～2.75	LA_{40}	SZ_{35}
金属渣	3.40～4.00	LA_{40}	SZ_{35}
高炉渣	2.10～2.80	LA_{40}	SZ_{35}
钢渣	3.20～3.80	LA_{30}	SZ_{26}
市焚烧底灰	2.20～2.70	LA_{50}	SZ_{35}
再生建材		LA_{40}	SZ_{32}

4.2.2 粗集料抗磨耗值

德国集料规范 TL Gestein-StB 04 规范规定采用微观迪法尔法(Micro-Deval)评价粗集料抗磨耗性质。德国规范 DIN EN 1097—1 中规定了微观迪法尔法的具体操作流程和方法。微观迪法尔法试验设备如图 4.7 所示。

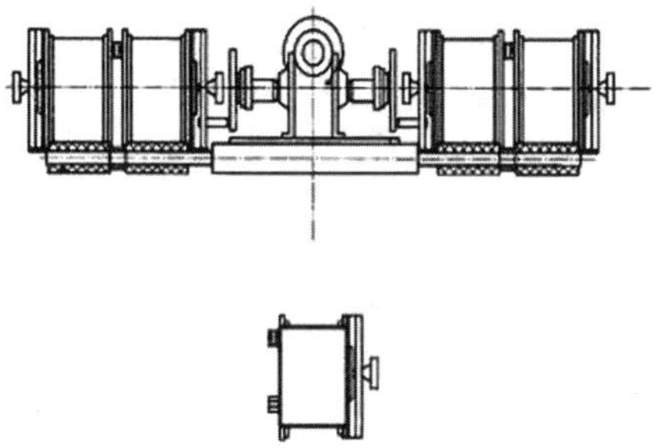

(a) 示意图

(b) 实景图

图 4.7　微观迪法尔法试验设备

该试验要求集料的粒径范围为 10～14 mm，质量至少为 2 kg，其中粒径小于 12.5 mm 的集料占总质量的 60%～70%，粒径小于 11.2 mm 占 30%～40%。

试验时，将称好的集料 500 g 装入磨耗机圆筒，转筒内径要求 200 mm±1 mm。将 5 000 g直径为 10 mm 的钢球和 2.5 kg 水加入钢筒，然后紧固密封。以 100 r/min±5 r/min 转速转动磨耗机圆筒，达到规范要求的 12 000 次±10 次回转次数后试验结束。取出钢球，将经过磨耗后的试样从投料口倒入容器，将试样用 1.6 mm 方孔筛过筛，筛去试样中被撞击磨碎的细屑，烘干温度为 110 ℃±5 ℃，准确称量。

计算质量损失百分比作为微观迪法尔值：

$$M_{DE}=\frac{500-m}{5}\times 100\% \tag{4.19}$$

式中　M_{DE}——微观迪法尔值，%；

m——1.6 mm 筛孔上的筛余质量，g。

从试验的材料、流程和方法中可见，微观迪法尔法与洛杉矶试验虽然同为磨耗试验，但是仍存在显著的区别。微观迪法尔法与洛杉矶试验具体区别如下：

(1)微观迪法尔法中，钢球的质量 10 倍于测试集料质量。

(2)微观迪法尔法钢球的直径为 10 mm，与测试集料颗粒大小相当。

(3)微观迪法尔法试验过程加水。

德国道路工程领域学者普遍认为微观迪法尔法对集料产生磨耗为主，而不是冲击荷载。但是，在目前德国沥青混合料规范 TL Asphalt-StB 07/13 中，对集料的微观迪法尔值尚未给出具体的指标要求。

4.2.3　粗集料抗温度应力

沥青混合料的拌和、施工过程常常是在高温条件下进行，集料存在着高温开裂的风险。因此，德国集料规范 TL Gestein-StB 04 中建议采用热应力试验评价粗集料的抗温度应力的能力。

德国规范 DIN EN 1367—5 中规定了热应力试验的具体操作流程和方法，集料热应力试验设备如图 4.8 所示。

热应力试验所需的试样应与集料抗冲击试验或洛杉矶磨耗试验一致。约 1 000 g 集

 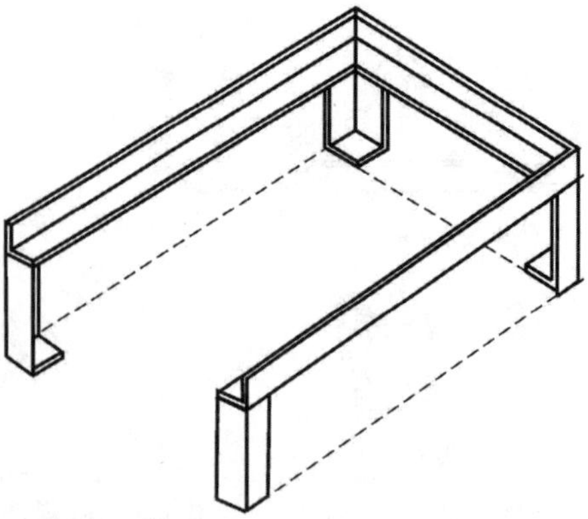

图 4.8　德国集料热应力试验设备

料，放入试验温度为 700 ℃±50 ℃烘箱中，加热 180 s±5 s。热应力试验后集料过 5 mm 筛并称重。由公式(4.20)测定集料在高温环境下开裂情况，进而评价集料抗温度应力能力。

$$I=\frac{M_2}{M_1}\times 100\% \tag{4.20}$$

式中　I ——热应力评价值，%；

M_2——通过 5 mm 筛的集料质量，g；

M_1——试样总质量，g。

德国规范 DIN EN 1367—5 中还建议，将集料热应力试验与洛杉矶磨耗试验及冲击试验结合使用。通过对比试验前后集料强度衰减值作为辅助评价指标。此外，热应力试验还可以间接测得集料中软弱颗粒的相应含量。在目前德国沥青混合料规范 TL Asphalt-StB 07/13 中，对集料的抗温度应力值虽然给出了测试方法，但是尚未给出具体的指标要求。因此，集料的抗温度应力值尚未纳入工程应用。

我国规范中虽有单独的测定软弱颗粒含量的试验，却迄今尚无测试集料抵抗热应力能力的指标。

4.2.4　粗集料抗冻强度

德国集料规范 TL Gestein-StB 04 规范采用 PFO 集料吸水率冻融试验评价集料抗冻性与抗盐冻能力。德国规范 DIN EN 1367—1 中规定了冻融试验的具体操作流程和方法。

冻融试验首先根据集料类型和粒径选择所需集料的质量，见表 4.26。

表 4.26　德国冻融试验集料质量要求

粒径范围/mm	普通集料/g
4～8	1 000
8～16	2 000
16～32	4 000
32～63	6 000

试验时，将称好的集料洗净后，在 110 ℃±5 ℃的烘箱中处理 24 h±1 h 至恒重。试样放入密闭容器，加水至水面高于集料表面 10 mm。在 150 min±60 min 内将温度从 20 ℃±5 ℃降至－1～0 ℃然后在－1～0 ℃保持 210 min±90 min。在 180 min±60 min 内将试样从－1～0 ℃降低到－17.5 ℃±2.5 ℃，然后保持在－17.5 ℃±2.5 ℃至少 240 min。每次结冰完成后，试样必须通过浸入约 20 ℃的水中来解冻，当温度达到 20 ℃±3 ℃时，认为解冻完成。在每次试验结束后，试样在水中最多放置 10 h。

每次冻融试验必须在 24 h 内完成。完成 10 次冻融循环之后，将集料过筛。筛孔尺寸为选用集料粒径范围下限值的一半，即对于粒径范围 8～11 mm 的集料试样，选择筛孔尺寸为 4 mm。

筛分后，试样烘干后测得质量为 M_2，集料的质量损失为

$$F=\frac{M_1-M_2}{M_1}\times 100\% \tag{4.21}$$

式中　M_1——未经冻融试验试样质量，g；

M_2——经过冻融试验筛分后筛余质量，g。

德国集料规范 TL Gestein-StB 04 中对集料防冻性能有规定要求。冻融试验后，集料的质量损失小于 4%的记为 M_{L_4}，质量损失小于 1%记为 M_{L_1}。

盐冻试验与德国沥青混合料规范 TL Asphalt-StB 07/13 中明确要求：沥青路面中集料抗冻性能按照不同的沥青混合料类型、结构分层必须分别满足相应的指标要求。德国路用集料防冻性能规范要求见表 4.27。

表 4.27　德国路用集料防冻性能规范要求

类型	沥青承重层（沥青混凝土 AC T）	沥青黏结层（沥青混凝土 AC B）	沥青表面层（沥青混凝土 AC D、沥青玛蹄脂碎石 SMA、浇筑式沥青混合料 MA）	多孔沥青混合料 PA	路面微表处 & 含砂雾封层
抗冻性	M_{L_4}	M_{L_1}	M_{L_1}	M_{L_1}	M_{L_1}
抗盐冻性	—	—	质量损失（质量分数）≤8%		

此外，冻融试验还可以与集料力学性能测试结合：完成冻融循环之后，可对集料进行洛杉矶磨耗试验及冲击试验，得到强度比值。利用洛杉矶系数与冲击值作为冻融或盐冻辅助评价指标。

$$\Delta LA=\frac{LA_1-LA_0}{LA_0}\times 100\% \tag{4.22}$$

式中　LA_1—— 经过冻融和盐侵蚀复合作用下的洛杉矶系数；

LA_0—— 未经过冻融和盐侵蚀复合作用下的洛杉矶系数。

$$\Delta SZ=\frac{SZ_1-SZ_0}{SZ_0}\times 100\% \tag{4.23}$$

式中　SZ_1—— 经过冻融和盐侵蚀复合作用下的冲击粉碎值；

SZ_0—— 未经过冻融和盐侵蚀复合作用下的冲击粉碎值。

德国规范 DIN EN 1367—2 中还规定了硫酸镁侵蚀试验的具体操作流程和方法。首

先，称取粒径为10～14 mm的集料500 g，反复冲洗、烘干得到干燥、无杂质的集料。每份试件称取重量420～430 g(作为M_1)。放入网篮中，注意应禁止摇晃，然后放入20 ℃±2 ℃饱和硫酸镁溶液中水面以下2 cm，浸入时间为17 h±0.5 h，网篮之间及网篮和容器边缘之间间距大于2 cm。浸入完成后，将集料移出溶液排水2 h±0.25 h，然后同样在温度110 ℃±5 ℃，时间24 h±1 h条件下进行干燥，试验后搅动溶液，稀释盐结晶，放置30 min以上。

试验应重复进行5次后，清洗集料过筛。测量10 mm筛孔上的筛余质量(作为M_2)。硫酸镁侵蚀试验值计算式为

$$\mathrm{MS}=\frac{(M_1-M_2)}{M_1}\times 100\% \tag{4.24}$$

式中 M_1——未经硫酸镁侵蚀试样质量，g；

M_2——硫酸镁侵蚀后10 mm筛孔筛余质量，g。

在目前德国沥青混合料规范TL Asphalt-StB 07/13中，对硫酸镁侵蚀试验值尚未给出具体的指标要求。

我国规范JTG E42—2005中的集料坚固性试验，有类似的评价和测试方法。集料经饱和硫酸钠溶液多次浸泡20 h与105 ℃烘干循环，5次循环后，冲洗干净，烘干，用4.75 mm标准方孔筛过筛，称量筛余量百分比。我国规范JTG E42—2005规定，对于高速公路及一级公路，坚固性指标不能大于12%。与德国规范TL Gestein-StB相比，我国坚固性试验中采用高温一常温循环试验，目前尚缺少评价常温一低温循环对集料影响的指标。

4.2.5 粗集料抗磨光性能

交通荷载的长期作用会逐渐导致集料被磨光，进而造成沥青路面抗滑性能的持续衰退。因此，集料抗磨光性能是关系到集料能否用于沥青路面抗滑磨耗层的关键指标。特别是对于德国不限速高速公路，对集料的抗磨光性能提出了更为严格的要求。

德国集料规范TL Gestein-StB规范采用PSV粗集料加速磨光试验和W/S加速磨光试验评价粗集料抗磨光性能。

1. PSV粗集料加速磨光试验

德国规范DIN EN 1097—8中规定了粗集料加速磨光试验(Polished Stone Value，PSV)的具体操作流程和方法。中德两国的加速磨光试验流程大致相同，都是利用加速磨光机对集料试件进行磨光，然后用摆式摩擦系数测试仪测出集料试件磨光后的摩擦系数值。

PSV试验试件如图4.9所示。通常选取粒径为8～10 mm粗集料，随机选择、但尽量紧密排列于试模中，如图4.10所示。每个试件上应摆放36～46个颗粒。将细砂填入已排妥的集料间隙中，再用环氧树脂砂浆填入试模中。

加速磨光试验设备可模拟汽车轮胎对路面材料的磨光行为，德国PSV试验加速磨光机如图4.11所示。控制磨光的橡胶轮直径为200 mm±3 mm，宽度为38 mm±2 mm，硬度为69 IRHD±3 IRHD。道路试件轮直径为406 mm±3 mm，包含14片PSV试件，试件与试件之间要夹紧、整平，确保在磨光过程中形成一个连续的石料颗粒表面。

磨光过程中，道路试件轮以320 r/min±5 r/min的速度旋转。按照ISO 7619规范要求，磨光过程中橡胶轮需加载725 N±10 N。试验过程分为两个阶段：首先将粗金刚砂以

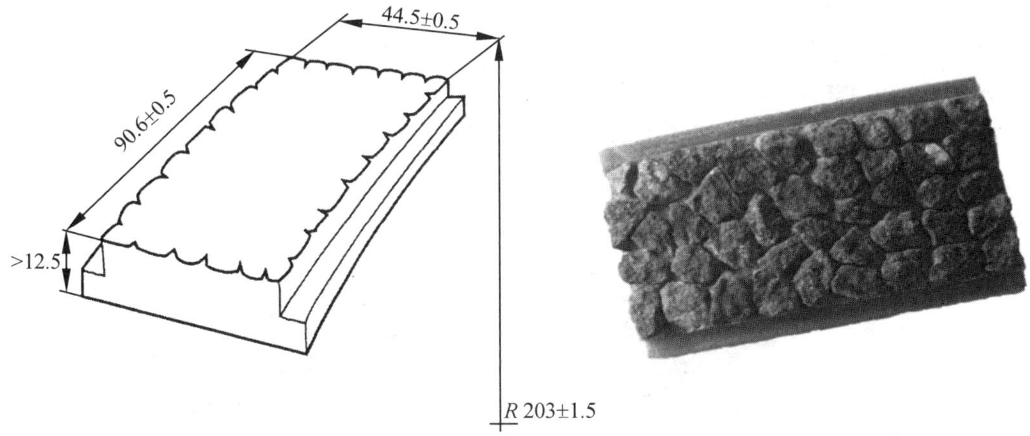

图 4.9　PSV 试验试件(单位:mm)

(a) 随机选择和摆放（正确）　　(b) 整齐的排列方式（错误）

图 4.10　PSV 试件中集料摆放方法

图 4.11　德国 PSV 试验加速磨光机

27 g/min±7 g/min的速度作为磨光介质，并与等量水加入轮胎一试件接触界面，磨光 180 min±1 min。然后加入细金刚砂 3.0 g/min±1.0 g/min，加 6.0 g/min±1.0 g/min 水量，磨光 180 min±1 min。

磨光试验后，将试件从道路轮上卸下后清洗，确保去除所有残留在集料表面颗粒间隙的金刚砂。将试件表面向下放在 20 ℃的水中 2 h 后取出，使用摆式摩擦系数测试仪（图 4.12）测量集料试件的摩擦系数（即试件磨光值）。

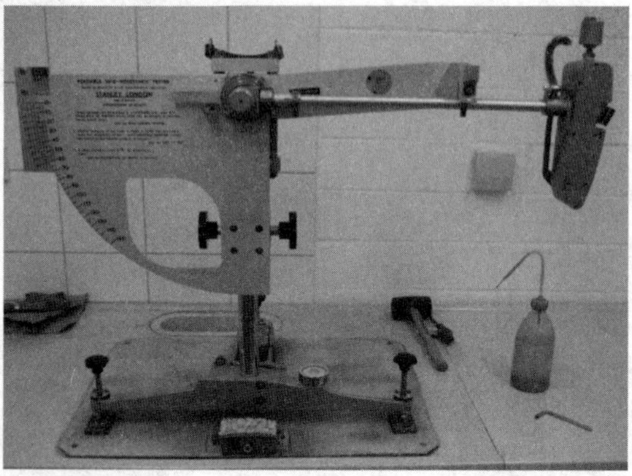

图 4.12　PSV 试验用摆式摩擦系数测试仪

德国 DIN EN 1097—8 规范（2009 年版）中，按照公式（4.25）计算粗集料磨光值：

$$PSV = S + 52.5 - C \tag{4.25}$$

式中　PSV——集料磨光值；

S——四个测试试件平均磨光值；

C——四个标准试件平均磨光值。

2010 年迄今，德国集料规范 TL Gestein-StB 规范和 DIN EN 规范大幅度调整了粗集料磨光值测试方法与标准。其中主要变动如下：

（1）DIN EN 13036 规范（2011 年版）中，将标准 PSV 试验中摆式摩擦系数测试仪使用的原产于英国 Transport Research Laboratory（TRL）的标准橡胶块（IRHD 硬度 94～98），替换为德国联邦材料研究与检测院（Bundesanstalt für Materialforschung und －prüfung，BAM）提供的编号 57 的橡胶块（IRHD 硬度 55～61）。

（2）DIN EN 1097—8 规范（2018 年版）中，建议摆式摩擦系数测试仪使用 IRHD 硬度 50～65 的橡胶块。

（3）建议将 PSV 磨光试验中添加的磨光介质由粗、细金刚砂改为石英砂（粗磨）和石英粉（细磨）。主要原因是，欧盟各国及德国各地区所使用的人造或天然金刚砂性质差异很大，造成了各国、各地区 PSV 试验结果可对比性很差。而石英砂成分为 99%以上（质量分数）的二氧化硅，性质更加均一可控。此外，石英砂可以更加真实地模拟实际路面粉尘的状态和成分。最后，金刚砂的莫氏硬度（硬度为 9）远高于一般路用集料的硬度（通常为 5～7）。采用金刚砂会造成集料的过度磨光，导致不同抗磨光值的集料产地、矿物成分的差异性、硬度更难以区分。

（4）磨光过程加水量变为 15 g/min±1 g/min。

(5)将原产英国 Transport Research Laboratory(TRL)的标准试件用集料，改为原产地于德国 Herrnholzer 的花岗岩。其磨光后对应摆式摩擦系数值(即磨光值)为 51～57。因此，粗集料磨光值计算公式调整为

$$PSV = S + 54 - C \tag{4.26}$$

德国 TL Gestein-StB 规范定义了粗集料抗磨光值的等级，德国路用集料 PSV 规范要求见表 4.28。PSV 值越高，说明集料抗磨光性能越好，进而沥青路面长期抗滑性能越好。

表 4.28　德国路用集料 PSV 规范要求

类型	沥青承重层(沥青混凝土 AC T)	沥青黏结层(沥青混凝土 AC B)	沥青表面层(沥青混凝土 AC D、沥青玛蹄脂碎石 SMA、浇筑式沥青混合料 MA)	多孔沥青混合料 PA	路面微表处&含砂雾封层
磨光值	PSV_{NR}(无要求)	PSV_{NR}(无要求)	PSV_{NR} PSV_{42} PSV_{48} PSV_{51}	PSV_{54}	PSV_{42} PSV_{48} PSV_{51}

注：NR＝规范无要求。

我国公路工程集料试验规程，规定了粗集料抗磨光值计算式：

$$PSV = PSV_{ra} + 49 - PSV_{bra} \tag{4.27}$$

对比可知，由于中德两国 PSV 试验中使用的磨光与测试条件等方面的差异，规范所规定的标准试件 PSV 值相差 5 个单位。

我国规范对高速公路、一级公路表面层粗集料磨光值要求见表 4.29。由此可见，我国规范考虑了气候影响，忽略了混合料类型的要求。

表 4.29　中国粗集料磨光值规范要求

雨量气候区	1(潮湿区)	2(湿润区)	3(半干区)	4(干旱区)
年降雨量/mm	>1 000	1 000～500	500～250	<250
高速公路、一级公路表面层粗集料的磨光值 PSV(不小于)	42	40	38	36

2. W/S 加速磨光试验

德国集料规范 TL Gestein-StB 规范和 DIN EN 12697—49 还规定使用 Wehner/Schulze(W/S)试验仪评价精细集料抗磨光性能。W/S 试验仪如图 4.13 所示。

W/S 试验仪由德国柏林工业大学研发，用以模拟交通荷载对路面材料的长期磨耗行为，并评价其对路面长期抗滑性能的影响。W/S 试验既可以用来评价粗细集料的抗磨光性质，又可以用于分析沥青道路面长期抗滑性质衰变规律，W/S 试件如图 4.14 所示。

W/S 试验仪包含磨光部和动摩擦系数测试部两个部分，其中磨光部如图 4.15 所示。三个硬度为(65±3) IRHD 的圆锥形橡胶块(图 4.16)以恒定速度(通常为 500 r/min±5 r/min)在试样表面旋转，用来模拟轮胎对路面的磨耗。橡胶块与试件的接触压强为 0.4 N/mm²，磨光过程中添加石英粉溶液(每 40 L 水添加 2.4 kg 石英粉溶液)作为磨光介

质。达到预定磨光次数(如 90 000 r 或者 180 000 r)后,磨光试验结束。

图 4.13 W/S 试验仪

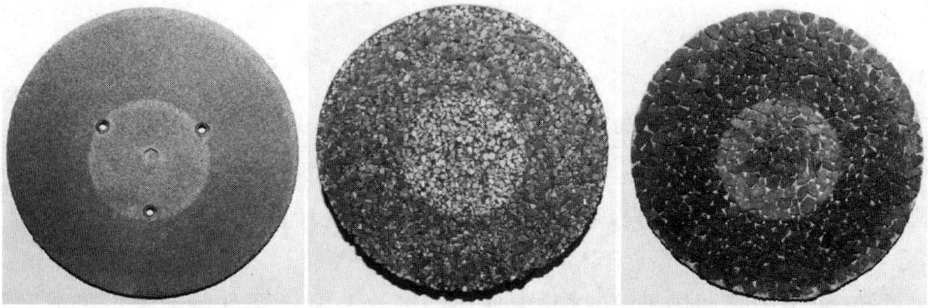

(a) 0.2~0.4 mm 砂　(b) 2~5 mm 集料　(c) 8~11 mm 集料

图 4.14 W/S 试件

图 4.15 W/S 试验仪磨光部

动摩擦系数测试部测试磨光后的试件表面摩擦系数。摩擦系数测头上镶有三块薄橡胶片。橡胶片长度为 30 mm±1 mm,宽度为 14.5 mm±0.1 mm,硬度为 65 IRHD±3 IRHD。

动摩擦系数测试部如图 4.17 所示,当摩擦系数测头加速旋转至 100 km/h 的速度时,橡胶片与试样接触,接触压强为0.2 N/mm^2。在橡胶片速度从 100 km/h 降为静止状态过程中测量试件表面的摩擦系数。其中，60 km/h 速度下测得的摩擦系数被确定为标准 W/S 动摩擦系数，即粗集料 W/S 抗磨光值。

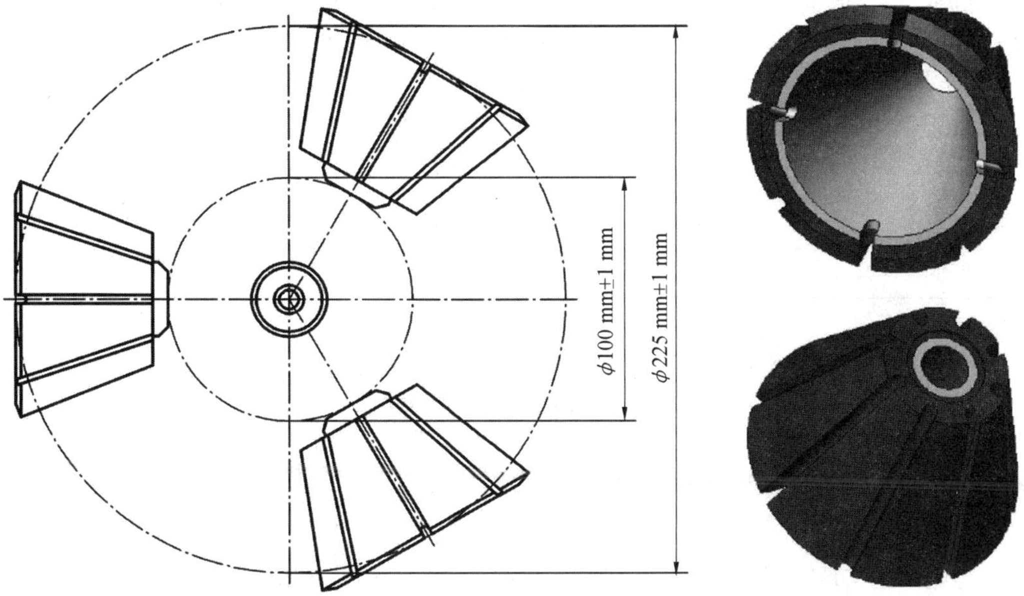

图 4.16　W/S 试验仪磨光部圆锥形橡胶块

图 4.17　W/S 试验仪动摩擦系数测试部

与 PSV 试验及摆式摩擦系数测试仪相比，W/S 试验具有以下几种优势：

(1) W/S 磨光机模拟轮胎在高速行驶过程中对路面的反复碾压和磨光，因而更能反映胎路接触的真实状态。

(2) 与摆式摩擦系数测试相比，W/S 摩擦系数测试采用全自动加载与测试，受人为因素影响较小，摩擦系数测试精度更高。

(3) 摆式摩擦系数测试仪测量速度约 10 km/h，与 W/S 相比测试速度较低，仅能评价试件表面微观纹理。而 W/S 试验仪则是在高速行驶下、试件表面有给定水膜厚度时测量的动摩擦系数。因此，W/S 摩擦系数测试结果反映了试件表面宏、微观纹理对抗滑性质的影响。

此外，W/S 试验仪可模拟沥青路面抗滑性能衰减规律。因此，W/S 测试方法特别适用于评价磨耗层新材料或新技术的耐久性。

在目前德国集料规范 TL Gestein-StB 和沥青混合料规范 TL Asphalt-StB 07/13 中，对

粗集料 W/S 抗磨光值尚未给出具体的指标要求。德国联邦公路研究院在 2016 年的一本研究报告中详细地评价了不同类型集料的 W/S 抗磨光值。报告中参照德国 TL Gestein-StB 规范中粗集料 PSV 抗磨光值的等级，定义了 4 个集料的 W/S 抗磨光值的等级，见表 4.30。

表 4.30　德国 PSV 抗磨光值与 W/S 抗磨光值等效分级

PSV	PWS
42	0.15
48	0.23
51	0.28
54	0.32

4.3　集料－沥青黏附性

沥青与集料的黏附性直接影响沥青路面的使用质量和耐久性，所以黏附性是评价集料性能的一个重要指标。

在德国规范 DIN EN 12697－11 中，采用滚瓶法（Rolling Bottle Test）来评价集料与沥青黏附性。滚瓶法使用粒径范围为 8～11.2 mm 的集料。集料颗粒经洗涤、干燥后与给定量沥青混合，形成均匀而完整的沥青膜。

在 15～25 ℃温度下，将裹覆沥青膜的集料松散地铺在金属板上。将样品分成 3 个子样品后，放入装有水的瓶子中，滚瓶法试验装置如图 4.18 所示。将瓶子密闭并放在滚动装置上。瓶子在环境温度下以固定速度 40 r/min 旋转。

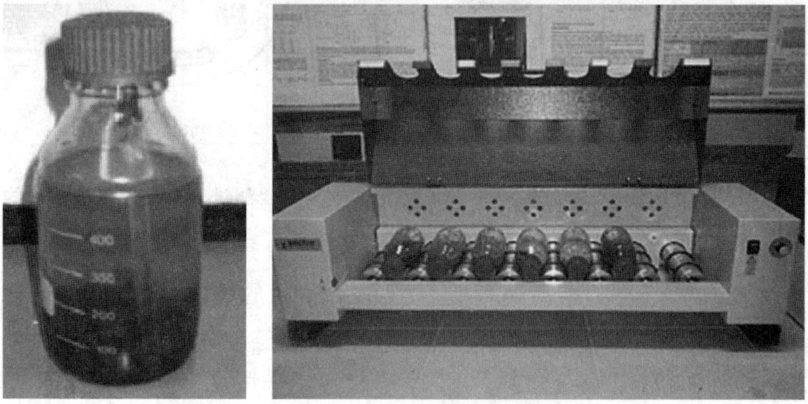

图 4.18　滚瓶法试验装置

在指定的时间间隔（6 h、24 h、48 h、72 h）后，中止试验并取出试样，由 2 名检查员目测评估沥青膜残留程度（以 5％为单位），滚瓶法试验示意图如图 4.19 所示。最新研究已采用图像分析软件进行精准识别，绘制沥青膜残留程度随加载时间衰变曲线，如图 4.20 所示。因此，滚瓶法是一种主观评价集料裹覆沥青膜剥蚀程度的试验方法。

滚瓶法考虑到了动水冲刷的作用，与实际破坏情况更相符。因此建议我国规范在进行黏附性评价时，也将动水冲刷作用考虑进去。

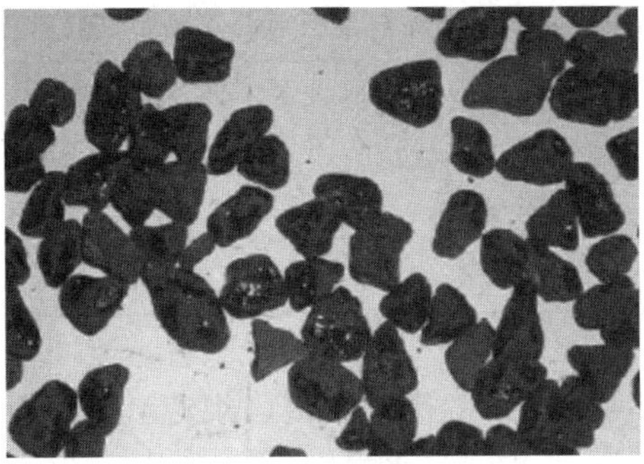

图 4.19 滚瓶法试验示意图

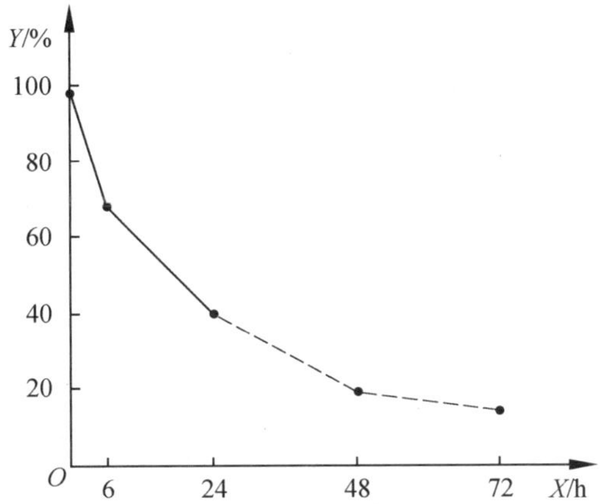

图 4.20 滚瓶法沥青膜残留程度随加载时间衰变曲线

但在目前德国沥青混合料规范 TL Asphalt-StB 07/13 中，对集料的黏附性尚未给出具体的指标要求。

我国现行试验法用水煮法（最大粒径大于 13.2 mm）或水浸法（最大粒径小于 13.2 mm）表征沥青与集料的黏附性。试验后，按沥青剥落面积百分率分为 5 个等级来评价沥青与集料的黏附性，等级愈高代表黏附性愈好，集料与沥青的黏附性等级见表 4.31。

表 4.31 集料与沥青的黏附性等级

试验后沥青与集料剥落情况	黏附等级
沥青完全保存，剥落面积百分率接近 0	5
沥青膜少部被水移动，厚度不均匀，剥落面积百分率小于 10%	4
沥青膜局部明显被水移动，基本保留集料表面，剥落面积百分率小于 30%	3
沥青膜大部分被水移动，局部保留集料表面，剥落面积百分率大于 30%	2
沥青膜完全为水所移动，集料基本裸露，沥青浮于水面	1

我国规范 JTG F40—2004 对集料与沥青黏附性要求见表 4.32。针对潮湿区、湿润区、半干区和干旱区的不同气候特点，以及不同等级公路提出了不同的等级要求。

表 4.32　中国对集料与沥青黏附性要求

雨量气候区	潮湿区	湿润区	半干区	干旱区
年降雨量/mm	>1 000	500～1 000	250～500	<250
高速公路、一级公路表面层黏附等级	5	4	4	3
其他层黏附等级	4	4	3	3

综合对比，中德规范都考虑了水的影响。德国规范考虑了动水冲刷作用对黏附性的影响，但没给出具体的指标要求，而我国对水损害极为重视，提出了明确的要求。

第 5 章　沥　　青

5.1　概　　述

石油沥青是原油加工过程中的一种副产品，是由一些极其复杂的高分子的碳氢化合物和这些碳氢化合物的非金属（氧、硫、氮）衍生物所组成的混合物，呈褐色至黑色，生产方法主要有蒸馏法、溶剂沉淀法、氧化法和调和法。石油沥青是道路工程中最重要的道路材料之一。

19 世纪末，石油工业蓬勃发展，工业界逐渐认识到蒸馏残余物的价值。德国是最早研究和使用沥青的国家之一。1906 年，德国为第一批“沥青乳液”申请了专利，开始将沥青用于绝缘材料或屋顶大坝的密封材料中。1936 年和 1937 年，德国首次引入软化点测试和弗拉斯脆点测试，这两个性能测试方法一直沿用至今。1957 年泡沫沥青被德国发明。1967 年后，德国开发并测试了对当今道路工程应用至关重要的“聚合物改性沥青”。20 世纪 70 年代西德禁止在沥青中使用焦油青。1991 年后，德国道路建设对沥青的需求持续增加。2017 年，德国生产了约 4 289 000 t 沥青。

从表 2.17 可知，德国公路用沥青可分为普通道路石油沥青（Straßenbaubitumen）和改性沥青两大类。其中，普通道路石油沥青按照硬度可分为以下几类：

(1) 标准道路施工沥青：针入度在 20～330 之间。

(2) 硬质沥青：针入度介于 5～25 之间，主要为高模量沥青。

(3) 软质沥青：针入度介于 250～900 之间，主要是在极低的温度下使用（如斯堪的纳维亚半岛）。

改性沥青是向普通沥青掺加高分子聚合物、树脂、橡胶等改性剂，从而使沥青或沥青混合料的下列性能得以改善：

(1) 提高沥青的流变性能及高低温性能。

(2) 降低沥青的温度敏感性。

(3) 提升沥青的耐疲劳性能和增强沥青的耐老化性能。

(4) 改善沥青与集料的黏附性。

(5) 提升沥青混合料的耐久性。

聚合物改性沥青（Polymermodifiziertes Bitumen，PmB）是目前德国使用最广泛的改性沥青。常见的聚合物改性沥青包括弹性体改性沥青（PmB A）和塑性体改性沥青（PmB C）。

公路用沥青在使用时，应根据交通量、气候条件、施工方法、沥青面层类型、材料来源等情况选用。对于夏季温度高、高温持续时间长的地区，重载交通路段，山区及丘陵区上坡路段，服务区，停车场等行车速度慢的路段，尤其是汽车荷载剪应力大的区域，宜采用稠度大，黏度大的沥青。对于冬季寒冷的地区或者交通量小的公路、旅游公路,宜选用稠度小、低温延度大的沥青。多层面层选用沥青时,一般上层宜用较稠的沥青,下层或连接层宜用较稀的沥青。

5.2 沥青的性能指标及试验方法

道路沥青是一种典型的黏弹塑性材料,沥青及其混合料的路用性能受到气候环境的影响较大:在温度较高时其黏性成分较高,容易发生永久变形,因此夏季、高温季行车容易使路面出现车辙;在温度较低时其弹性成分较高,容易出现裂缝,因此冬季气温骤降及反复升温、降温容易使沥青路面出现温缩裂缝。这两种情况都是导致路面损坏最常见的原因。除温度因素外,水对沥青混合料的性能也有重要影响。水分渗入沥青与集料的界面,可以显著降低黏附性,进而导致路面出现集料剥离、坑槽等病害。

因此,公路用沥青应当满足黏度、延度、温度稳定性等方面的基本要求,具备较强的高温抗车辙性能和低温抗裂性,具有较好的耐老化、耐疲劳和水稳性等。

现行的德国公路用沥青规范为 TL Bitumen-StB 07/13(*Technische Lieferbedingungen für Straßenbaubitumen und gebrauchsfertige Polymermodifizierte Bitumen*),是德国道路石油沥青及聚合物改性沥青的供货技术规范,具体规定了路用沥青生产制备过程中材料参数及技术要求。最新一版的 TL Bitumen-StB 于 2007 年正式发行,于 2013 补充修订(图5.1)。

图 5.1 德国公路用沥青 TL Bitumen-StB 07/13 规范

德国 TL Bitumen-StB 07/13 规范规定了公路用沥青的下列关键指标：

(1)针入度(Penetration Degree)(DIN EN 1426)。

(2)软化点(Softening Point)(DIN EN 1427)。

(3)闪点(Flashing Point)(DIN EN ISO 2592)。

(4)溶解度(Solubility)(DIN EN 12592)。

(5)针入度指数(Penetration Index)(DIN EN 12591)。

(6)运动黏度的测定方法(DIN EN 12595)。

(7)动态黏度计(DIN EN 12596)。

(8)弗拉斯脆点(Fraaß)(DIN EN 12593)。

(9)沥青流变性能(DIN EN 14770)，可用动态剪切流变仪(Dynamic Shear Rheometer, DSR)确定。

(10)沥青低温性能和弯曲蠕变刚度(DIN EN 14771)，可用弯曲梁流变仪(Bending Beam Rheometer, BBR)确定。

(11)延度和变形能(DIN EN 13589 和 DIN EN 13703)。

(12)聚合物改性沥青的弹性回复率(DIN EN 13398)。

(13)储存稳定性(DIN EN 13399)。

(14)可塑性范围(DIN EN 14023)。

(15)旋转薄膜烘箱老化(Rolling Thin Film Oven Test, RTFOT)(DIN EN 12607—1)。

(16)薄膜烘箱试验法(Thin Film Oven Test, TFOT)(DIN EN 12607—2)。

(17)烧瓶法(Rotating Flask Test, RFT)(DIN EN 12607—3)。

(18)压力老化容器(Pressurized Aging Vessel, PAV)(DIN EN 14769)。

5.3　普通道路石油沥青的性能评价

普通道路石油沥青的性能评价与技术要求见表 5.1。就整体而言，公路用沥青的分类及评价指标，中德两国之间并无显著差别，因此本章节只做简单介绍。

5.3.1　针入度

沥青针入度是沥青最主要、最基础的指标之一，表示沥青软硬程度和稠度、抵抗剪切破坏的能力，反映在一定条件下沥青的相对黏度的指标。针入度试验(图 5.2)是测定沥青稠度的标准方法，其是指在温度 25 ℃下的 5 s 时间内，在 100 g 的荷重下，标准针垂直穿入沥青试样的深度，以 0.1 mm 为单位。具体测试流程在规范 DIN EN 1426 中有所规定。

德国目前采用针入度级标准确定道路沥青的等级和标号。针入度级标准即根据沥青针入度的大小确定沥青所适应的气候和载荷条件。按照沥青针入度的不同将德国公路用沥青分成不同的标号，针入度越大，沥青的标号也越大。

就整体而言，德国 TL Bitumen-StB 07/13 规范在沥青针入度偏小时，对沥青标号的划分更加细致；针入度偏大时，对沥青标号划分较为粗糙。而我国规范则以 20 ℃为区间进行均匀划分。

表 5.1　普通道路石油沥青性能评价与技术要求

特征或性质	单位	测试	品种				
			20/30	30/45	50/70	70/100	160/220
针入度(25 ℃)	0.1 mm	DIN EN 1426	20～30	30～45	50～70	70～100	160～220
环与球软化点	℃	DIN EN 1427	55～63	52～60	46～54	43～51	35～43
闪点	℃	DIN EN ISO 2592	≥ 240	≥ 240	≥ 230	≥ 230	≥ 220
溶解度	%	DIN EN 12592	≥ 99.0	≥ 99.0	≥ 99.0	≥ 99.0	≥ 99.0
针入度指数		DIN EN 12591，附录 A	NR	NR	NR	NR	NR
运动黏度(135 ℃)	mm^2/s	DIN EN 12595	NR	NR	NR	NR	NR
动力黏度(60 ℃)	Pa·s	DIN EN 12596	NR	NR	NR	NR	NR
弗拉斯脆点	℃	DIN EN 12593	—	≤ −5	≤ −8	≤ −10	≤ −15
动态剪切流变仪测试变形行为(DSR)	—	TL Bitumen-StB 07/13 第 5.3 节	IA	IA	IA	IA	IA
弯曲梁流变仪测试低温行为(BBR)	—	TL Bitumen-StB 07/13 第 5.4 节	IA	IA	IA	IA	IA
根据 DIN EN 12607—1,在 163 ℃条件下 RTFOT 老化试验后后残留物的性质：							
残留针入度比	%	DIN EN 1426	≥ 55	≥ 53	≥ 50	≥ 46	≥ 37
环与球软化点增加值	℃	DIN EN 1427	≤ 8	≤ 8	≤ 9	≤ 9	≤ 11
质量变化	%	DIN EN 12607—1	≤ 0.5	≤ 0.5	≤ 0.5	≤ 0.8	≤ 1.0

注：NR ＝无要求；IA＝可以测试给出。

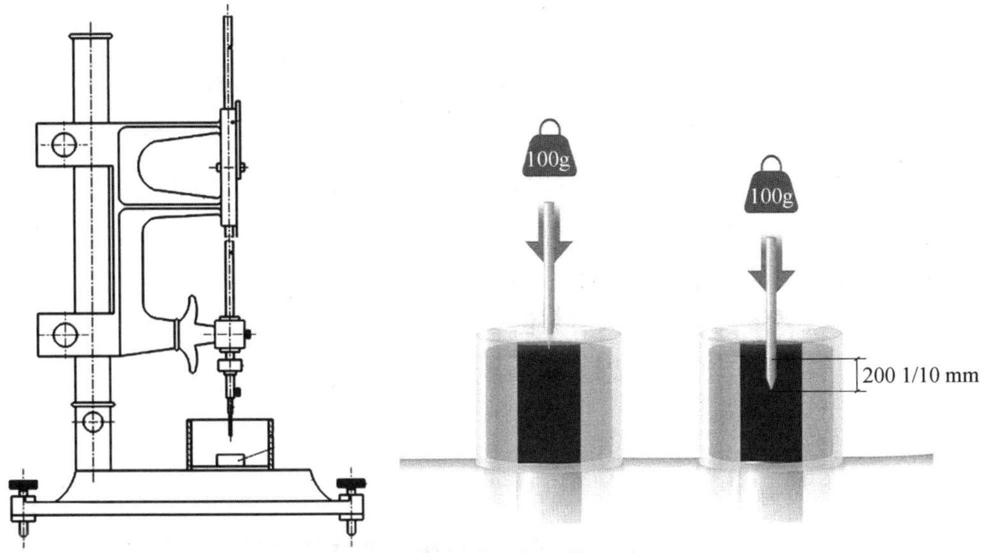

图 5.2　针入度试验

5.3.2　软化点

软化点是沥青高温稳定性的重要指标。软化点试验(图 5.3)通常采用环与球法进行测定,在规定尺寸的金属环的沥青试样上,放置规定尺寸和质量的钢球,放于测试溶液中:

(1)软化点在 28～80 ℃之间,测试溶液使用水。

(2)软化点在 80～150 ℃之间,测试溶液使用甘油。

将水(5 ℃±1 ℃)或甘油(30 ℃±1 ℃)以 5 ℃/min±0.5 ℃/min 的升温速率加热,至钢球下沉达到规定距离(25.0 mm±0.4 mm)时的温度即为软化点,以℃表示。具体测试流程在规范 DIN EN 1427 中有所规定。

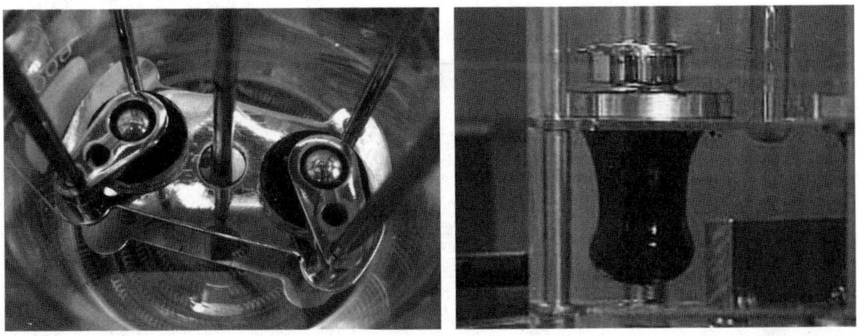

图 5.3　软化点试验

软化点与针入度一样,是检验产品质量、评定沥青性质及选择使用条件最常用的指标。特别是其试验方法较针入度、延度试验更为简单,能很快得出结果。

对同一种原油及炼制工艺来说,沥青硬、针入度小的软化点就高。相比于针入度,软化点与沥青高温性能相关性更好。

5.3.3 闪点

闪点是指沥青在规定条件下，被加热到其蒸汽与火焰接触发生瞬间闪火时的最低温度。闪点用于确定沥青加热熔化时的安全温度界限，保障沥青安全使用(DIN EN)。该试验通常采用克利弗兰开口杯法进行测定，以一定的升温速率对沥青试样进行升温：

(1)试验开始时升温速率为 5～17 ℃/min。

(2)温度接近闪点时升温速率为 5～6 ℃/min。

当试样液面上最初出现一瞬间即灭的蓝色火焰时，此时温度即为沥青闪点，具体测试流程在规范 DIN EN ISO 2592 中有所规定。

5.3.4 溶解度

通常用甲苯(材料必须满足 ISO 5272 规范要求)或二甲苯(材料必须满足 ISO 5280 规范要求)作为试验的参考溶剂，确定几乎没有矿物物质的沥青黏结剂在参考溶剂中的溶解度。具体测试流程在规范 DIN EN 12592 中有所规定。

5.3.5 针入度指数

沥青是一种随温度变化发生流变性的典型黏弹性材料，温度很高时沥青表现为牛顿流体，而低温下沥青又表现为接近虎克弹性体，从高温到低温，中间经历了复杂的黏弹性阶段。沥青随温度而发生性质变化幅度的指标称为感温性指标。最常用的描述沥青感温性的指标是针入度指数 PI 值。关于针入度指数的相关规定在规范 DIN EN 12591 中有所描述。

不同温度下沥青的针入度－温度直线关系为

$$\lg P = AT + K \tag{5.1}$$

式中 P—— 针入度，0.1 mm；

T—— 温度，℃；

A—— 表征针入度值的对数随温度的变化率，被称为针入度－温度感应性系数；

K—— 常数。

再由公式(5.2) 确定沥青的针入度指数 PI：

$$\mathrm{PI} = \frac{30}{1 + 50 \cdot A} - 10 \tag{5.2}$$

式中 PI—— 针入度指数。

对于道路沥青来说，PI 值过低和过高都不好。溶胶型沥青的 PI 小于－2；凝胶型沥青的 PI 大于 2。大部分氧化沥青属凝胶型，一般的道路沥青属溶胶－凝胶型，所以普遍规定 PI 在－1.0～＋1.0 间。

5.3.6 运动黏度 135 ℃

流体的运动黏度即为其绝对黏度与同温度下该流体的密度之比，沥青在 135 ℃下的运动黏度是沥青混合料生产和施工时的主要控制指标。TL Bitumen-StB 07/13 规范规定了通过毛细管法测定沥青运动黏度的方法，通过测量沥青试样在规定的试验温度（即 135 ℃）下，流经规定体积所需的时间，从而计算得到沥青的运动黏度，具体测试流程在规范 DIN EN 12595 中有所规定。

5.3.7　动力黏度 60 ℃

动力黏度是使单位距离的单位面积液层，产生单位流速所需之力。沥青的动力黏度与动稳定度、抗剪安全系数、当量软化点、抗车辙因子和临界车辙温度等高温指标有很好的相关性。TL Bitumen-StB 07/13 规定了通过真空毛细管黏度计测定沥青动力黏度的方法，通过测量沥青在真空装置中保持一定温度（60 ℃）或通过规定型号毛细管黏度计流经规定体积所需的时间，从而计算得到沥青的动力黏度，具体测试流程在规范 DIN EN 12596 中有所规定。

5.3.8　弗拉斯脆点

沥青的脆点表征沥青在低温条件下，受到瞬时荷载作用时，出现脆性破坏的性能。TL Bitumen-StB 07/13 规定通过弗拉斯脆点仪测量沥青在低温下的脆性和抗裂性。将 410 mg ±10 mg 沥青均匀涂抹于测试板表面。试验时将以 1 ℃/min 的降温速率对沥青试样进行降温，沥青出现裂缝时的温度即为弗拉斯脆点，如图 5.4 所示，具体测试流程在规范 DIN EN 12593 中有所规定。

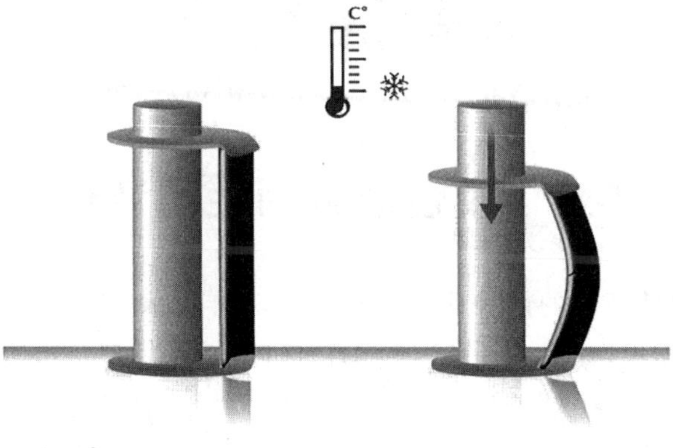

图 5.4　弗拉斯脆点试验

弗拉斯脆点试验为德国沥青测试的独有方法，借此对沥青的低温性能提出了进一步要求，在我国规范中尚没有对应方法。

5.3.9　动态剪切流变性能

动态剪切振荡试验作为一种非常重要且常用的流变学测试方法，被广泛应用于各种复杂流体和软固体的流变性质研究，其常用设备为动态剪切流变仪（Dynamic Shear

Rheometer, DSR)。通过对样品施加标准正弦周期函数的剪切应变或剪切应力,测量试样的剪切应力或剪切应变响应,从而计算出表征沥青胶结料两个重要参数:复数模量 G^* 和相位角 δ。其中,复数模量 G^* 代表了材料受重复剪切作用时总阻力的大小,是材料抵抗变形能力的重要指标。相位角 δ 的正切值是复数剪切模量的弹性部分与黏性部分的比值,相位角的大小反映了材料在荷载作用条件下的黏性和弹性的比例大小。对于沥青材料而言,DSR 试验常用于表征沥青在 30～90 ℃条件下的性质,剪切频率常设定为 1.59 Hz(10 rad/s),DSR 试验的具体操作流程在 TL Bitumen-StB 07/13 规范 5.3 节中有所规定。

5.3.10 弯曲梁流变仪测试低温行为

根据 TL Bitumen-StB 07/13 规范 5.4 节相关规定,可采用弯曲梁流变仪(Bending Beam Rheometer,BBR)评价沥青的低温行为。BBR 试验是在不同低温条件下测量小梁的挠度,根据时温等效原理可绘制出沥青的劲度主曲线,利用曲线下的面积作为评价指标比较沥青低温性能的优劣,如图 5.5 所示。试验规定的温度与所用沥青路面的冬季环境温度有关,一般选取－10 ℃、－16 ℃、－25 ℃三个温度。

图 5.5　德国公路用沥青 TL Bitumen-StB 07/13 规范 BBR 试验

5.4　改性沥青的性能评价

弹性体、塑性体改性沥青的性能评价与技术要求详见表 5.2、表 5.3,其针入度、环与球软化点、闪点、弗拉斯脆点、动态剪切流变仪测试(DSR)、弯曲梁流变仪测试低温行为(BBR)等评价指标和方法与普通道路石油沥青基本一致。但是,改性沥青还需评价延度、弹性恢复、储存稳定性和可塑性范围等指标。

表 5.2　弹性体改性沥青性能评价与技术要求（PmB A）

特征或性质	单位	测试	品种									
			KL	120/200—40 A	KL	45/80—50 A	KL	25/55—55 A	KL	10/40—65 A	KL	40/100—65 A
针入度（25 ℃）	0.1 mm	DIN EN 1426	9	120～200	4	45～80	3	25～55	2	10～40		40～100
环与球软化点	℃	DIN EN 1427	10	⩾ 40	8	⩾ 50	7	⩾ 55	5	⩾ 65	5	⩾ 65
延度（变形能）	J/cm²	DIN EN 13589 DIN EN 13703	5	⩾ 2 （在 0 ℃）	3	⩾ 2 （在 5 ℃）	6	⩾ 2 （在 10 ℃）	6	⩾ 2 （在 10 ℃）	2	⩾ 3 （在 5 ℃）
闪点	℃	DIN EN ISO 2592	4	⩾ 220	3	⩾ 235	3	⩾ 235	3	⩾ 235	3	⩾ 235
弗拉斯脆点	℃	DIN EN 12593	9	⩽ −20	7	⩽ −15	5	⩽ −10	3	⩽ −5	7	⩽ −15
弹性恢复（25 ℃）	%	DIN EN 13398	5	⩾ 50	5	⩾ 50	5	⩾ 50	5	⩾ 50	3	⩾ 70
弹性恢复（10 ℃）	%	DIN EN 13398	0	NR	0	NR	0	NR	0	NR	0	NR
可塑性范围	℃	DIN EN 14023	0	NR	0	NR	0	NR	0	NR	0	NR
储存软化点差	℃	DIN EN 13399	2	⩽ 5	2	⩽ 5	2	⩽ 5	2	⩽ 5	2	⩽ 5
储存针入度差	0.1 mm	DIN EN 13399 DIN EN 1426	0	NR	0	NR	0	NR	0	NR	0	NR
根据 DIN EN 12607—1，在 163 ℃条件下 RTFOT 老化试验后残留物的性质：												
质量变化	%	DIN EN 12607—1	3	⩽ 0.5	3	⩽ 0.5	3	⩽ 0.5	3	⩽ 0.5	2	⩽ 0.3
残留针入度比	%	DIN EN 1426	7	⩾ 60	7	⩾ 60	7	⩾ 60	7	⩾ 60	7	⩾ 60
软化点增加值	℃	DIN EN 1427	2	⩽ 8	2	⩽ 8	2	⩽ 8	2	⩽ 8	2	⩽ 8
软化点损失值	℃	DIN EN 1427	2	⩽ 2	2	⩽ 2	2	⩽ 2	2	⩽ 2	3	⩽ 5
弹性恢复（25 ℃）	%	DIN EN 13398	4	⩾ 50	4	⩾ 50	4	⩾ 50	4	⩾ 50	4	⩾ 50
弹性恢复（10 ℃）	%	DIN EN 13398	0	NR	0	NR	0	NR	0	NR	0	NR
动态剪切流变仪测试变形行为（DSR）	—	TL Bitumen-StB 07/13，5.3 节	1	IA	1	IA	1	IA	1	IA	1	IA
弯曲梁流变仪测试低温行为（BBR）	—	TL Bitumen-StB 07/13，5.4 节	1	IA	1	IA	1	IA	1	IA	1	IA

注：KL ＝欧盟标准中产品等级；NR ＝无要求；IA＝可以测试给出。

表 5.3 塑性体改性沥青性能评价与技术要求 (PmB C)

特征或性质	单位	测试	品种					
			KL	45/8—50 C	KL	25/55—55 C	KL	10/40—65 C
针入度(25 ℃)	0.1 mm	DIN EN 1426	4	45～80	3	25～55	2	10～40
环与球软化点	℃	DIN EN 1427	8	⩾ 50	7	⩾ 55	5	⩾ 65
延度(变形能)	J/cm²	DIN EN 13589 DIN EN 13703	3	⩾ 2 (在 5 ℃)	2	⩾ 3 (在 5 ℃)	6	⩾ 2 (在 10 ℃)
闪点	℃	DIN EN 1SO 2592	3	⩾ 235	3	⩾ 235	3	⩾ 235
弗拉斯脆点	℃	DIN EN 12593	7	⩽ −15	5	⩽ −10	3	⩽ −5
弹性恢复(25 ℃)	%	DIN EN 13398	0	NR	0	NR	0	NR
弹性恢复(10 ℃)	%	DIN EN 13398	0	NR	0	NR	0	NR
可塑性范围	℃	DIN EN 14023	0	NR	0	NR	0	NR
储存软化点差	℃	DIN EN 13399 DIN EN 1427	2	⩽ 5	2	⩽ 5	2	⩽ 5
储存针入度差	0.1 mm	DIN EN 13399 DIN EN 1426	0	NR	0	NR	0	NR
根据 DIN EN 12607—1,在 163 ℃条件下 RTFOT 老化试验后残留物的性质:								
质量变化	%	DIN EN 12607—1	3	⩽ 0.5	3	⩽ 0.5	3	⩽ 0.5
残留针入度比	%	DIN EN 1426	7	⩾ 60	7	⩾ 60	7	⩾ 60
软化点增加值	℃	DIN EN 1427	2	⩽ 8	2	⩽ 8	2	⩽ 8
软化点损失值	℃	DIN EN 1427	2	⩽ 2	2	⩽ 2	2	⩽ 2
弹性恢复(25 ℃)	%	DIN EN 13398	0	NR	0	NR	0	NR
弹性恢复(10 ℃)	%	DIN EN 13398	0	NR	0	NR	0	NR

注:KL =欧盟标准中产品等级;NR =无要求;IA=可以测试给出。

5.4.1　延度:变形能

德国 TL Bitumen-StB 07/13 规范认为,改性沥青的低温延度与路面的低温开裂性能能有一定的相关性。改性沥青延度测试的具体流程在规范 DIN EN 13589 和 DIN EN 13703 中有所规定。规范中定义,改性沥青的延度是通过在规定的速度和温度下,拉伸标准试件的至给定变形所需要的变形能(J/cm^2)。

试模由黄铜制成,由 2 个端模和 2 个侧模组成,延度试模尺寸如图 5.6 所示。

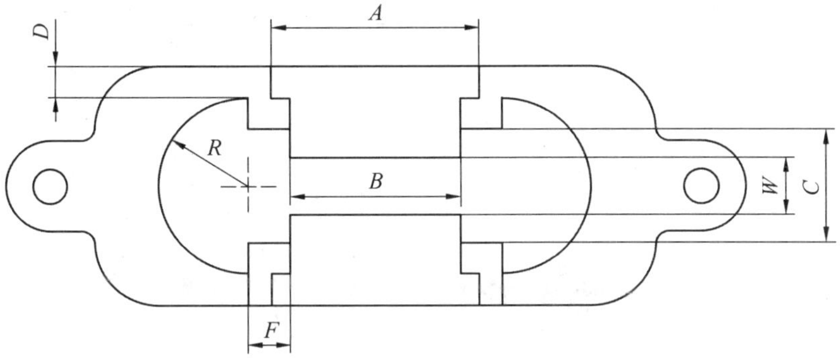

尺寸 /mm

$A=36.5\pm2.0$	$W=10.0\pm0.1$
$B=30.0\pm0.1$	$F=7.3\pm0.1$
$C=20.0\pm0.2$	$R=15.5\pm0.1$
$D\geqslant5.5$	厚度 $=10.0\pm0.1$

图 5.6　延度试模尺寸

延度仪(图 5.7)应配有自动控温、控速系统,能够能保持规定的试验温度及规定的拉伸速度拉伸试件,且试验时应无明显振动。延度测试温度通常为 5.0 ℃±0.5 ℃,使用至少三个样品进行测试。在将已填充的模具在测试温度下保持 90 min±10 min 后,开动延度仪,然后将样品在规定的测试温度±0.5 ℃下以 50.0 mm/min±2.5 mm/min 的速度拉伸至伸长率为 1 333%(400 mm)。试验过程中,注意观察试样的延伸或断裂情况。记录试验过程中的拉伸力和试件伸长率。试验采用变形能表征延度指标,其定义为试验过程中拉伸力与变形的函数积分。

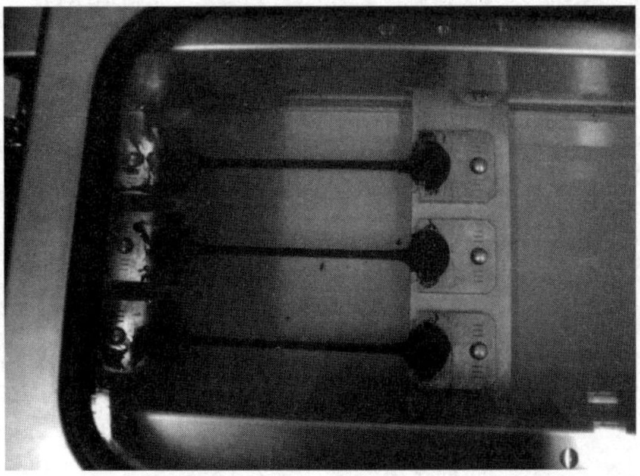

图 5.7　延度仪

就整体而言，德国规范在进行延度试验时的温度低于我国规范要求，因而对改性沥青的低温性能提出了更高的要求。

5.4.2　10 ℃和 25 ℃下的改性沥青弹性恢复试验

改性沥青的弹性恢复试验方法详见规范 DIN EN 13398，其延度试验仪中弹性恢复试模尺寸如图 5.8 所示。

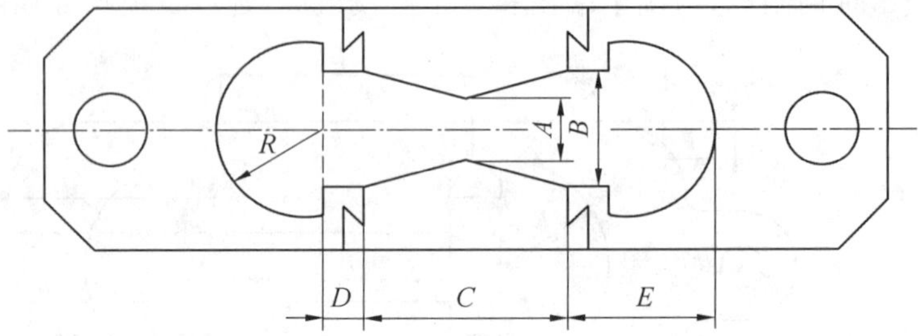

尺寸 /mm

A = 10.0±0.2

B = 20.0±0.2

C = 30.0±0.3

D = 7.3±0.5

E = R+D=22.8±0.9

R = 15.5±0.7

厚度 =10.0±0.1

图 5.8　弹性恢复试模尺寸

在测试温度(25 ℃或 10 ℃)下，以 50 mm/min 的恒定速度将由改性沥青制成的测试样品拉伸至预定长度(200 mm)，再将拉伸产生的沥青线在中间切开分成两段。在 30 min 恢复变形时间之后，测量两段沥青线的缩短距离，并以相对于拉伸长度的百分比值给出。缩短距离越长，则属性沥青恢复变形能力越强。弹性恢复试验如图 5.9 所示。

(a) 拉伸过程中

(b) 拉伸破坏后

图 5.9　弹性恢复试验

5.4.3 储存稳定性

改性沥青在生产过程中需进行热搅拌，在其生产、储存和使用过程会在表层结皮，从而严重影响其性质。若改性沥青的储存稳定性不足，则会导致聚合物离析，大幅度破坏沥青性能。因此，改性沥青的储存稳定性是改性沥青的关键技术指标。

规范 DIN EN 13399 中规定了存储稳定性的判断方法，将均质的改性沥青样品在垂直容器中于 180 ℃下放置 3 d。冷却后，将样品切成三等份。分析样品两端（上部和下部）针入度和软化点存在的差异。

5.4.4 可塑性范围

规范 DIN EN 14023 中定义改性沥青的可塑性范围为软化点和弗拉斯脆点之间的数值差（即温度差）。例如，聚合物改性沥青的软化点为 75 ℃，弗拉斯脆点为－18 ℃，则可塑性范围为 93 ℃。

5.5 沥青老化行为评价

沥青在热拌、施工、运输以及使用过程中容易受到温度、湿度、空气和光照等环境因素的影响和车辆荷载的作用，进而发生一系列复杂的物理化学变化，分子链断裂、变小，宏观上表现为质量发生变化、针入度减小、软化点升高以及延度变小，从而导致沥青性能的劣化，进一步导致路面出现裂缝、松散和坑槽等病害。

德国 DIN EN 12607 规范，规定了 3 种模拟沥青短期老化的方法：

（1）DIN EN 12607—1：旋转薄膜烘箱试验法（Rolling Thin Film Oven Test，RTFOT）。

（2）DIN EN 12607—2：薄膜烘箱试验法（Thin Film Oven Test，TFOT）。

（3）DIN EN 12607—3：烧瓶法（Rotating Flask Test，RFT）。

此外，德国 DIN EN 14769 规范当中还有评价沥青长期老化的试验方法，如加压老化试验（Pressure Aging Vessel，PAV），旋转滚筒老化试验（Rotating Cylinder Ageing Test，RCAT）等。

旋转薄膜烘箱试验法的步骤为：在经烘箱加热后的样品瓶中注入 35 g 样品，冷却 60～180 min后，放入烘箱。烘箱中此时空气流量应为 4 000 mL/min，关闭烘箱门并以 15 r/min的转速转动环形金属架。烘箱需在关闭后的 10 min 内升至 163 ℃，在上述运行条件下，从关闭烘箱门到打开烘箱门移动第一个样品瓶之前，样品放在烘箱中的总时间为 85 min。达到时间后，将样品瓶中沥青倒入同一容器中并搅拌均匀，根据检测要求进行分析。

薄膜烘箱试验法的步骤为：将盛有试样的盛样皿放在烘箱转盘上，转盘与水平面倾斜角不大于 3°，烘箱温度调至 163 ℃，保温 5 h。试验结束后将试样从烘箱中移出。试样称重后，将其放在 163 ℃烘箱的转盘上，关闭烘箱门，使转盘旋转 15 min，取出试样，将每个盛样皿中的试样用适当的刮铲或油灰刀刮出，倒入一只 240 mL 的瓷皿或金属皿，充分搅拌混合试样，在 72 h 内完成老化后的黏度、针入度和延度等性质的测定。

烧瓶法是将盛有沥青的长颈瓶放在恒温油浴中加热，使不断流动的沥青得以老化的方法，标准老化温度为 165 ℃，旋转瓶转速为 20 r/min。

德国 DIN EN 12607—1 规范要求，对于沥青在 163 ℃条件下 RTFOT 老化试验后残留物的性质必须加以分析。其中，普通道路石油沥青应测试：

(1)残留针入度比(%)，详见规范 DIN EN 1426。

(2)环与球软化点增加值(℃)，详见规范 DIN EN 1427。

(3)质量变化(%)，详见规范 DIN EN 12607—1。

改性沥青应测试下列性质：

(1)质量变化(%)，详见规范 DIN EN 12607—1。

(2)残留针入度比(%)，详见规范 DIN EN 1426。

(3)软化点增加值(℃)，详见规范 DIN EN 1427。

(4)软化点损失值(℃)，详见规范 DIN EN 1427。

(5)弹性恢复(25 ℃)(%)，详见规范 DIN EN 13398。

(6)弹性恢复(10 ℃)(%)，详见规范 DIN EN 13398。

第 6 章　沥青混合料

沥青混合料是指由矿料与沥青胶结料拌和而成的混合料的总称。现行的德国公路用沥青混合料规范除了第 2 章所介绍的 TL Asphalt-StB 07/13 和 ZTV Asphalt-StB 07/13 两种规范外，还包括 TL Bitumen-StB 07/13（*Technische Lieferbedingungen Für Straßenbaubitumen und gebrauchsfertige Polymermodifizierte Bitumen*）（2007 年出版，2013 年修订）。其中，TL Bitumen-StB 07/13 规范为德国公路基质沥青及改性沥青的供货技术规范，具体规定了路用沥青生产制备过程中的材料参数及技术要求。

与我国沥青混合料规范不同之处在于，德国规范中即使是类型和公称最大粒径均相同的混合料，其原材料性质、级配曲线、配合比设计及混合料性质要求也会因道路设计等级和沥青混合料所在层位不同而有很大差别。本章主要介绍德国沥青混合料的分类、性能与设计要求，并与我国沥青混合料的相关内容进行对比。

6.1　沥青混合料基本分类

根据第 2 章所介绍的 TL Asphalt-StB 07/13 规范，按照材料的性质和用途，沥青混合料可以分为 AC、SMA、PA、MA 4 种。图 6.1 对比了相同公称最大粒径、不同沥青混合料类型的级配曲线。由图 6.1 可见，SMA 和 PA 的级配曲线呈现明显的拐点。

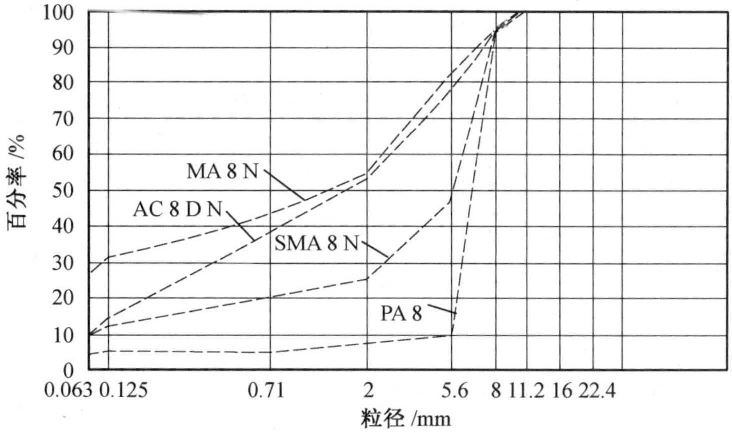

图 6.1　不同沥青混合料类型级配曲线对比

沥青混合料还可以按集料级配类型分为连续级配和间断级配沥青混合料。连续级配沥青混合料中，矿质集料是按照级配原则，由粒径从大到小按照一定的比例搭配而成；而间断级配沥青混合料中，矿质集料级配组成中缺少一档或几档粒级，如图 6.1 中 PA 8 混合料中 0.71～2 mm 和 2～5.6 mm 两个粒径范围集料很少。

沥青混合料按混合料密实度及空隙率还可以分为密级配和开级配沥青混合料。其中密级配沥青混合料指的是矿料间相互嵌挤填充、压实后剩余空隙率一般不超过10%的混合料。而开级配沥青混合料中,矿质集料主要由粗集料组成,而细集料较少。因此,压实后剩余空隙率大于20%。德国高等级公路中,典型的密级配和开级配沥青混合料及其对应的空隙率如图6.2所示。

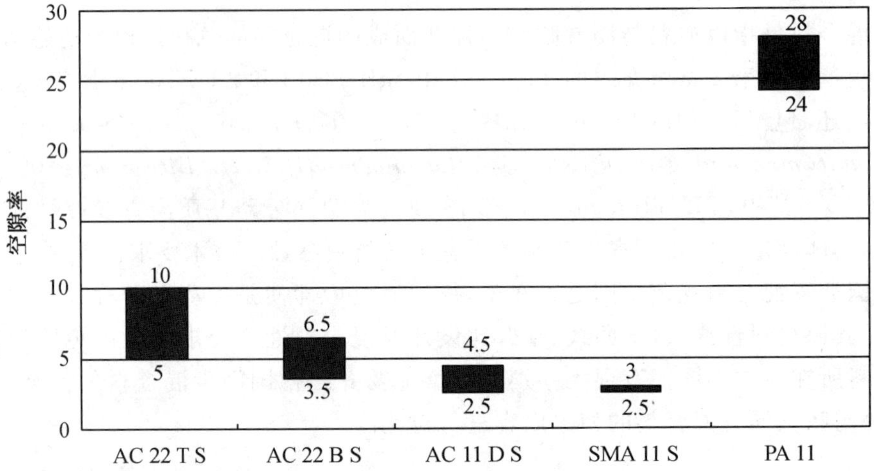

图6.2 不同沥青混合料的空隙率

此外,沥青混合料还可以按制造工艺和施工温度分为热拌沥青混合料、温拌沥青混合料、冷拌沥青混合料等类型。

根据规范《公路沥青路面施工技术规范》(JTG F40—2004),我国热拌沥青混合料可分为连续密级配(AC和ATB)、间断密级配(SMA)、间断开级配(OGFC和ATPB)、半开级配(AM)。按集料公称最大粒径、矿料级配、空隙率进行划分,热拌沥青混合料的分类见表6.1。

表6.1 热拌沥青混合料分类

混合料类型	密级配			开级配		半开级配	公称最大粒径/mm	最大粒径/mm
	连续级配		间断级配	间断级配		沥青稳定碎石		
	沥青混凝土	沥青稳定碎石	沥青玛蹄脂碎石	排水式沥青磨耗层	排水式沥青碎石基层			
特粗式	—	ATB 40	—	—	ATPB 40	—	37.5	53.0
粗粒式	—	ATB 30	—	—	ATPB 30	—	31.5	37.5
	AC 25	ATB 25	—	—	ATPB 25	—	26.5	31.5
中粒式	AC 20	—	SMA 20	—	—	AM 20	19.0	26.5
	AC 16	—	SMA 16	OGFC 16	—	AM 16	16.0	19.0
粗粒式	AC 13	—	SMA 13	OGFC 13	—	AM 13	13.2	16.0
	AC 10	—	SMA 10	OGFC 10	—	AM 10	9.5	13.2

续表 6.1

混合料类型	密级配			开级配		半开级配	公称最大粒径/mm	最大粒径/mm
	连续级配		间断级配	间断级配				
	沥青混凝土	沥青稳定碎石	沥青玛蹄脂碎石	排水式沥青磨耗层	排水式沥青碎石基层	沥青稳定碎石		
砂粒式	AC 5	—	—	—	—	AM 5	4.75	9.5
设计空隙率/%	3～5	3～6	3～4	>18	>18	6～12	—	—

6.2　沥青混凝土(AC)

沥青混凝土(AC)是典型的、按密实级配原则设计的沥青混合料。混合料中矿质集料从大到小粒级完整，细集料和矿粉(或填料)较多;混合料中沥青用量较多，其热稳定性受级配影响较大，但施工性能好，不易产生离析。

6.2.1　沥青混凝土(AC)分类及技术要求

按照德国 TL Asphalt-StB 07/13 规范，德国沥青混凝土(AC)可以按照下列标准进行分类:

(1)按照层位和功能可分为:沥青混凝土承重层(AC T)、沥青混凝土黏结层(AC B)、沥青混凝土面层(AC D)。

(2)按照公称最大粒径可分为:5 mm、8 mm、11 mm、16 mm、22 mm 和 32 mm。

(3)按照荷载类型可分为:重载交通用沥青混凝土(S)，中载交通用沥青混凝土(N)，轻载交通用沥青混凝土(L)。

6.2.2　沥青混凝土承重层(AC T)

沥青混凝土可应用于德国路面承重层(基层)。德国 TL Asphalt-StB 07/13 规范规定了 9 种不同沥青混凝土承重层材料，其级配曲线如图 6.3 所示。

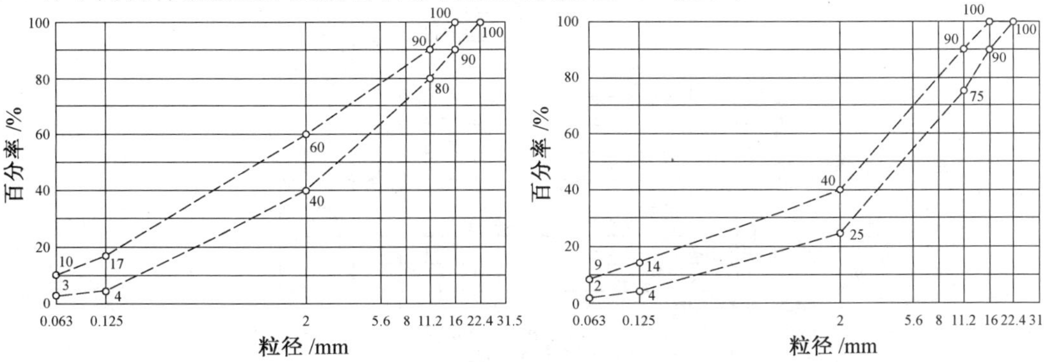

(a) AC 16 T L　　(b) AC 16 T S

图 6.3　沥青混凝土承重层材料级配曲线

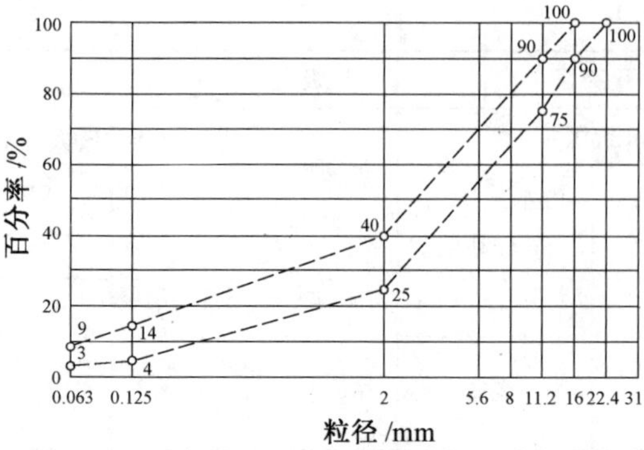

(c) AC 16 T N

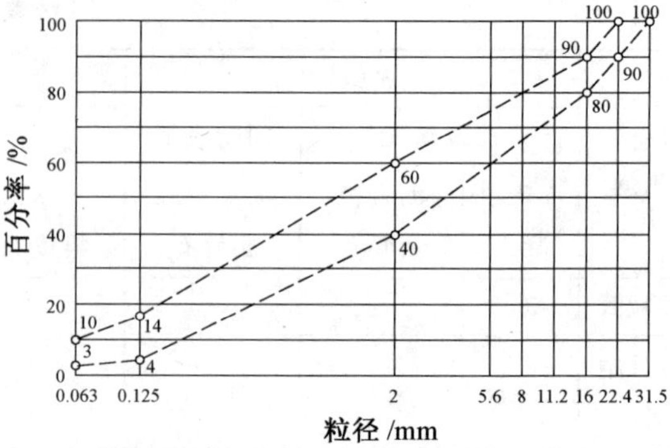

(d) AC 16 T L

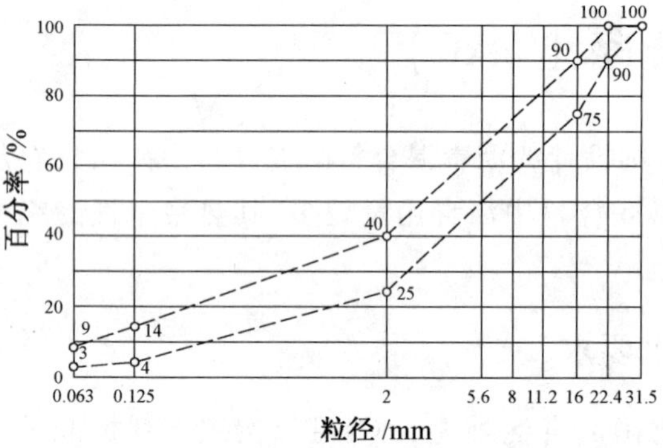

(e) AC 22 T N

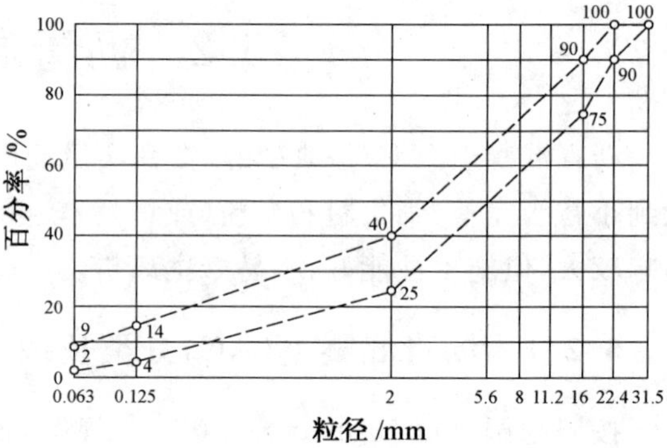

(f) AC 22 T S

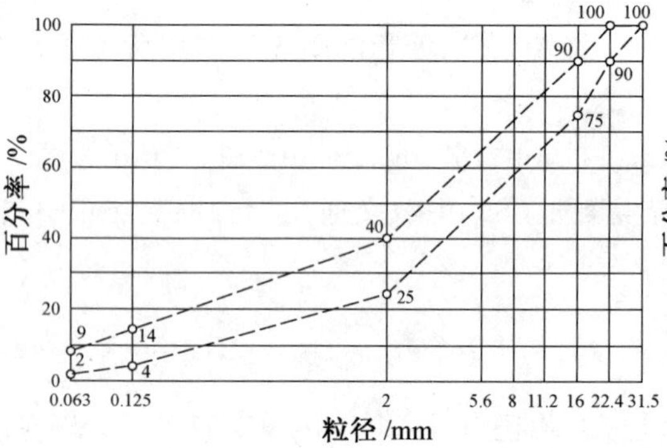

(g) AC 32 T N

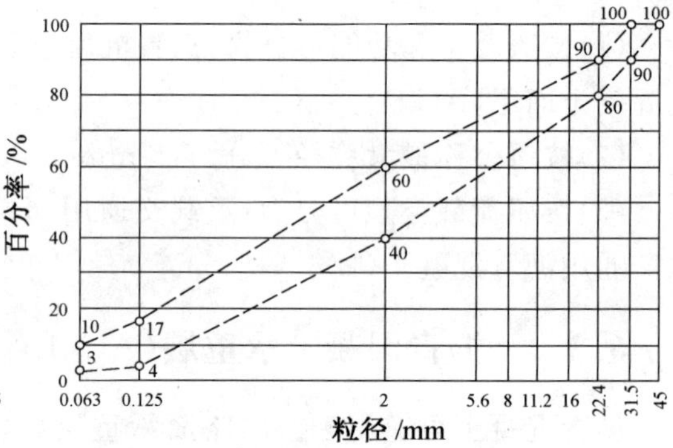

(h) AC 32 T L

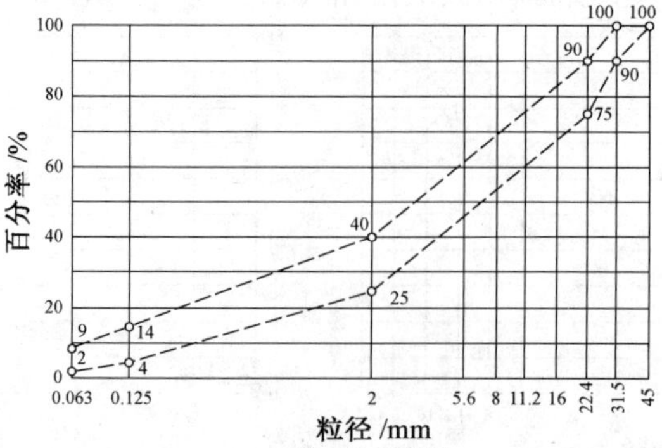

(i) AC 32 T S

续图 6.3

AC T 原材料性质、配合比设计及混合料性质要求见表 6.2。

表 6.2　沥青混凝土承重层原材料性质、配合比设计及混合料性质要求

分项		单位	AC 32 T S	AC 22 T S	AC 16 T S	AC 32 T N	AC 22 T N	AC 16 T N	AC 32 T L	AC 22 T L	AC 16 T L
粗集料	破碎等级	—	$C_{50/30}$	$C_{50/30}$	$C_{50/30}$	C_{NR}	C_{NR}	C_{NR}	C_{NR}	C_{NR}	C_{NR}
细集料	流动时间大于 35 s 的质量百分比	%	50	50	50	—	—	—	—	—	—
沥青类型		—	50/70；30/45	50/70；30/45	50/70；30/45	70/100；50/70	70/100；50/70	70/100；50/70	70/100	70/100	70/100
级配曲线（通过该尺寸筛孔集料的质量百分率范围）	45 mm	%	100	—	—	100	—	—	100	—	—
	31.5 mm	%	90～100	100	—	90～100	100	—	90～100	100	—
	22.4 mm	%	75～90	90～100	100	75～90	90～100	100	80～90	90～100	100
	16 mm	%	—	75～90	90～100	—	75～90	90～100	—	80～90	90～100
	11.2 mm	%	—	—	75～90	—	—	75～90	—	—	80～90
	2 mm	%	25～40	25～40	25～40	25～40	25～40	25～40	40～60	40～60	40～60
	0.125 mm	%	4～14	4～14	4～14	4～14	4～14	4～14	4～17	4～17	4～17
	0.063 mm	%	2～9	2～9	2～9	3～9	3～9	3～9	3～10	3～10	3～10
沥青	最小沥青用量	%	$B_{min3.8}$	$B_{min3.8}$	$B_{min4.0}$	$B_{min4.0}$	$B_{min4.0}$	$B_{min4.0}$	$B_{min4.0}$	$B_{min4.0}$	$B_{min4.2}$
沥青混合料	马歇尔试件最小空隙率	%	$V_{min5.0}$	$V_{min5.0}$	$V_{min5.0}$	$V_{min4.0}$	$V_{min4.0}$	$V_{min4.0}$	$V_{min4.0}$	$V_{min4.0}$	$V_{min4.0}$
	马歇尔试件最大空隙率	%	$V_{max7.0}$	$V_{max7.0}$	$V_{max7.0}$	$V_{max7.0}$	$V_{max7.0}$	$V_{max7.0}$	$V_{max7.0}$	$V_{max7.0}$	$V_{max7.0}$

注：①$B_{min3.8}$代表最小沥青用量为 3.8%。

②$V_{min5.0}$代表最小空隙率为 5.0%。

③$V_{max7.0}$代表最大空隙率为 7.0%。

德国 ZTV Asphalt-StB 07/13 规范规定，沥青混凝土基层施工时，应满足表 6.3 的结构要求。此外，AC T 沥青层的压实厚度不宜小于集料公称最大粒径的 3 倍，以减少离析，便于压实。

表 6.3　沥青混凝土基层结构要求

结构层性质	AC 32 T S AC 22 T S	AC 32 T N AC 22 T N	AC 32 T L AC 22 T L
最小层厚度/cm	8.0	8.0	8.0
最小单位面积摊铺质量/($kg \cdot m^{-2}$)	185	185	185
压实度/%	≥98.0	≥98.0	≥98.0

6.2.3　沥青混凝土黏结层(AC B)

沥青混凝土可应用于沥青路面黏结层。德国 TL Asphalt-StB 07/13 规范规定了 4 种不同沥青混凝土黏结层材料,其级配曲线如图 6.4 所示。

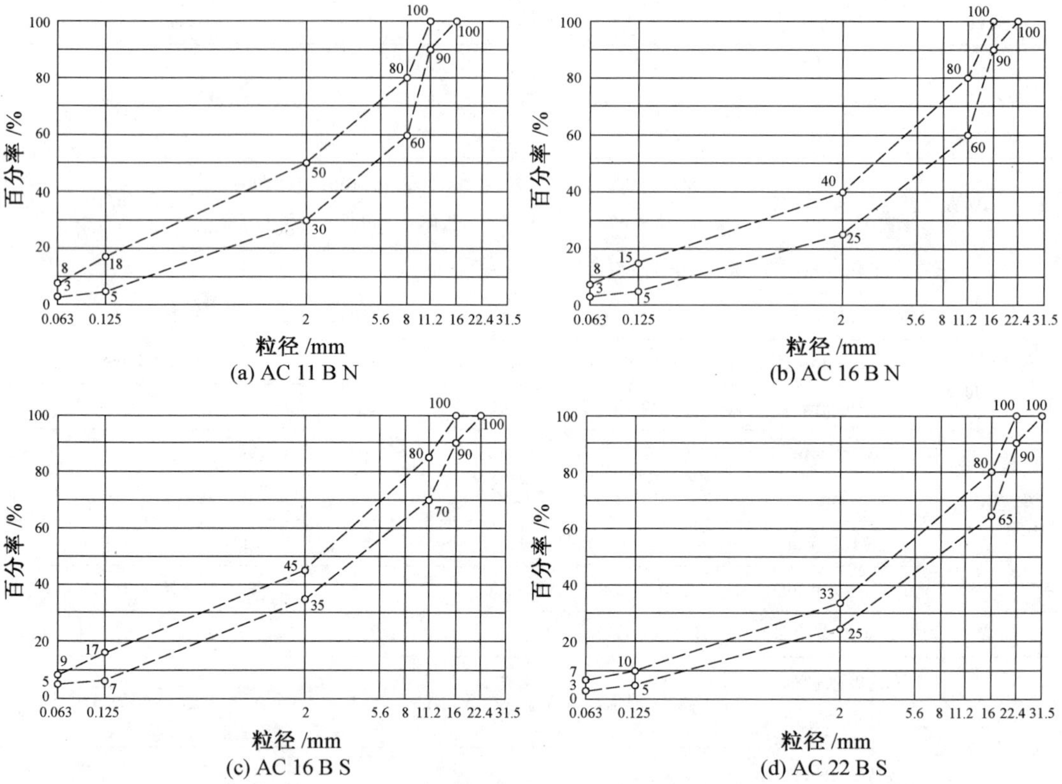

图 6.4　沥青混凝土黏结层材料级配曲线

AC B 原材料性质、配合比设计及混合料性质要求见表 6.4。

表 6.4　沥青混凝土黏结层原材料性质、配合比设计及混合料性质要求

分项		单位	AC 22 B S	AC 16 B S	AC 16 B N	AC 11 B N
粗集料	破碎等级	—	$C_{100/0}$; $C_{95/1}$; $C_{90/1}$	$C_{100/0}$; $C_{95/1}$; $C_{90/1}$	$C_{90/10}$	$C_{90/1}$
	冲击值及洛杉矶磨耗值	—	SZ_{18}/LA_{20}	SZ_{18}/LA_{20}; SZ_{22}/LA_{25}	SZ_{22}/LA_{25}	SZ_{22}/LA_{25}
细集料	流动时间大于 35s 的质量百分比	%	100	100	50	50

续表 6.4

分项		单位	AC 22 B S	AC 16 B S	AC 16 B N	AC 11 B N
沥青类型		—	25/55—55；30/45；10/40—65	25/55—55；30/45；10/40—65	50/70；30/45	50/70
级配曲线（通过该尺寸筛孔集料的质量百分率范围）	31.5 mm	%	100	—	—	—
	22.4 mm	%	90～100	100	100	—
	16 mm	%	65～80	90～100	90～100	100
	11.2 mm	%	—	65～80	60～80	90～100
	8 mm	%	—	—	—	60～80
	2 mm	%	25～33	25～30	25～40	30～50
	0.125 mm	%	5～10	5～10	5～15	5～18
	0.063 mm	%	3～7	3～7	3～8	3～8
最小沥青用量		%	$B_{min4.2}$	$B_{min4.4}$	$B_{min4.4}$	$B_{min4.6}$
沥青混合料	马歇尔试件最小空隙率	%	$V_{min\ 3.5}$	$V_{min\ 3.5}$	$V_{min\ 2.5}$	$V_{min\ 2.5}$
	马歇尔试件最大空隙率	%	$V_{max6.5}$	$V_{max6.5}$	$V_{max5.5}$	$V_{max5.5}$

德国 ZTV Asphalt-StB 07/13 规范规定，沥青混凝土黏结层施工时，结构层应满足表 6.5 的要求。与 AC T 要求相同，AC B 沥青层的压实厚度不宜小于集料公称最大粒径的 3 倍。

表 6.5　沥青混凝土黏结层结构要求

结构层性质	AC 22 B S	AC 16 B S	AC 16 B N
结构层厚度/cm	7.0～10.0	5.0～9.0	5.0～6.0
单位面积摊铺质量/(kg · m^{-2})	175～250	125～250	125～150
压实度/%	≥98.0	≥98.0	≥98.0

6.2.4　沥青混凝土面层(AC D)

德国 TL Asphalt-StB 07/13 规范规定了 8 种不同沥青混凝土面层材料，其级配曲线如图 6.5 所示。

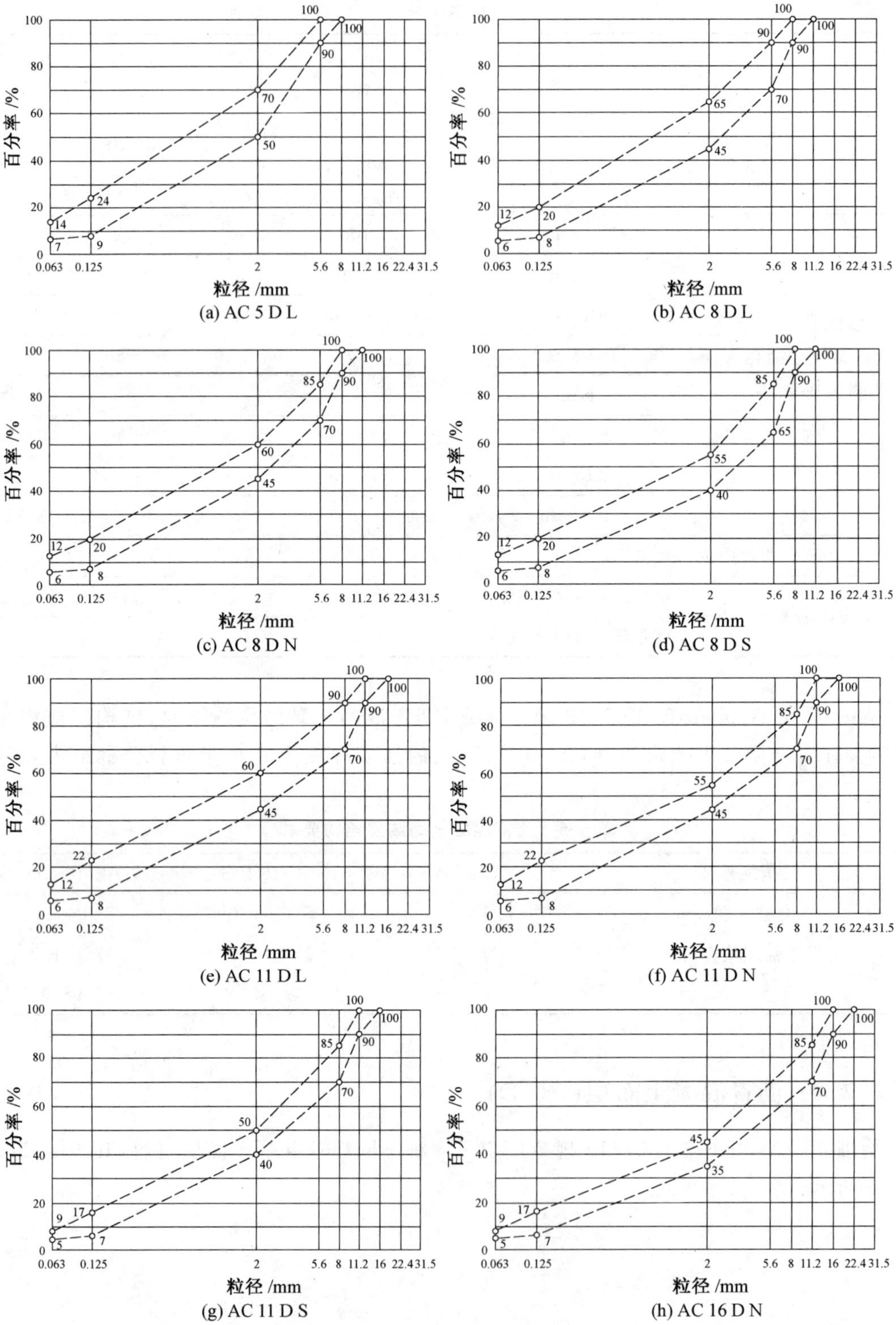

图 6.5　沥青混凝土面层材料级配曲线

AC D 原材料性质、配合比设计及混合料性质要求见表 6.6。

表 6.6　沥青混凝土面层原材料性质、配合比设计及混合料性质要求

分项		单位	AC 16 DN	AC 11 DS	AC 8 DS	AC 11 DN	AC 8 DN	AC 11 DL	AC 8 DL	AC 5 DL
粗集料	破碎等级	—	$C_{90/1}$	$C_{90/1}$	$C_{90/1}$	$C_{90/1}$	$C_{90/1}$	$C_{90/1}$	$C_{90/1}$	$C_{90/1}$
	冲击值及洛杉矶磨耗值	—	SZ_{18}/LA_{20}	SZ_{18}/LA_{20}	SZ_{18}/LA_{20}	SZ_{22}/LA_{25}	SZ_{22}/LA_{25}	SZ_{26}/LA_{30}	SZ_{26}/LA_{30}	SZ_{26}/LA_{30}
	磨光值		PSV_{48}	PSV_{48}	PSV_{48}	PSV_{42}	PSV_{42}	PSV_{42}	PSV_{42}	PSV_{42}
细集料	流动时间大于 35 s 的质量百分比	%	50	50	50	—	—	—	—	—
沥青类型		—	25/55—55；50/70；10/40—65	25/55—55；50/70	25/55—55；50/70	50/70；70/100	50/70；70/100	70/100；50/70	70/100	70/100
级配曲线（通过该尺寸筛孔集料的质量百分率范围）	22.4 mm	%	100	—	—	—	—	—	—	—
	16 mm	%	90～100	100	—	100	—	100	—	—
	11.2 mm	%	70～85	90～100	100	90～100	100	90～100	100	—
	8 mm	%	—	70～85	90～100	70～85	90～100	70～90	90～100	100
	5.6 mm	%	—	—	65～85	—	70～85	—	70～90	90～100
	2 mm	%	35～45	40～50	40～55	45～55	45～60	45～60	45～65	50～70
	0.125 mm	%	7～17	7～17	8～20	8～22	8～20	8～22	8～20	9～24
	0.063 mm	%	5～9	5～9	6～12	6～12	6～12	6～12	6～12	7～14
最小沥青用量		%	$B_{min5.4}$	$B_{min3.8}$	$B_{min4.0}$	$B_{min6.2}$	$B_{mn6.4}$	$B_{min6.4}$	$B_{min6.6}$	$B_{min7.0}$
沥青混合料	马歇尔试件最小空隙率	%	$V_{min2.5}$	$V_{min2.5}$	$V_{min2.0}$	$V_{min1.5}$	$V_{min1.5}$	$V_{min1.0}$	$V_{min1.0}$	$V_{min1.0}$
	马歇尔试件最大空隙率	%	$V_{max4.5}$	$V_{min3.5}$	$V_{max3.5}$	$V_{max3.5}$	$V_{max3.5}$	$V_{max2.5}$	$V_{max2.5}$	$V_{max2.5}$

德国 ZTV Asphalt-StB 07/13 规范规定，沥青混凝土面层施工时，结构层应满足表6.7 的要求。除层厚、质量、压实度外，该规范还对空隙率提出了明确要求（保证密实、不透水）。

表 6.7　沥青混凝土面层结构要求

结构层性质	AC 16 D S	AC 11 D S	AC 11 D N AC 11 D L	AC 8 D S AC 8 D N AC 8 D L	AC 5 D L
结构层厚度/cm	5.0～6.0	4.0～5.0	3.5～4.5	3.0～4.0	2.0～3.0
单位面积摊铺质量/(kg · m^{-2})	125～150	100～125	85～115	75～100	50～75
压实度/%	≥98.0	≥98.0	≥98.0	≥98.0	≥98.0
空隙率/%	≤6.5	≤5.5	≤5.5	≤5.5	≤5.5

德国 TL Asphalt-StB 07/13 和 ZTV Asphalt-StB 07/13 规范中，还规定了一种沥青混凝土全厚式路面，即沥青面层和基层统一使用同一种沥青混凝土材料，标号为 AC 16 T D。这种沥青混凝土材料主要用于低等级公路(Bk 0.3、自行车道、人行道等)，其原材料性质、配合比设计及混合料性质要求见表 6.8。

表 6.8　沥青混凝土全厚式路面原材料性质、配合比设计及混合料性质要求

分项		单位	AC 16 T D
沥青类型		—	70/100；50/70；160/220
级配曲线（通过该尺寸筛孔集料的质量百分率范围）	22.4 mm	%	100
	16 mm	%	90～100
	11.2 mm	%	80～90
	2 mm	%	30～50
	0.125 mm	%	8～120
	0.063 mm	%	6～11
最小沥青用量		%	$B_{min5.4}$
沥青混合料	马歇尔试件最小空隙率	%	$V_{min1.0}$
	马歇尔试件最大空隙率	%	$V_{max3.0}$

德国 ZTV Asphalt-StB 07/13 规范规定，沥青混凝土全厚式路面施工时，结构层应满足表 6.9 的要求。

表 6.9　沥青混凝土全厚式路面结构层要求

结构层性质	AC 16 T D
结构层厚度/cm	5.0～10.0
单位面积摊铺质量/(kg · m^{-2})	125～250
压实度/%	≥98.0
空隙率/%	≤6.5

6.2.5 中德规范沥青混凝土对比

如第 2 章所述，在德国沥青混凝土 AC 主要应用于中低等级公路的面层，几乎不会用于高等级公路的面层（如 Bk 100 和 Bk 32）。

而我国规范中对二级及以上等级的公路沥青路面，则可以选择沥青混凝土 AC 为面层（表、中、下面层），AT B 为中、下面层或基层。

1. 级配对比

我国规范 AC 和 AT B 的矿料级配范围分别见表 6.10 和表 6.11。

表 6.10　密级配沥青混凝土混合料矿料级配范围

级配类型		通过下列筛孔(mm)的质量百分率/%												
		31.5	26.5	19	16	13.2	9.5	4.75	2.36	1.18	0.6	0.3	0.15	0.075
粗粒式	AC 25	100	90～100	75～90	65～83	57～76	45～65	24～52	16～42	12～33	8～24	5～17	4～13	3～7
中粒式	AC 20		100	90～100	78～92	62～80	50～72	26～56	16～44	12～33	8～24	5～17	4～13	3～7
	AC 16			100	90～100	76～92	60～80	34～62	20～48	13～36	9～26	7～18	5～14	4～8
细粒式	AC 13				100	90～100	68～85	38～68	24～50	15～38	10～28	7～20	5～15	4～8
	AC 10					100	90～100	45～75	30～58	20～44	13～32	9～23	6～16	4～8
砂粒式	AC 5						100	90～100	55～75	35～55	20～40	12～28	7～18	5～10

表 6.11　密级配沥青稳定碎石混合料矿料级配范围

级配类型		通过下列筛孔(mm)的质量百分率/%														
		53	37.5	31.5	26.5	19	16	13.2	9.5	4.75	2.36	1.18	0.6	0.3	0.15	0.075
特粗式	AT B 40	100	90～100	75～92	65～85	49～71	43～63	37～57	30～50	20～40	15～32	10～25	8～18	5～14	3～10	2～6
	AT B 30		100	90～100	70～90	53～72	44～66	39～60	31～51	20～40	15～32	10～25	8～18	5～14	3～10	2～6
粗粒式	AT B 25			100	90～100	60～80	48～68	42～62	32～52	20～40	15～32	10～25	8～18	5～14	3～10	2～6

选择中德规范中公称最大粒径相同的 AC 16 混合料，级配曲线对比如图 6.6 所示。由图可见，我国规范中粗集料较少。

AC 16 中粗集料、细集料以及填料含量对比见表 6.12。

表 6.12　中德 AC 16 粗集料、细集料及填料含量对比

混合料类型	中国	德国		
	AC 16	AC 16 B S	AC 16 B N	AC 16 D S
粗集料质量分数/%	38～66	70～75	60～75	55～65
细集料质量分数/%	30～54	22～23	22～32	30～36
填料质量分数/%	4～8	3～7	3～8	5～9

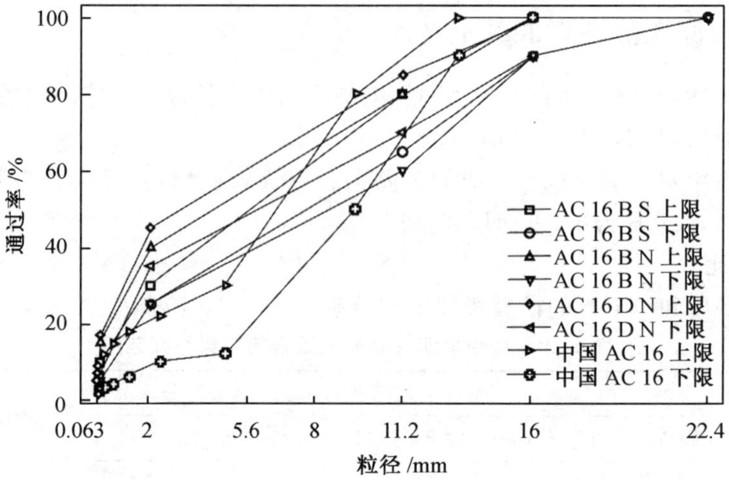

图 6.6　中德规范 AC 16 级配曲线对比

由图 6.6 和表 6.12 可见，AC 16 的德国级配和我国级配整体趋势一致。德国规范对 AC 混合料中粗集料的分级详细，但我国对级配中细集料的分级更为详细。我国级配相对于德国级配而言，粗细集料质量分数范围波动较大。

2. 集料及填料对比

沥青混凝土粗集料选择方面，中德规范差异见表 6.13。从中可见，德国规范对粗集料破碎面、冲击值、洛杉矶磨耗值、磨光值、表观相对密度、吸水率等指标的要求略高于我国。而我国规范则针对我国公路建设需求，明确提出了对于粗集料坚固性和黏附性的要求，这也是德国规范中没有考虑的内容。

我国集料磨光值和黏附性等指标只与降雨量相关。我国规范根据地域气候特点进一步细分了潮湿区、湿润区、半干区、干旱区 4 个区域，并相应制定了指标要求。对破碎面的要求只与层位和公路等级相关，均与混合料种类和公称最大粒径无关。但在德国规范中，还需考虑颗粒形状、冲击值、洛杉矶磨耗值以及磨光值，对于不同类型、不同公称最大粒径、不同层位、不同交通荷载等级的混合料，规定的标准值也有所不同。

沥青混凝土细集料选择方面，中德规范差异见表 6.14。从中可见，我国是按照道路等级确定流动时间的范围，明确了高速公路和一级公路的流动度要求。德国规范给出了机制砂(流动时间大于 35 s)的比例。特别是对于沥青混凝土黏结层，德国规范明确要求必须 100%采用机制砂，以保证沥青混合料的抗剪强度。

表 6.13 中德 AC 粗集料选择差异

混合料类型		中国				德国							
		AC				AC T S	AC T N AC T L AC T D	AC D S	AC D N	AC D L	AC 22 B S	AC 16 B S	AC B N
		高速及一级公路		其他等级公路									
		表面层	其他层次	表面层	其他层次								
破碎面要求		一个破碎面 100%,两个或以上≥90%	一个破碎面≥90%,两个或以上≥80%	一个破碎面≥80%,两个或以上≥60%	一个破碎面≥70%,两个或以上≥50%	$C_{50/30}$	C_{NR}	$C_{90/1}$	$C_{90/1}$	$C_{90/1}$	$C_{100/0}$;$C_{95/1}$;$C_{90/1}$	$C_{100/0}$;$C_{95/1}$;$C_{90/1}$	$C_{90/1}$
冲击值		≤26%	≤28%	≤30%	≤30%	—	—	SZ_{18}	SZ_{22}	SZ_{26}	SZ_{18}	SZ_{18};SZ_{22}	SZ_{22}
洛杉矶磨耗值		≤28%	≤30%	≤35%	≤35%	—	—	LA_{20}	LA_{25}	LA_{30}	LA_{20}	LA_{20};LA_{25}	LA_{25}
磨光值	潮湿区	≥42	—	—	—	—			PSV_{48}	PSV_{42}	PSV_{42}	—	
	湿润区	≥40											
	半干区	≥38											
	干旱区	≥36											
表观相对密度		≥2.60	≥2.50	≥2.45	≥2.45	必须测定,但无要求							
吸水率/%		≤2.0	≤3.0	≤3.0	≤3.0	$W_{cm0.5}$							
坚固性%		≤12	≤12	—	—	—							
黏附性	潮湿区	≥5	≥4	—	—								
	湿润区	≥4	≥4										
	半干区	≥4	≥3										
	干旱区	≥3	≥3										
针片状颗粒含量/%		≤15	≤18	≤20	≤20	SI_{50};FI_{50}		SI_{20};FI_{20}					

此外，与德国规范相比，我国规范对于细集料表观相对密度、坚固性、含泥量、砂当量、亚甲蓝值等提出了明确的指标要求。

表 6.14 中德 AC 细集料选择差异

混合料类型	中国		德国		
	AC		AC D N AC D L AC TD AC T N AC T L	AC D S AC T S AC B N	AC B S
	高速及一级公路（表面层 其他层次）	其他等级公路（表面层 其他层次）			
棱角性（流动时间）/s	≥30	—	—	E_{CS}35(50)	E_{CS}35(100)
表观相对密度	≥2.50	2.45		—	
坚固性/%	≥12	—		—	
含泥量/%	≤3	≤5		—	
砂当量/%	≥60	≥50		—	
亚甲蓝值/($g \cdot kg^{-1}$)	≤25	—		—	

注：E_{CS}30(50)代表着至少 50%的细集料达到 E_{CS}35 要求。

在填料选择方面，中德规范中对于矿粉的具体性质要求及差异见表 6.15。从中可见，德国规范对填料的水溶性、石灰石填料硅酸盐含量、氢氧化钙含量有不同等级的要求；而相对于我国规范中对矿粉表观密度、填料亲水系数和塑性指数方面的要求，德国规范目前还没有相应的考虑。

表 6.15 中德矿粉性质要求及差异

矿粉性质	中国		德国
	高速及一级公路	其他等级公路	
表观密度/($t \cdot m^{-3}$)	≥2.50	≥2.45	—
含水率/%	≤1	≤1	≤1
粒度范围(<0.6 mm)/%	100	100	查表确定
粒度范围(<0.15 mm)/%	90～100	90～100	
粒度范围(<0.075 mm)/%	75～100	70～100	
外观	无团粒结块	—	—
亲水系数	<1		—
塑性指数/%	<4		—
水溶性	—		WS_{10}
石灰石填料硅酸盐含量	—		CC_{70}；CC_{80}；CC_{90}
氢氧化钙	—		Ka_{10}；Ka_{20}；Ka_{25}

注：①WS_{10}代表水溶性不超过 10%。

②CC_{70}代表碳酸钙质量分数不超过 70%。

③Ka_{10}代表氢氧酸钙质量分数不超过 10%。

3. 沥青选择对比

在德国规范中，可根据混合料类型、公称最大粒径、层位、道路设计等级在规范中查找对应的沥青种类、性质及最低用量。

我国规范中对于沥青的种类和用量均并没有具体的要求。在沥青选择方面，主要遵循以下原则：沥青路面采用的沥青标号，宜按照公路等级、气候条件、交通条件、路面类型及在结构层中的层位及受力特点、施工方法等，结合当地的使用经验，经技术论证后确定。对高速公路、一级公路，夏季温度高、高温持续时间长、重载交通、山区及丘陵区上坡路段、服务区、停车场等行车速度慢的路段，尤其是汽车荷载剪应力大的层次，宜采用稠度大、60 ℃温度下黏度大的沥青；对冬季寒冷的地区或交通量小的公路、旅游公路宜选用稠度小、低温延度大的沥青；对温度日温差、年温差大的地区宜注意选用针入度指数大的沥青。当高温要求与低温要求发生矛盾时应优先考虑满足高温性能的要求。当缺乏所需标号的沥青时，可采用不同标号掺配的调和沥青。

4. 混合料性质要求对比

我国规范中对混合料性质要求，主要体现在空隙率、稳定度、流值、矿料间隙率、沥青饱和度等方面，见表 6.16。与之相比，德国规范中对混合料性质要求较少，只对单位面积摊铺质量、压实度和空隙率等指标有明确要求。

表 6.16　我国沥青混凝土 AC 混合料性质要求

<table>
<tr><td colspan="2" rowspan="3">试验指标</td><td rowspan="3">单位</td><td colspan="4">高速公路、一级公路</td><td rowspan="3">其他等级公路</td><td rowspan="3">行人道路</td></tr>
<tr><td colspan="2">夏炎热区（1－1、1－2、1－3、1－4 区）</td><td colspan="2">夏热区及夏凉区（2－1、2－2、2－3、2－4、3－2 区）</td></tr>
<tr><td>中轻交通</td><td>重载交通</td><td>中轻交通</td><td>重载交通</td></tr>
<tr><td colspan="2">击实次数（双面）</td><td>次</td><td colspan="4">75</td><td>50</td><td>50</td></tr>
<tr><td colspan="2">试件尺寸</td><td>mm</td><td colspan="6">ϕ101.6 mm×63.5 mm</td></tr>
<tr><td rowspan="2">空隙率 VV</td><td>深约 90 mm 以内</td><td>%</td><td>3～5</td><td>4～6</td><td>2～4</td><td>3～5</td><td>3～6</td><td>2～4</td></tr>
<tr><td>深约 90 mm 以下</td><td>%</td><td colspan="2">3～6</td><td>2～4</td><td>3～6</td><td>3～6</td><td>—</td></tr>
<tr><td colspan="2">稳定度 MS 不小于</td><td>kN</td><td colspan="4">8</td><td>5</td><td>3</td></tr>
<tr><td colspan="2">流值 FL</td><td>mm</td><td>2～4</td><td>1.5～4</td><td>2～4.5</td><td>2～4</td><td>2～4.5</td><td>2～5</td></tr>
<tr><td rowspan="7">矿料间隙率 VMA 不小于/%</td><td rowspan="2">设计空隙率/%</td><td colspan="7">相应于以下公称最大粒径(mm)的最小 VMA 及 VFA 技术要求/%</td></tr>
<tr><td colspan="2">26.5</td><td>19</td><td>16</td><td>13.2</td><td>9.5</td><td>4.75</td></tr>
<tr><td>2</td><td colspan="2">10</td><td>11</td><td>11.5</td><td>12</td><td>13</td><td>15</td></tr>
<tr><td>3</td><td colspan="2">11</td><td>12</td><td>12.5</td><td>13</td><td>14</td><td>16</td></tr>
<tr><td>4</td><td colspan="2">12</td><td>13</td><td>13.5</td><td>14</td><td>15</td><td>17</td></tr>
<tr><td>5</td><td colspan="2">13</td><td>14</td><td>14.5</td><td>15</td><td>16</td><td>18</td></tr>
<tr><td>6</td><td colspan="2">14</td><td>15</td><td>15.5</td><td>16</td><td>17</td><td>19</td></tr>
<tr><td colspan="2">沥青饱和度 VFA/%</td><td colspan="2">55～70</td><td colspan="3">65～75</td><td colspan="2">70～85</td></tr>
</table>

6.3 沥青玛蹄脂碎石(SMA)

沥青玛蹄脂碎石的雏形最早出现在20世纪60年代的德国。1984年德国交通部门正式制定了沥青玛蹄脂碎石路面的设计及施工规范,沥青玛蹄脂碎石路面结构形式基本得以完善。之后,这种新型的路面结构在德国等欧洲国家被推广,20世纪90年代初在美国逐渐大规模应用。

沥青玛蹄脂碎石(SMA)是由沥青、粗细集料、纤维稳定剂组成的沥青玛蹄脂填充的骨架密实结构型混合料。其主要特点为:细集料少而粗集料含量高,粗集料在混合料中相互嵌锁构成的骨架强度高而温度敏感性低;矿粉(或填料)与沥青用量较多,矿粉、沥青与纤维稳定剂(常用的如土质素纤维、土质素纤维与聚酯纤维合成纤维、聚酯纤维等,如图6.7所示)形成黏聚力很高的胶凝状物——玛蹄脂,使得混合料具有较好的柔性及耐久性。

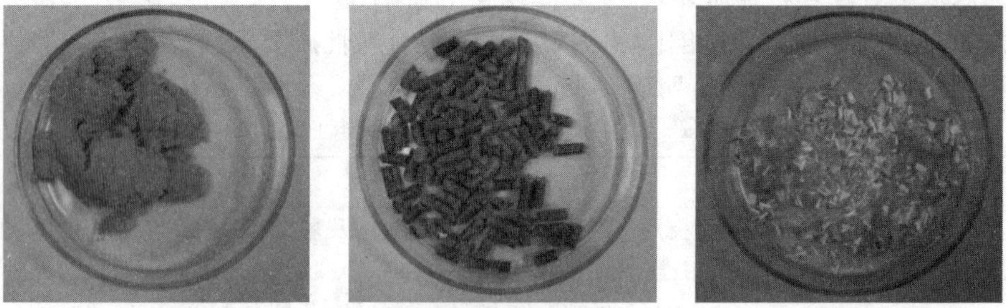

(a) 土质素纤维　　(b) 土质素纤维与聚酯纤维合成纤维　　(c) 聚酯纤维

图6.7　沥青玛蹄脂碎石(SMA)不同种类的纤维稳定剂

高强度骨架与高黏聚力玛蹄脂使沥青混合料具有足够的竖向与侧向约束力,显著地提升了沥青路面整体力学性质。因此,整体而言,沥青玛蹄脂碎石混合料抗车辙性能与低温抗裂性较好,用于路面面层密实不透水,抗疲劳性能好,使用寿命较长。

6.3.1 沥青玛蹄脂碎石(SMA)分类及技术要求

德国TL Asphalt-StB 07/13规范规定,德国沥青玛蹄脂碎石(SMA)可以按照下列标准进行分类:

(1)按照公称最大粒径可分为:SMA 5,SMA 8,SMA 11。

(2)按照荷载类型可分为:重载交通用沥青混合料(S),中载交通用沥青混合料(N)。

由此可见,沥青玛蹄脂碎石(SMA)主要适用于重载交通和中载交通的路面表面层。德国TL Asphalt-StB 07/13规范规定了5种不同沥青玛蹄脂碎石面层材料,其级配曲线如图6.8所示。

其原材料性质、配合比设计及混合料性质要求见表6.17。与沥青混凝土(AC)相比,沥青玛蹄脂碎石对粗细集料性质、沥青类型和用量等指标要求明显变高。

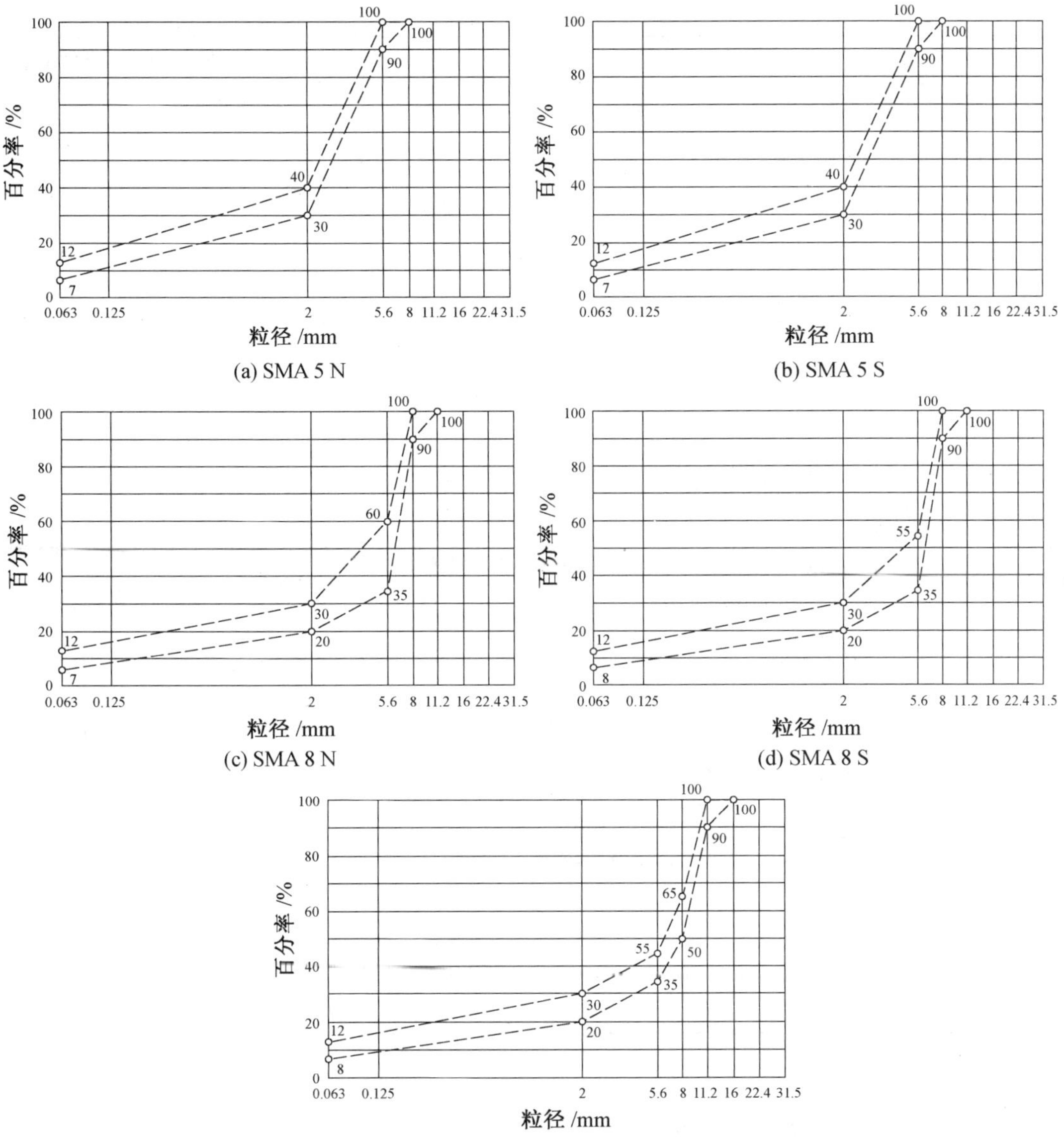

(a) SMA 5 N　(b) SMA 5 S　(c) SMA 8 N　(d) SMA 8 S　(e) SMA 11 S

图 6.8　沥青玛蹄脂碎石(SMA)的级配曲线

表 6.17　沥青玛蹄脂碎石原材料性质、配合比设计及混合料性质要求

分项		单位	SMA 11 S	SMA 8 S	SMA 5 S	SMA 8 N	SMA 5 N
粗集料	破碎等级	—	$C_{100/0}$；$C_{95/1}$；$C_{90/1}$	$C_{100/0}$；$C_{95/1}$；$C_{90/1}$	$C_{100/0}$；$C_{95/1}$；$C_{90/1}$	$C_{90/1}$	$C_{90/1}$
	冲击值及洛杉矶磨耗值	—	SZ_{18}/LA_{20}	SZ_{18}/LA_{20}	SZ_{18}/LA_{20}	SZ_{18}/LA_{20}	SZ_{18}/LA_{20}
	磨光值	—	PSV_{51}	PSV_{51}	PSV_{48}	PSV_{48}	PSV_{48}

续表 6.17

分项		单位	SMA 11 S	SMA 8 S	SMA 5 S	SMA 8 N	SMA 5 N
细集料	流动时间大于 35 s 的质量百分比	%	100	100	100	50	50
沥青类型		—	25/55—55；50/70；	25/55—55；50/70	45/80—50；50/70；25/55—55	50/70；70/100；45/80—50	50/70；70/100
级配曲线（通过该尺寸筛孔集料的质量百分率范围）	16 mm	%	100	—	—	—	—
	11.2 mm	%	90～100	100	—	100	—
	8 mm	%	50～65	90～100	100	90～100	100
	5.6 mm	%	35～45	35～55	90～100	35～60	90～100
	2 mm	%	20～30	20～30	30～40	20～30	30～40
	0.063 mm	%	8～12	8～12	7～12	7～12	7～12
最小沥青用量		%	$B_{min6.6}$	$B_{min7.2}$	$B_{min7.4}$	$B_{min7.2}$	$B_{min7.4}$
纤维质量分数		%	0.3～1.5	0.3～1.5	0.3～1.5	0.3～1.5	0.3～1.5
沥青混合料	马歇尔试件最小空隙率	%	$V_{min2.5}$	$V_{min2.5}$	$V_{min2.0}$	$V_{min1.5}$	$V_{min1.5}$
	马歇尔试件最大空隙率	%	$V_{max3.0}$	$V_{max3.0}$	$V_{max3.0}$	$V_{max3.0}$	$V_{max3.0}$

沥青玛蹄脂碎石在施工时结构层性质要求见表 6.18。与 AC 相同，SMA 沥青层的压实厚度不宜大于集料公称最大粒径的 3 倍。

表 6.18 SMA 施工时结构层要求

结构层性质	SMA 11 S	SMA 8 S	SMA 8 N	SMA 5 N
结构层厚度/cm	3.5～4.0	3.5～4.0	2.0～3.5	2.0～3.0
单位面积摊铺质量/(kg · m^{-2})	85～100	85～100	50～85	50～75
压实度/%	≥98.0	≥98.0	≥98.0	≥98.0
空隙率/%	≤5.0	≤5.0	≤5.0	≤5.0

6.3.2 中德规范 SMA 对比

1. 级配对比

我国规范中规定，沥青玛蹄脂碎石主要适用于高速公路重载交通沥青路面的表面层。其矿料级配范围见表 6.19。

表 6.19 中国沥青玛蹄脂碎石混合料矿料级配范围

级配类型		通过下列筛孔(mm)的质量百分率/%											
		26.5	19	16	13.2	9.5	4.75	2.36	1.18	0.6	0.3	0.15	0.075
中粒式	SMA 20	100	90～100	72～92	62～82	40～55	18～30	13～22	12～20	10～16	9～14	8～13	8～12
	SMA 16		100	90～100	65～85	45～65	20～32	15～24	14～22	12～18	10～15	9～14	8～12

续表 6.19

级配类型		通过下列筛孔(mm)的质量百分率/%											
		26.5	19	16	13.2	9.5	4.75	2.36	1.18	0.6	0.3	0.15	0.075
细粒式	SMA 13			100	90～100	50～75	20～34	15～26	14～24	12～20	10～16	9～15	8～12
	SMA 10				100	90～100	28～60	20～32	14～26	12～22	10～18	9～16	8～13

与德国规范对比可以看出，我国规范中沥青玛蹄脂碎石规格为 SMA 20、SMA 16、SMA 13、SMA 10，而德国规范中沥青玛蹄脂碎石规格为 SMA 11、SMA 8、SMA 5，其公称最大粒径相对于我国规范较低。德国规范中公称最大粒径较小的主要原因在于，显然粗集料颗粒越大，路面宏观纹理构造深度越大，但是相应的路面微观纹理及耐磨光性质越差，因此路面长期抗滑性质有迅速降低的风险，进而影响行车安全。近几年，德国沥青玛蹄脂碎石路面公称最大粒径变小的趋势愈发明显，SMA 5 由于具有良好的降噪效果，得到了更加广泛的应用。

现将我国 SMA 10 和德国 SMA 11 S 级配曲线对比如图 6.9 所示。

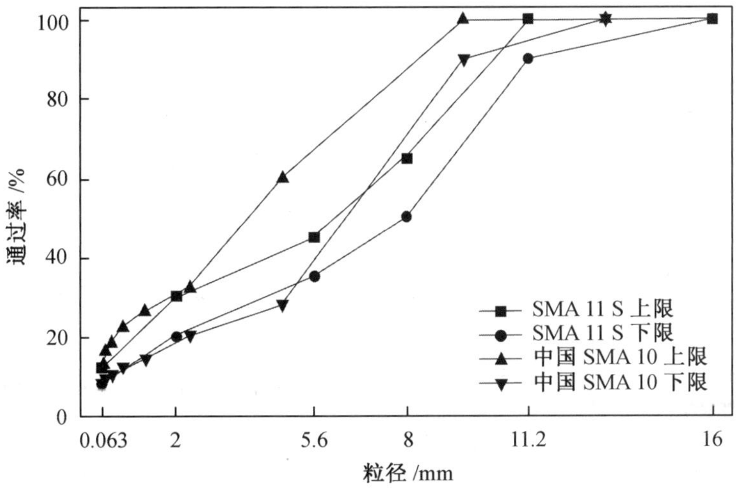

图 6.9　中国规范 SMA 10 与德国规范 SMA 11 S 级配曲线对比

我国 SMA 10 和德国 SMA 11 S 中粗、细集料以及填料质量分数对比见表 6.20。可以看出，德国 SMA 11 S 的粗集料质量分数相比我国 SMA 10 来说，质量分数处于一个较高的水平，而细集料质量分数则处于较低的水平，二者的填料质量分数则较为接近。我国级配相对于德国级配而言，粗细集料质量分数范围波动较大。

表 6.20　中德 SMA 粗集料、细集料及填料质量分数对比

混合料类型	中国	德国
	SMA 10	SMA 11 S
粗集料质量分数/%	40～72	70～80
细集料质量分数/%	20～47	12～18
填料质量分数/%	8～13	8～12

2. 集料及填料对比

在粗集料的选择方面，中德规范中沥青玛蹄脂碎石差异见表 6.21。

表 6.21　中德 SMA 粗集料性质要求差异

混合料类型		中国				德国				
		SMA				SMA 11 S	SMA 8 S	SMA 5 S	SMA 8 N	SMA 5 N
		高速及一级公路		其他等级公路						
		表面层	其他层次	表面层	其他层次					
破碎面要求		一个破碎面 100%,两个或以上≥90%				$C_{100/0}$；$C_{95/1}$；$C_{90/1}$	$C_{100/0}$；$C_{95/1}$；$C_{90/1}$	$C_{100/0}$；$C_{95/1}$；$C_{90/1}$	$C_{90/1}$	$C_{90/1}$
冲击值(压碎值)		≤26%	≤28%	≤30%	≤30%	SZ_{18}				
磨耗值		≤28%	≤30%	≤35%	≤35%	LA_{20}				
磨光值	潮湿区	≥42	—	—	—	PSV_{51}		PSV_{48}		
	湿润区	≥40								
	半干区	≥38								
	干旱区	≥36								
表观相对密度		≥2.60	≥2.50	≥2.45	≥2.45	必须测定,但无要求				
吸水率/%		≤2.0	≤3.0	≤3.0	≤3.0	$W_{cm0.5}$				
坚固性/%		≤12	≤12	—	—	—				
黏附性	潮湿区	≥5	≥4	—	—	—				
	湿润区	≥4	≥4							
	半干区	≥4	≥3							
	干旱区	≥3	≥3							
针片状颗粒含量/%		≤15	≤18	≤20	≤20	SI_{20}；FI_{20}				

细集料选择方面，中德规范中沥青玛蹄脂碎石差异见表 6.22。

表 6.22　中德沥青玛蹄脂碎石细集料选择差异

<table>
<tr><td rowspan="4">混合料类型</td><td colspan="4">中国</td><td colspan="2">德国</td></tr>
<tr><td colspan="4">SMA</td><td rowspan="3">SMA S</td><td rowspan="3">SMA N</td></tr>
<tr><td colspan="2">高速及一级公路</td><td colspan="2">其他等级公路</td></tr>
<tr><td>表面层</td><td>其他层次</td><td>表面层</td><td>其他层次</td></tr>
<tr><td>棱角性(流动时间)/s</td><td colspan="2">≥30</td><td colspan="2">—</td><td>$E_{CS}35(100)$</td><td>$E_{CS}35(50)$</td></tr>
<tr><td>表观相对密度</td><td colspan="2">≥2.50</td><td colspan="2">2.45</td><td colspan="2">必须测定</td></tr>
<tr><td>坚固性/%</td><td colspan="2">≥12</td><td colspan="2">—</td><td colspan="2">—</td></tr>
<tr><td>含泥量/%</td><td colspan="2">≤3</td><td colspan="2">≤5</td><td colspan="2">—</td></tr>
<tr><td>砂当量/%</td><td colspan="2">≥60</td><td colspan="2">≥50</td><td colspan="2">—</td></tr>
<tr><td>亚甲蓝值/$(g \cdot kg^{-1})$</td><td colspan="2">≤25</td><td colspan="2">—</td><td colspan="2">—</td></tr>
</table>

中德规范中填料的性质要求差异对比与 6.2.5 节中表 6.15 相同。

3. 沥青选择对比

我国规范中沥青的选择原则与沥青混凝土部分叙述的原则基本相同。沥青玛蹄脂碎石所用沥青质量必须符合我国《公路沥青路面施工技术规范》(JTG F40—2004)中道路石油沥青技术要求。所用的沥青应具有较高的黏度，与集料有良好的黏附性。对于高速公路、重载交通、重大工程道路、夏季特别炎热或冬季特别寒冷地区的道路，最好采用改性沥青配制沥青玛蹄脂碎石混合料。

在德国规范中仍是根据混合料类型、公称最大粒径、层位、交通荷载等级在表格中查找对应的针入度、软化点范围以及改性沥青的种类，同时还能确定沥青的最低用量。

4. 混合料性质要求对比

我国规范中对混合料性质要求，主要体现在空隙率、稳定度、流值、矿料间隙率、沥青饱和度等方面，见表 6.23。与之相比，德国规范中对混合料性质要求较少，只对单位面积摊铺质量、压实度和空隙率等指标有明确要求。

此外，我国规范中对于沥青玛蹄脂碎石混合料，其性质还应满足规范中高低温性能，水稳性能和渗水性能等方面的要求。

表 6.23　我国沥青玛蹄脂碎石混合料性质要求

<table>
<tr><td>性质</td><td>单位</td><td>不使用改性沥青</td><td>使用改性沥青</td></tr>
<tr><td>马歇尔试件击实次数</td><td>—</td><td colspan="2">两面击实 50 次</td></tr>
<tr><td>空隙率</td><td>%</td><td colspan="2">3～4</td></tr>
<tr><td>矿料间隙率</td><td>%</td><td colspan="2">≥17</td></tr>
<tr><td>沥青饱和度</td><td>%</td><td colspan="2">75～85</td></tr>
<tr><td>稳定度</td><td>kN</td><td>≥5.5</td><td>≥6.0</td></tr>
<tr><td>流值</td><td>mm</td><td>2～5</td><td>—</td></tr>
<tr><td>谢伦堡沥青析漏试验的结合料损失</td><td>%</td><td>≤0.2</td><td>≤0.1</td></tr>
<tr><td>肯塔堡飞散试验的混合料损失或浸水飞散试验</td><td>%</td><td>≤20</td><td>≤15</td></tr>
</table>

6.4 浇筑式沥青混合料(MA)

浇筑式沥青混合料是指在高温下(通常约 230 ℃)拌和的一种高沥青含量、高矿粉含量、空隙率接近零的沥青混合料,如图 6.10 所示。浇筑式沥青混合料 20 世纪 50 年代起源于德国,其主要特点为:承载力高,防水性能和低温性能优良,施工过程无须压实,因此是德国桥面铺装材料的首选。

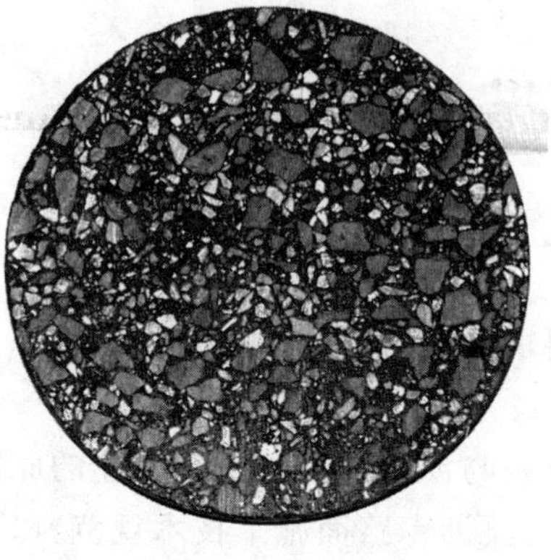

图 6.10 德国浇筑式沥青混合料

6.4.1 浇筑式沥青混合料材料特点

与沥青混凝土和沥青玛蹄脂碎石相比,浇筑式沥青混合料在级配组成、传力体系、生产及铺装工艺等方面差别很大。相同公称粒径的沥青混凝土、沥青玛蹄脂碎石、浇筑式沥青混合料性质对比见表 6.24。由此可见,浇筑式沥青混合料中沥青含量(质量分数)、矿粉含量(质量分数)均高于沥青混凝土和沥青玛蹄脂碎石,而粗集料的含量(质量分数)则低于二者。

表 6.24 不同沥青混合料的性质对比

矿料	AC 11 D S	SMA 11 S	MA 11 S
矿粉质量分数/%	5～9	8～12	20～28
细集料(0.063～2 mm)质量分数/%	31～45	8～22	17～35
粗集料(>2 mm)质量分数/%	50～60	70～80	45～55
沥青质量分数/%	6.0	6.6	6.8
沥青种类	25/55－55; 50/70; 10/40－65	25/55－55; 50/70;	30/45; 20/30; 10/40－65; 25/55－55

沥青混合料中粗细集料形成骨架，砂浆填充骨架之间的空隙(即沥青、矿粉和细集料)。浇筑式沥青混合料的结构中砂浆质量分数高，因此其传力路径主要为砂浆力传递机制，不同沥青混合料骨架填充体系及传力路径的对比如图 6.11 所示。

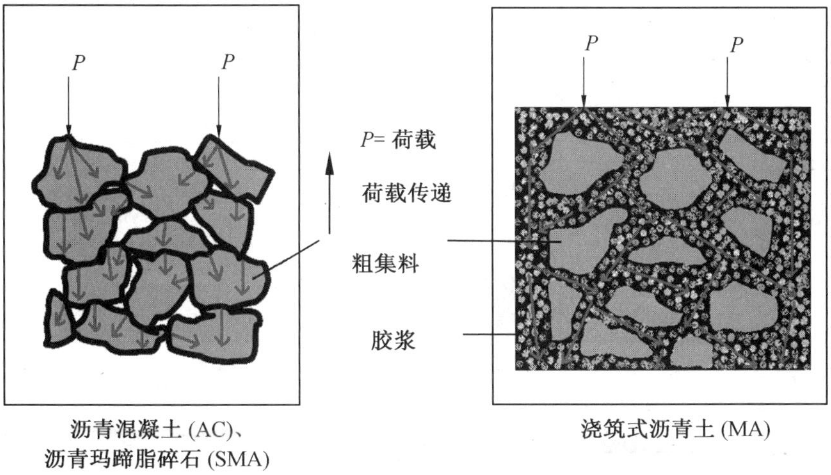

图 6.11　不同沥青混合料骨架填充体系及传力路径的对比

6.4.2　浇筑式沥青混合料分类及技术要求

根据德国 TL Asphalt-StB 07/13 规范，德国浇筑式沥青混合料(MA)可以按照下列标准进行分类：

(1)按照公称最大粒径可分为：MA 5、MA 8、MA 11。

(2)按照荷载类型可分为：重载交通用沥青混合料(S)，中载交通用沥青混合料(N)。

由此可见，浇筑式沥青混合料(MA)适用于重载交通和中载交通的路面面层。沥青混凝土可应用于德国路面面层。TL Asphalt-StB 07/13 规范规定了 6 种不同浇筑式沥青材料，其级配曲线如图 6.12 所示。

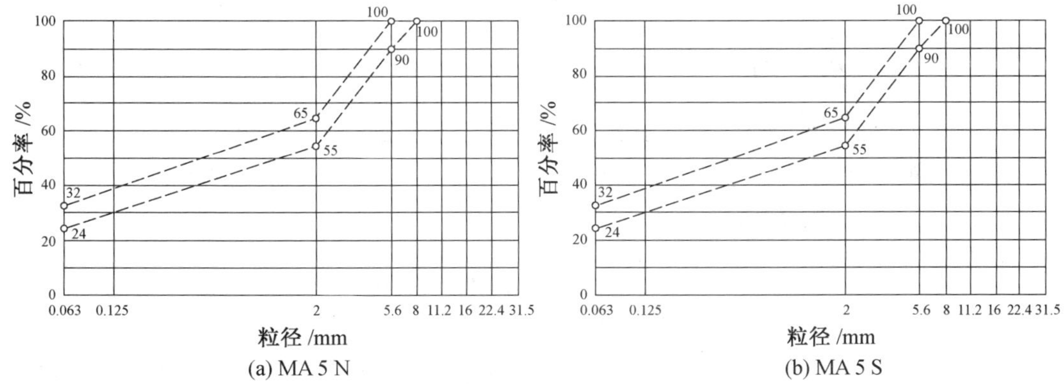

图 6.12　浇筑式沥青混合料(MA)的级配曲线

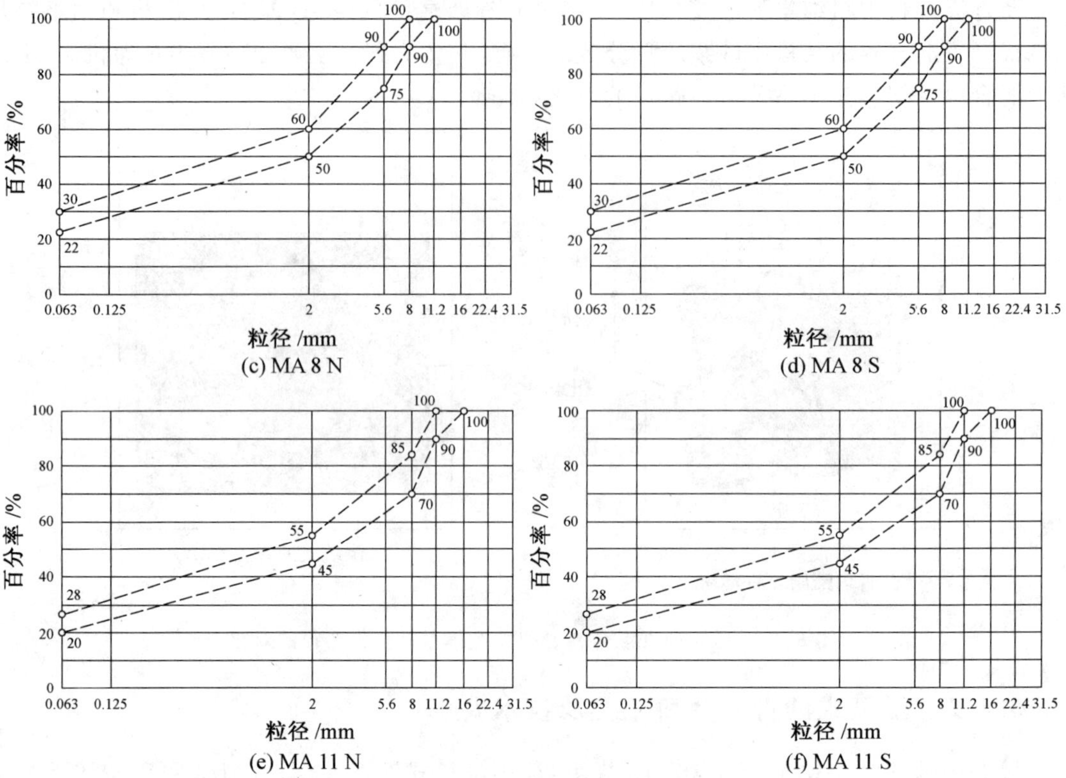

续图 6.12

浇筑式沥青混合料原材料性质、配合比设计及混合料性质要求见表 6.25。

表 6.25　浇筑式沥青混合料原材料性质、配合比设计及混合料性质要求

分项		单位	MA 11 S	MA 8 S	MA 5 S	MA 11 N	MA 8 N	MA 5 N
粗集料	破碎等级	—	$C_{90/1}$	$C_{90/1}$	$C_{90/1}$	$C_{90/1}$	$C_{90/1}$	$C_{90/1}$
	冲击值及洛杉矶磨耗值	—	SZ_{18}/LA_{20}	SZ_{18}/LA_{20}	SZ_{18}/LA_{20}	SZ_{22}/LA_{25}	SZ_{22}/LA_{25}	SZ_{22}/LA_{25}
	磨光值	—	PSV_{48}	PSV_{48}	PSV_{48}	PSV_{42}	PSV_{42}	PSV_{42}
细集料	流动时间大于 35 s 的质量百分比	%	35	35	35	—	—	—
沥青类型		—	20/30；30/45 10/40—65；25/55—55；	20/30；30/45 10/40—65；25/55—55；	20/30；30/45 10/40—65；25/55—55；	30/45；25/55—55	30/45；25/55—55	30/45；25/55—55

续表 6.25

分项		单位	MA 11 S	MA 8 S	MA 5 S	MA 11 N	MA 8 N	MA 5 N
级配曲线（通过该尺寸筛孔集料的质量百分率范围）	16 mm	%	100	—	—	100	—	—
	11.2 mm	%	90～100	100	—	90～100	100	—
	8 mm	%	70～85	90～100	100	70～85	90～100	100
	5.6 mm	%	—	75～90	90～100	—	75～90	90～100
	2 mm	%	45～55	50～60	55～65	45～55	50～60	55～65
	0.063 mm	%	20～28	22～30	24～32	20～28	22～30	24～32
最小沥青用量		%	$B_{min6.8}$	$B_{min7.0}$	$B_{min7.0}$	$B_{min6.8}$	$B_{min7.0}$	$B_{min7.5}$
沥青混合料	最小贯入深度	mm	$I_{min1.0}$	$I_{min1.0}$	$I_{min1.0}$	$I_{min1.0}$	$I_{min1.0}$	$I_{min1.0}$
	最大贯入深度	mm	$I_{max3.0}$	$I_{max3.0}$	$I_{max3.0}$	$I_{max4.0}$	$I_{max4.0}$	$I_{max4.0}$
	贯入深度增量	mm	$I_{nc0.4}$	$I_{nc0.4}$	$I_{nc0.4}$	$I_{nc0.6}$	$I_{nc0.6}$	$I_{nc0.6}$

6.4.3　浇筑式沥青混合料施工技术要求

浇筑式沥青混合料的砂浆含量远高于沥青混凝土和沥青玛蹄脂碎石。在 230 ℃高温条件下，浇筑式沥青混合料中的砂浆呈现较好的流动性，具有自密实、零空隙率的特点。因此，浇筑式沥青混合料摊铺成型过程中无须碾压，不仅能避免施工过程压实造成的桥体震动，还能保证桥面铺装板良好的防水性能，因此成了德国桥面铺装材料的首选。但值得注意的是，浇筑式沥青混合料也存在着沥青用量大、价格高、施工温度高、生产运输过程能耗高、污染大等缺点。德国浇筑式沥青混合料摊铺过程如图 6.13 所示。

图 6.13　德国浇筑式沥青混合料摊铺过程

浇筑式沥青混合料在施工时结构层性质要求见表 6.26。沥青层的压实厚度不宜小于集料公称最大粒径的 3 倍。

表 6.26　MA 施工时结构层要求

结构层性质	MA 11 S MA 11 N	MA 8 S MA 8 N	MA 5 S MA 5 N
结构层厚度/cm	3.5～4.0	2.5～3.5	2.0～3.0
单位面积摊铺质量/(kg · m^{-2})	85～100	65～85	50～75

此外，摊铺后的浇筑式沥青混合料表面还需要再做一次表面处治，沥青表面处治示意图如图 6.14 所示，其作用主要是对浇筑式沥青混合料层起保护和防磨耗作用；表面处理可以显著改进路面的宏微观纹理，提升路面的抗滑性质和行车安全性。其方法为：选择粒度为 2～5 mm的碎石或 1～3 mm 的砂子撒布浇筑式沥青混合料表面后压实。施工结束后的浇筑式沥青路面如图 6.15 所示。

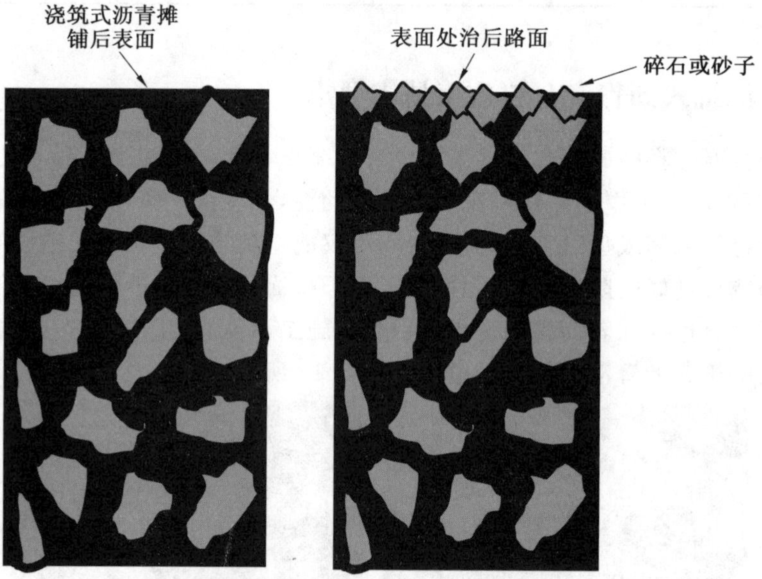

图 6.14　浇筑式沥青混合料表面处治示意图

图 6.15　施工结束后的浇筑式沥青路面

6.5　多孔沥青混合料(PA)

多孔沥青混合料(PA)是一种典型的开级配沥青混合料，即混合料中粗集料多，细集料和矿粉少，因此空隙率大。其主要特点为：混合料强度高，热稳定性好，抗冻性和抗疲劳性依赖于使用的沥青性质；PA 是一种典型的环保型路面，大空隙率保证表面层有良好的排水、抗滑、降噪等功能性。

6.5.1　多孔沥青混合料(PA)分类及技术要求

TL Asphalt-StB 07/13 规范将德国多孔沥青混合料(PA)按照公称最大粒径进行分成三类：PA 8、PA 11 和 PA 16，其级配曲线如图 6.16 所示。

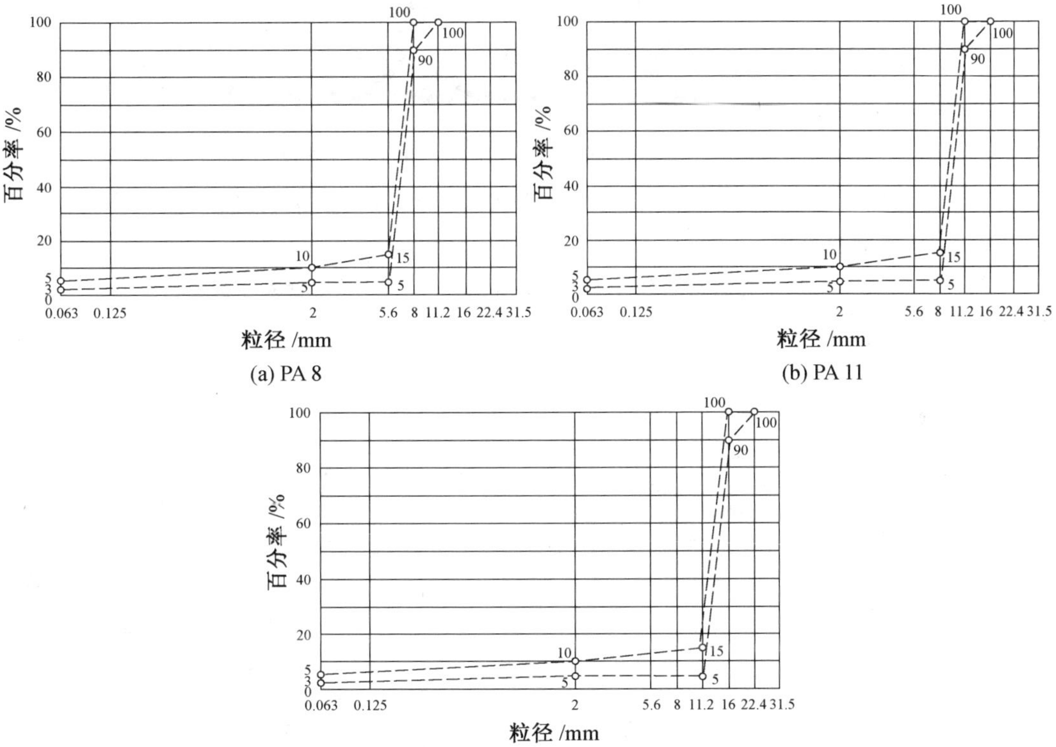

(a) PA 8　(b) PA 11　(c) PA 16

图 6.16　多孔沥青混合料(PA)的级配曲线

多孔沥青混合料是典型的骨架一空隙结构。混合料中粗集料比重很大，形成骨架嵌挤结构，而集料和集料之间通过沥青结合料以点接触的方式黏结。其黏结强度很大程度上决定了多孔沥青混合料的力学性能，多孔沥青混合料骨架体系及传力路径如图 6.17 所示。

多孔沥青混合料具有较大的空隙率(通常在 20%以上)，能产生良好的排水降噪效果。但是，大空隙率也增加了沥青结合料与空气接触的面积，加速了沥青的老化，因此德国规范中对多孔沥青混合料中沥青抗老化性能提出了更高的要求。

多孔沥青混合料原材料性质、配合比设计及混合料性质要求见表 6.27。与沥青混凝

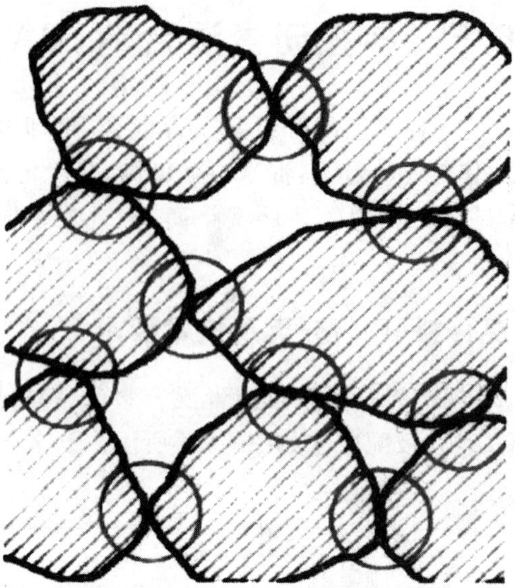

图 6.17　多孔沥青混合料骨架体系及传力路径

土、沥青玛蹄脂碎石等混合料类型相比，多孔沥青混合料对粗细集料棱角性、力学性能、沥青种类等指标要求明显变高。

表 6.27　多孔沥青混合料原材料性质、配合比设计及混合料性质要求

分项		单位	PA 16	PA 11	PA 8
粗集料	破碎等级	—	$C_{100/0}$	$C_{100/0}$	$C_{100/0}$
	冲击值及洛杉矶磨耗值	—	SZ_{18}/LA_{20}	SZ_{18}/LA_{20}	SZ_{18}/LA_{20}
	磨光值		PSV_{NR}	PSV_{54}	PSV_{54}
沥青类型		—	40/100－65	40/100－65	40/100－65
级配曲线（通过该尺寸筛孔集料的质量百分率范围）	22.4 mm	%	100	—	—
	16 mm	%	90～100	100	—
	11.2 mm	%	5～15	90～100	100
	8 mm	%	—	5～15	90～100
	5.6 mm	%	—	—	5～15
	2 mm	%	5～10	5～10	5～10
	0.063 mm	%	3～5	3～5	3～5
最小沥青用量		%	$B_{min5.5}$	$B_{min6.0}$	$B_{min6.5}$
纤维质量分数		%	≥0.3	≥0.4	≥0.5
沥青混合料	马歇尔试件最小空隙率	%	V_{min24}	V_{min24}	V_{min24}
	马歇尔试件最大空隙率	%	V_{max28}	V_{max28}	V_{max28}

多孔沥青混合料在施工时结构层性质还应满足表 6.28 的要求。沥青层的压实厚度不宜小于集料公称最大粒径的 3 倍。值得注意的是 PA 16 在德国通常只用于双层多孔沥青路面中的下面层，一般不会作为表面层材料单独使用。

表 6.28　PA 施工时结构层要求

结构层性质	PA 11	PA 8
包括封层的结构层厚度/cm	5.0～6.0	4.5～5.0
压实度/%	≥97.0	≥97.0
空隙率/%	22.0～28.0	22.0～28.0

6.5.2　中国 OGFC 和德国 PA 对比

1. 级配对比

针对多雨地区高速公路排水式路面，我国规范多采用 OGFC（开级配排水式磨耗层混合料）为面层，ATPB（开级配沥青稳定碎石混合料）为基层。OGFC 和 ATPB 的矿料级配范围分别见表 6.29 和表 6.30。

表 6.29　OGFC 矿料级配范围

级配类型		通过下列筛孔(mm)的质量分数/%										
		19	16	13.2	9.5	4.75	2.36	1.18	0.6	0.3	0.15	0.075
中粒式	OGFC 16	100	90～100	70～90	45～70	12～30	10～22	6～18	4～15	3～12	3～8	2～6
细粒式	OGFC 13		100	90～100	60～80	12～30	10～22	6～18	4～15	3～12	3～8	2～6
细粒式	OGFC 10			100	90～100	50～70	10～22	6～18	4～15	3～12	3～8	2～6

表 6.30　ATPB 矿料级配范围

级配类型		通过下列筛孔(mm)的质量分数/%														
		53	37.5	31.5	26.5	19	16	13.2	9.5	4.75	2.36	1.18	0.6	0.3	0.15	0.075
特粗式	ATPB 40	100	70～100	65～90	55～85	43～75	32～70	20～65	12～50	0～3	0～3	0～3	0～3	0～3	0～3	0～3
特粗式	ATPB 30		100	80～100	70～95	53～85	36～80	26～75	14～60	0～3	0～3	0～3	0～3	0～3	0～3	0～3
粗粒式	ATPB 25			100	80～100	60～100	45～90	30～82	16～70	0～3	0～3	0～3	0～3	0～3	0～3	0～3

我国规范中 OGFC 规格为 OGFC 16、OGFC 13、OGFC 10，德国规范中 PA 规格为 PA

16、PA 11、PA 8,OGFC 16 与 PA 16 矿料的级配范围对比如图 6.18 所示。

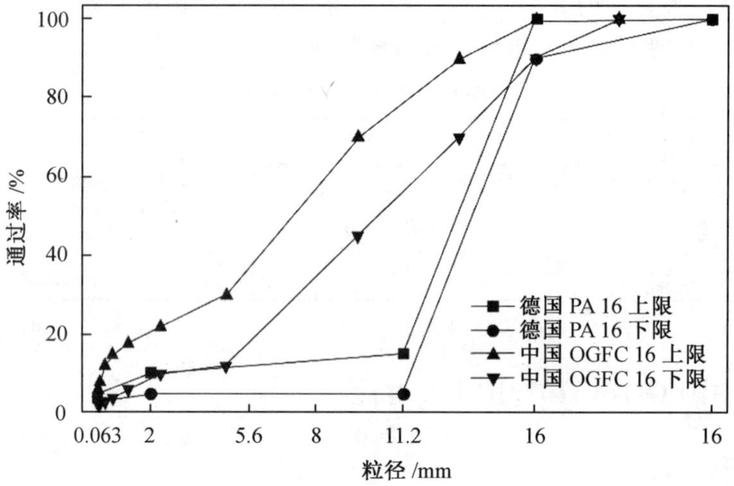

图 6.18　中国规范 OGFC 16 和德国规范 PA 16 级配范围对比

由图 6.18 可以看出,我国 OGFC 和德国 PA 的级配组成有着较大差距:德国的 PA 混合料中细集料含量极少,某一粒度集料会占有极大的比重,因此级配接近单一粒径。

我国 OGFC 16 和德国 PA 16 粗集料、细集料及填料质量分数对比见表 6.31。

表 6.31　OGFC 16 和 PA 16 粗集料、细集料及填料质量分数对比

混合料类型	中国	德国
	OGFC 16	PA 16
粗集料质量分数/%	70～88	90～95
细集料质量分数/%	10～24	2～5
填料质量分数/%	2～6	3～5

由表 6.31 可以看出,德国 PA 16 的粗集料含量相比我国 OGFC 16 来说,处于一个较高的水平,而细集料质量分数小于 5%;二者的填料质量分数则较为接近。

2. 集料及填料对比

在粗集料的选择方面,我国 OGFC 和德国 PA 粗集料性质要求差异见表 6.32。从中可见,德国规范对粗集料、破碎面、冲击值、洛杉矶磨耗值、磨光值、吸水率等指标的要求略高于我国。而我国规范对粗集料坚固性和黏附性的要求,德国规范中则没有考虑。

表 6.32 OGFC 和 PA 粗集料性质要求差异

<table>
<tr><td rowspan="4">混合料类型</td><td colspan="5">中国</td><td colspan="3">德国</td></tr>
<tr><td colspan="5">OGFC</td><td rowspan="3">PA 16</td><td rowspan="3">PA 11</td><td rowspan="3">PA 8</td></tr>
<tr><td colspan="3">高速及一级公路</td><td colspan="2">其他等级公路</td></tr>
<tr><td colspan="2">表面层</td><td>其他层次</td><td>表面层</td><td>其他层次</td></tr>
<tr><td>破碎面</td><td colspan="2">一个破碎面100%，两个或以上≥90%</td><td>一个破碎面≥90%，两个或以上≥80%</td><td>一个破碎面≥80%，两个或以上≥60%</td><td>一个破碎面≥70%，两个或以上≥50%</td><td>$C_{100/0}$</td><td>$C_{100/0}$</td><td>$C_{100/0}$</td></tr>
<tr><td>冲击值（压碎值）</td><td colspan="2">≤26%</td><td>≤28%</td><td>≤30%</td><td>≤30%</td><td>SZ_{18}</td><td>SZ_{18}</td><td>SZ_{18}</td></tr>
<tr><td>洛杉矶磨耗值</td><td colspan="2">≤28%</td><td>≤30%</td><td>≤35%</td><td>≤35%</td><td>LA_{20}</td><td>LA_{20}</td><td>LA_{20}</td></tr>
<tr><td rowspan="4">磨光值</td><td>潮湿区</td><td>≥42</td><td rowspan="4">—</td><td rowspan="4">—</td><td rowspan="4">—</td><td rowspan="4">PSV_{NR}</td><td rowspan="4">PSV_{54}</td><td rowspan="4">PSV_{54}</td></tr>
<tr><td>湿润区</td><td>≥40</td></tr>
<tr><td>半干区</td><td>≥38</td></tr>
<tr><td>干旱区</td><td>≥36</td></tr>
<tr><td>表观相对密度</td><td colspan="2">≥2.60</td><td>≥2.50</td><td>≥2.45</td><td>≥2.45</td><td colspan="3">必须测定，但无要求</td></tr>
<tr><td>吸水率/%</td><td colspan="2">≤2.0</td><td>≤3.0</td><td>≤3.0</td><td>≤3.0</td><td colspan="3">W_{cm}0.5</td></tr>
<tr><td>坚固性/%</td><td colspan="2">≤12</td><td>≤12</td><td>—</td><td>—</td><td colspan="3">—</td></tr>
<tr><td rowspan="4">黏附性</td><td>潮湿区</td><td>≥5</td><td>≥4</td><td rowspan="4">—</td><td rowspan="4">—</td><td colspan="3" rowspan="4">—</td></tr>
<tr><td>湿润区</td><td>≥4</td><td>≥4</td></tr>
<tr><td>半干区</td><td>≥4</td><td>≥3</td></tr>
<tr><td>干旱区</td><td>≥3</td><td>≥3</td></tr>
<tr><td>针片状颗粒质量分数/%</td><td colspan="2">≤15</td><td>≤18</td><td>≤20</td><td>≤20</td><td>SI_{15}
FI_{15}</td><td>SI_{15}
FI_{15}</td><td>SI_{15}
FI_{15}</td></tr>
</table>

细集料选择方面，我国规范对于 OGFC 中细集料表观相对密度、坚固性、含泥量、砂当量、亚甲蓝值等提出了明确的指标要求，详见沥青混凝土部分表 6.14。而德国 PA 中细集料含量非常低，所以德国规范中对细集料没有具体指标要求。

3. 沥青选择对比

目前我国规范中对 OGFC 混合料使用的均为各种类型的高黏沥青或改性沥青，目的是使拌和的混合料表面膜有一定的厚度，颗料间的黏结力较高，不易剥落，具有一定的变形能力。在德国规范中仍是根据混合料类型、公称最大粒径、层位、交通荷载等级在表格中查找对应的针入度、软化点范围、改性沥青的种类和沥青的最小用量。

4. 混合料性质对比

我国规范中对 OGFC 混合料性质要求，主要体现在空隙率、稳定度、析漏损失、肯特堡飞散损失等方面，见表 6.33。与之相比，德国规范中对混合料性质要求较少，只对单位面积摊铺质量、压实度和空隙率等指标有明确要求。

表 6.33　OGFC 和 PA 混合料性质要求对比

性质	单位	中国	德国
		OGFC	PA
空隙率	%	18～25	22～28
马歇尔稳定度	kN	≥3.5	—
析漏损失	%	<0.3	—
肯特堡飞散损失	%	<20	—

6.6　德国沥青混合料配合比设计

沥青混合料配合比设计是影响沥青混合料性能的关键因素。选择沥青混合料性能参数时，应考虑道路等级、交通状况、功能需要、路面结构等因素。此外，沥青混合料配合比还应考虑施工性能，使之易摊铺、易压实且应避免严重离析。

德国沥青路面规范中定义了沥青混合料的级配范围。在同一个级配范围中可以配制出不同空隙率的混合料，以满足各种需要。TL Asphalt-StB 07/13 规范中沥青混合料配合比设计的基本思路与我国类似，其具体步骤如下：

(1)确定沥青混合料的类型及其级配范围，并进行材料的选择、取样及试验。

(2)矿质混合料配比计算。

(3)对选择的设计级配，按照德国 TL Asphalt-StB 07/13 规范规定的沥青种类和类型，初选 5 组沥青用量；最小沥青用量亦应满足规范基本要求。

(4)拌制沥青混合料。

(5)利用马歇尔压实法成型。

(6)测定毛体积相对密度以及最大相对密度，计算体积指标并确定施工油量。

德国沥青混合料配合比设计采用马歇尔设计方法，即利用马歇尔试件及其体积参数，确定最佳油石比。德国马歇尔试件成型具体测试流程在规范 DIN EN 12697—30 中规定。确定马歇尔试件体积参数、马歇尔动稳定度试验的规范为 DIN EN 12697—34。马歇尔自动击实仪如图 6.19 所示。

德国规范要求标准马歇尔试件为直径 101.6 mm±0.1 mm，高度 63.5 mm±2.5 mm 的圆柱体。混合料矿料的最大粒径不超过 22.4 mm。成型时，由质量为 4 550 g±20 g 标准击实锤沿导向棒 460 mm±3 mm 自由下落，双面连续击实 50 次(50 次为标准试验建议值，规范允许击实次数为 35～75 次区间)，从而得到马歇尔试件。

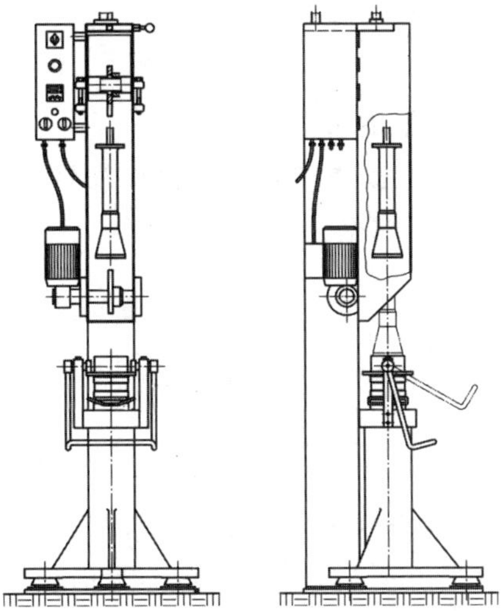

(a) 示意图

(b) 实物图

图 6.19　马歇尔自动击实仪

马歇尔击实试验后，可以依据规范测得马歇尔试件下列指标：

(1)马歇尔稳定度和流值。

(2)沥青混合料的密度：压实沥青混合料常温条件下单位体积的干燥质量。

(3)沥青混合料最大理论密度：空隙率为零的理想状态下的最大密度，计算见公式(6.1)。

$$\rho_m = \frac{100}{\dfrac{G}{\rho_{P,G}} + \dfrac{B}{\rho_B}} \tag{6.1}$$

式中　ρ_m—— 沥青混合料最大理论密度，g/cm^3；

G—— 矿料用量(质量分数)，%；

$\rho_{P,G}$—— 合成矿料有效密度，g/cm^3；

ρ_B—— 沥青 25 ℃ 的密度，g/cm^3；

B—— 试验采用的沥青用量(沥青质量占混合料总质量的百分数)，%。

(4) 沥青混合料空隙率(VV)：空隙体积占堆积体积的百分率，计算见公式(6.2)。

$$VV = \left(1 - \frac{\rho_b}{\rho_m}\right) \times 100\% \tag{6.2}$$

式中　VV—— 沥青混合料空隙率，%；

ρ_b—— 马歇尔试件毛体积密度，g/cm^3；

ρ_m—— 沥青混合料最大理论密度，g/cm^3。

(5) 矿料间隙率(Void in Mineral Aggregeates，VMA)：矿料外的体积占试件总体积百分率，计算见公式(6.3)。

$$VMA = VV + \frac{\rho_b \cdot B}{\rho_B} \tag{6.3}$$

式中　VMA—— 矿料间隙率，%；

VV—— 沥青混合料空隙率，%；

ρ_b—— 马歇尔试件毛体积密度,g/cm³;

ρ_B—— 沥青 25 ℃ 的密度,g/cm³;

B—— 试验采用的沥青用量(沥青质量占混合料总质量的百分数),%。

(6)沥青饱和度(Voids Filled with Asphalt,VFA):指压实沥青混合料试件中沥青实体体积占矿料骨架实体以外的空间体积的百分率,又称为沥青填隙率。

$$\mathrm{VFA}=\left(\frac{\mathrm{VMA}-\mathrm{VV}}{\mathrm{VMA}}\right)\times 100\% \tag{6.4}$$

式中 VFA——沥青饱和度,%;

VV——沥青混合料空隙率,%;

VMA——矿料间隙率,%。

按 0.5%或 1%的间隔,取 5 个或 5 个以上不同的油石比分别成型马歇尔试件,每一组试件的试样数按现行试验规程的要求确定。以沥青用量(通常采用油石比表示)为横坐标,以沥青混合料试件的空隙率、矿料间隙率为纵坐标,将试验结果绘制成关系曲线,如图 6.20 所示,进而确定最佳沥青用量。

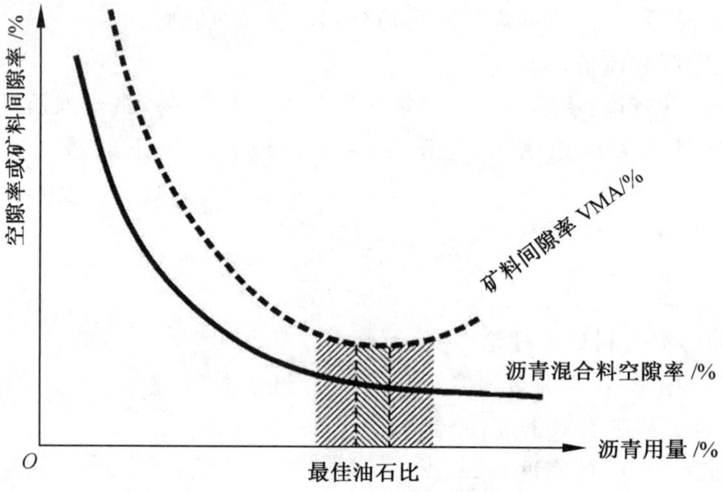

图 6.20 最佳沥青用量的确定

近年来,德国道路界也针对马歇尔设计方法存在明显的缺陷以及如何改进和优化方法展开了讨论。首先,德国马歇尔设计方法只基于体积指标,没有将沥青混合料的路用性能指标纳入考量。其次,马歇尔击实试验中的压实成型方式无法真实反映于实际工程中摊铺机压路机的压实成型。这也造成了马歇尔试件细观结构、空隙特征、试验指标与混合料的路用性能不存在必然的联系。因此,改进沥青混合料压实成型设备、将更多的路用性能指标纳入沥青混合料配合比设计,将成为下一版德国沥青混合料设计规范的中心任务。

6.7 施工质量控制与施工验收要求

德国 ZTV Asphalt-StB 07/13 规范施工环境温度的基本要求,见表 6.34。

表 6.34　沥青混合料施工环境温度

沥青层	厚度/cm	最低气温			
		−3 ℃	0 ℃	+5 ℃	+10 ℃
沥青承重层(AC T)	—	×			
沥青黏结层(AC B)	—		×		
沥青面层(SMA,AC D)	≥3			×	
	<3				×
浇筑式沥青混合料(MA)	≥3		×		
	<3				×
多孔沥青混合料(PA)					×

德国 TL Asphalt-StB 07/13 规范规定了施工时沥青混合料的最低和最高温度，同时满足保证施工质量和降低能源消耗的基本要求，见表 6.35。

表 6.35　沥青混合料施工时沥青混合料的最低和最高温度

沥青混合料中沥青的类型	沥青混凝土面层(AC D)、黏结层(AC B)、承重层(AC T)	沥青玛蹄脂碎石混合料(SMA)	浇筑式沥青混合料(MA)	多孔沥青混合料(PA)
20/30	—	—	210～230 ℃	—
30/45	155～195 ℃	—	200～230 ℃	—
50/70	140～180 ℃	150～190 ℃	—	—
70/100	140～180 ℃	140～180 ℃	—	—
40/100−65	—	—	—	140～170 ℃
10/40−65	160～190 ℃	—	210～230 ℃	—
25/55−55	150～190 ℃	150～190 ℃	200～230 ℃	—

采用马歇尔设计方法确定沥青混合料的沥青用量仅是实验室里的设计流程。在实际工程中还将对生产配合比设计做出修正，按结果进行试拌、铺筑路。德国 ZTV Asphalt-StB 07/13 规范规定了施工验收中材料参数极限值或允许波动的范围：

(1)规定了完工验收时，沥青层每层的厚度不能低于规范规定值的 90%；

(2)规定了沥青混合料中所使用沥青的软化点极限值，见表 6.36。

表 6.36　道路石油沥青和聚合物改性沥青的软化点极限值

普通道路石油沥青		聚合物改性沥青	
类型	软化点极限值/℃	类型	软化点极限值/℃
160/220	51	25/55−55	71
70/100	59	10/40−65	81

续表 6.36

普通道路石油沥青		聚合物改性沥青	
类型	软化点极限值/℃	类型	软化点极限值/℃
50/70	62	40/100－65	材料验收值基础上±8 ℃
30/45	68		

德国 ZTV Asphalt-StB 07/13 规范规定了沥青质量分数(表 6.37)、矿粉质量分数(表 6.38)、细集料质量分数(表 6.39 和表 6.40)和粗集料(表 6.41 和表 6.42)波动范围。材料指标参数波动范围不宜过大,否则会引起沥青混合料性能的离散性,不利于生产质量控制。

表 6.37　沥青混合料中沥青质量分数波动范围　　(单位:%)

抽检的样品数量	1	2	3～4	5～8	9～19	>20
沥青混凝土承重层(AC T)	±0.5	±0.45	±0.4	±0.35	±0.30	±0.25
沥青混凝土黏结层(AC B)	±0.4	±0.40	±0.35	±0.30	±0.25	±0.20
沥青混凝土面层(AC D)						
沥青玛蹄脂碎石混合料(SMA)						
多孔沥青混合料(PA)						
浇筑式沥青混合料(MA)						
沥青混凝土全厚式路面(AC T D)						

表 6.38　沥青混合料中矿粉(粒径<0.063 mm)质量分数的波动范围　　(单位:%)

抽检的样品数量	1	2	3～4	5～8	9～19	>20
沥青混凝土承重层(AC T)	+7.0 －3.0	+6.7 －2.7	+6.4 －2.4	+6.1 －2.1	+5.8 －1.8	+5.5 －1.5
沥青混凝土黏结层(AC B)	±3.0	±2.7	±2.4	±2.1	±1.8	±1.5
沥青混凝土面层(AC D)						
沥青玛蹄脂碎石混合料(SMA)						
沥青混凝土全厚式路面(AC T D)						
浇筑式沥青混合料(MA)	±4.5	±3.6	±3.2	±2.8	±2.5	±2.2
多孔沥青混合料(PA)	±2.0	±1.7	±1.5	±1.4	±1.3	±1.2

表 6.39　沥青混合料中细集料(粒径<0.125 mm)质量分数波动范围　　(单位:%)

抽检的样品数量	1	2	3～4	5～8	9～19	>20
沥青混凝土承重层(AC T)	+7.0 －3.0	+6.7 －2.7	+6.4 －2.4	+6.1 －2.1	+5.8 －1.8	+5.5 －1.5
沥青混凝土黏结层(AC B)	±3.0	±2.7	±2.4	±2.1	±1.8	±1.5
沥青混凝土面层(AC D)						
沥青混凝土全厚式路面(AC T D)						

表 6.40　沥青混合料中细集料(粒径为 0.063～2 mm)质量分数波动范围　　(单位:%)

抽检的样品数量	1	2	3～4	5～8	9～19	>20
沥青混凝土承重层(AC T)	+8.0	+6.1	+5.0	+4.1	+3.3	+3.0
沥青混凝土黏结层(AC B)	+8.0	+6.1	+5.0	+4.1	+3.3	+3.0
沥青混凝土面层(AC D)	+8.0	+6.1	+5.0	+4.1	+3.3	+3.0
沥青玛蹄脂碎石混合料(SMA)	+8.0	+6.1	+5.0	+4.1	+3.3	+3.0
浇筑式沥青混合料(MA)	+8.0	+6.1	+5.0	+4.1	+3.3	+3.0
沥青混凝土全厚式路面(AC T D)	+8.0	+6.1	+5.0	+4.1	+3.3	+3.0
多孔沥青混合料(PA)	±2.5	±2.2	±2.0	±1.9	±1.8	±1.7

表 6.41　沥青混合料中粗集料(粒径>2 mm)质量分数波动范围　　(单位:%)

抽检的样品数量	1	2	3～4	5～8	9～19	>20
沥青混凝土承重层(AC T)	+9.0	+6.8	+5.5	+4.5	+3.5	+3.2
沥青混凝土黏结层(AC B)	+8.0	+6.1	+5.0	+4.1	+3.3	+3.0
沥青混凝土面层(AC D)	+8.0	+6.1	+5.0	+4.1	+3.3	+3.0
沥青玛蹄脂碎石混合料(SMA)	+8.0	+6.1	+5.0	+4.1	+3.3	+3.0
浇筑式沥青混合料(MA)	+8.0	+6.1	+5.0	+4.1	+3.3	+3.0
沥青混凝土全厚式路面(AC T D)	+8.0	+6.1	+5.0	+4.1	+3.3	+3.0
多孔沥青混合料(PA)	±6.0	±4.7	±3.9	±3.3	±2.7	±2.5

表 6.42　沥青混合料 SMA 11 S 中粗集料(粒径>5.6 mm)质量分数波动范围　(单位:%)

抽检的样品数量	1	2	3～4	5～8	9～19	>20
SMA 11 S	+8.0	+6.1	+5.0	+4.1	+3.3	+3.0

表 6.43　沥青混合料中粗集料质量分数波动范围　　(单位:%)

抽检的样品数量	1	2	3～4	5～8	9～19	>20
沥青混凝土承重层(AC T)	+8.0	+6.1	+5.0	+4.1	+3.3	+3.0
沥青混凝土黏结层(AC B)	+9.0	+6.8	+5.5	+4.5	+3.5	+3.2
沥青混凝土面层(AC D)	±5.0	±4.0	±3.4	±2.9	±2.5	±2.3
沥青玛蹄脂碎石混合料(SMA)	+8.0	+6.1	+5.0	+4.1	+3.3	+3.0
浇筑式沥青混合料(MA)	±5.0	±4.0	±3.4	±2.9	±2.5	±2.3
多孔沥青混合料(PA)	±6.0	±4.7	±3.9	±3.3	±2.7	±2.5
沥青混凝土全厚式路面(AC T D)	±5.0	±4.0	±3.4	±2.9	±2.5	±2.3

此外,德国 ZTV Asphalt-StB 07/13 规范还规定,沥青层施工完工后,必须使用德式波动直尺四米板对路面的平整度进行测量,规范对平整度的要求如下:

(1)沥青混凝土承重层层表面不平整度≤10 mm。

(2)沥青混凝土黏结层层表面不平整度≤6 mm。

(3)沥青混凝土表面层层表面不平整度≤4 mm。

(4)沥青玛蹄脂碎石混合料(SMA)层表面不平整度≤4 mm。

(5)浇筑式沥青混合料(MA)层表面不平整度≤4 mm。

(6)多孔沥青混合料(PA)层表面不平整度≤3 mm。

此外,沥青表面层施工验收时,必须使用侧向摩阻力测试车(英文:Sideway-force Coefficient Routine Investigation Machine,SCRIM;德文:Seitenkraftmessverfahren,SKM)测量路面抗滑性质是否满足规范要求。SCRIM 应用横向力的方法来测量潮湿路面的抗滑力,测量方法详见第 9 章。测试轮被斜向安置,与车行方向呈 20°夹角,从而产生一个与测试轮平面相垂直的横向力。德国 ZTV Asphalt-StB 07/13 规范对路面抗滑性质要求如下:

(1)最小值 0.56(测量速度为 40 km/h)。

(2)最小值 0.51(测量速度为 60 km/h)。

(3)最小值 0.46(测量速度为 80 km/h)。

6.8 验收扣除金额计算

如果发现施工质量不满足合同或规范要求,甲方有权在工程款结算时将对应部分金额扣除。

6.8.1 摊铺厚度不足

德国 ZTV Asphalt-StB 07/13 规范规定,施工完工验收时,沥青层每层的厚度不能低于规范规定值的 90%。如果沥青层平均摊铺厚度低于此值,则甲方有权在工程款结算时扣除相应金额:

$$A=\frac{p}{100}\cdot 3.75\cdot \mathrm{EP}\cdot F \tag{6.5}$$

式中 A—— 扣除金额,欧元;

p—— 低于建筑合同规定的摊铺厚度的 90% 的部分;

EP—— 双方约定的每平方米单价,欧元 /m^2;

F—— 相应的面积,m^2。

6.8.2 摊铺用量不足

如果沥青混合料摊铺用量低于规范规定的摊铺用量,则甲方有权在工程款结算时扣除相应金额:

$$A=\frac{p}{100}\cdot 3.75\cdot \mathrm{EP}\cdot F \tag{6.6}$$

式中 A—— 扣除金额,欧元;

p—— 低于建筑合同规定的摊铺用量的部分;

EP—— 双方约定的每平方米单价,欧元 /m^2;

F—— 相应的面积，m^2。

6.8.3　混合料沥青含量不足

如果沥青混合料中沥青用量低于规范规定的用量，则甲方有权在工程款结算时扣除相应金额。

1. 抽检的样品数量不超过 5 个

当沥青质量分数不足量小于 0.3% 时，适用以下公式：

$$A=\frac{p}{100}\cdot 30\cdot \mathrm{EP}\cdot F \tag{6.7}$$

式中　A—— 扣除金额，欧元；

p—— 低于建筑合同规定的沥青用量的部分；

EP—— 双方约定的每平方米单价，欧元 /m^2；

F—— 相应的面积，m^2。

当沥青质量分数不足量大于 0.3% 时，适用以下公式：

$$A=\frac{1}{100}\cdot (130p-30)\cdot \mathrm{EP}\cdot F \tag{6.8}$$

式中　A—— 扣除金额，欧元；

p—— 低于建筑合同规定的沥青用量的部分；

EP—— 双方约定的每平方米单价，欧元 /m^2；

F—— 相应的面积，m^2。

2. 抽检的样品数量不低于 5 个

$$A=\frac{p}{100}\cdot 100\cdot \mathrm{EP}\cdot F \tag{6.9}$$

式中　A—— 扣除金额，欧元；

p—— 低于建筑合同规定的沥青用量的部分；

EP—— 双方约定的每平方米单价，欧元 /m^2；

F—— 相应的面积，m^2。

6.8.4　压实度不足

如果沥青混合料压实度不满足 ZTV Asphalt-StB 07/13 规范要求，甲方有权按照以下公式在工程款结算时扣除相应金额。

$$A=\frac{p^2\cdot 3}{100}\cdot \mathrm{EP}\cdot F \tag{6.10}$$

式中　A—— 扣除金额，欧元；

p—— 低于最低压实度要求的部分；

EP—— 双方约定的每平方米单价，欧元 /m^2；

F—— 相应的面积，m^2。

下面举例具体说明：有一条刚施工完毕的沥青玛蹄脂沥青表面层，其 EP = 5.20 欧元 /m^2，F=6 000 m^2，ZTV Asphalt-StB 07/13 规范规定压实度最低为 98%，验收时实际压实度为 96%，求扣除金额。

低于最低压实度要求的部分为：$p = 98\% - 96\% = 2\%$。

按式 6.10 可计算，需扣除金额为 3 744 欧元。

$$A = \frac{2^2 \times 3}{100} \times 5.20 \times 6\,000 = 3\,744$$

6.8.5　沥青层平整度不足

如果沥青层施工后表面平整度不满足 ZTV Asphalt-StB 07/13 要求时，甲方有权按照以下公式在工程款结算时扣除相应金额。

$$A = 0.6 \cdot \mathrm{EP} \cdot B \cdot \sum p_i^2 \tag{6.11}$$

式中　A—— 扣除金额，欧元；

p—— 超出最低平整度要求的部分，mm；

EP—— 双方约定的每平方米单价，欧元 /m²；

B—— 车道的宽度，m。

下面举例具体说明：已有一条刚施工完毕的沥青玛蹄脂沥青表面层。其 EP = 5.20 欧元 /m²，B=3.75 m，ZTV Asphalt-StB 07/13 规范规定平整度最低为 4 mm，测得的平整度见表 6.44，求扣除金额。

表 6.44　平整度实测值与超出最低平整度要求部分平方求和

测量点	1	5	13	14	25	27	30	
实测值 /mm	10	8	7	9	7	7	10	
超出最低平整度要求的部分 p_i/mm	6	4	3	5	3	3	6	
p_i^2/mm²	36	16	9	25	9	9	36	$\sum p_i^2 = 140$

由表可知，平整度平方和为 140 mm²。按公式(6.11) 可计算，需扣除金额为 1 638 欧元。

$$A = 0.6 \times 5.20 \times 3.75 \times 140 = 1\,638$$

6.9　降噪路面

噪声是一类妨碍人们正常休息、学习和工作的声音，或是对人们要听的声音产生干扰的声音。在德国，交通噪声是城市噪声的最主要来源之一，超过 60% 的德国城镇居民抱怨生活噪声的比例如图 6.21 所示。

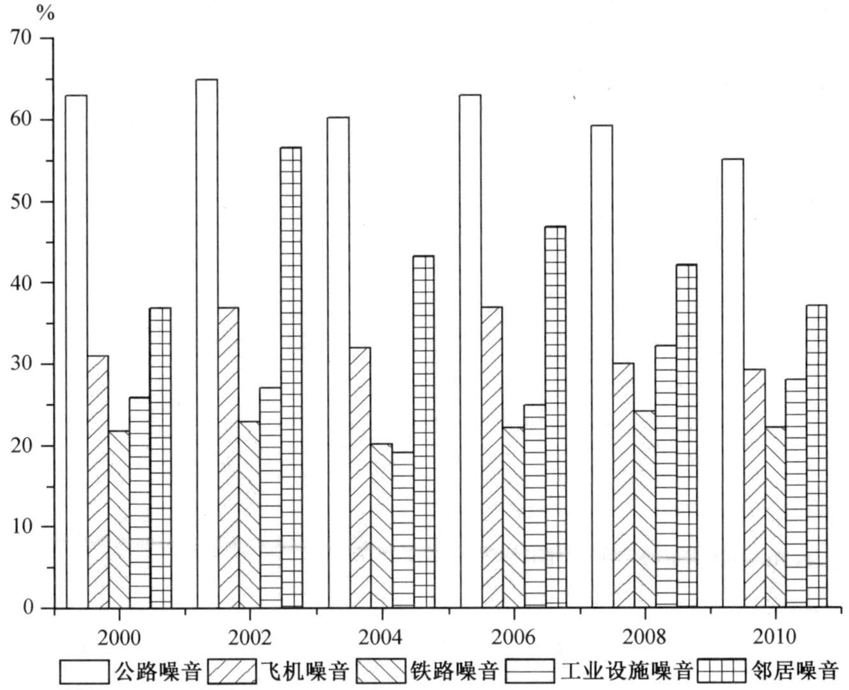

图 6.21　德国城镇居民抱怨生活噪音的比例

6.9.1　胎路噪声的形成和测量

公路噪声主要由三部分组成：胎路噪声、车辆机械噪声（包括发动机噪声和排气口噪声）、行驶过程中产生的空气动力噪声。随着车速的增加，三部分噪声均增加，如图 6.22 所示。

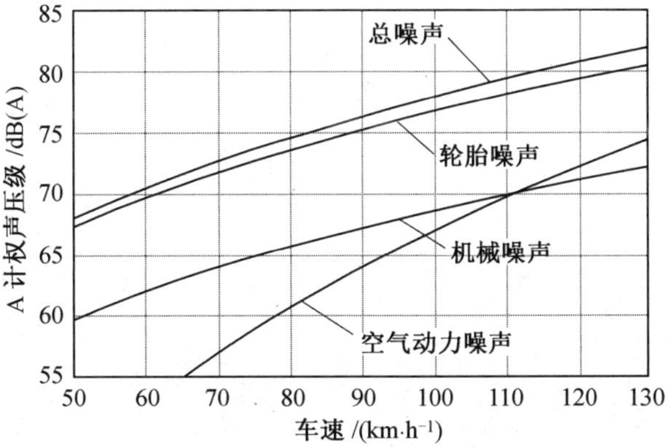

图 6.22　公路噪声随车速的变化

其中胎路噪声的产生与路表性质高度相关，其产生的原理包括以下几个方面：

(1)轮胎的碰撞与冲击噪声。

(2)轮胎的泵吸效应产生的噪声。

(3)气柱共鸣噪声。

(4)光面胎的随机沙声。

(5)轮胎振动产生噪声。

(6)“喇叭筒效应”造成的噪声增强效应。

为了测量和控制交通噪声,可以利用通过法、近距离测试法对胎路噪声进行测量。

通过法是一种经典的测量路面噪声的方法,其原理是将测量噪声的声级计放置在路侧的固定位置,当车辆通过时,即可测定轮胎与路面的噪声。通过法又可细分为控制通过法和近距离测试法。通过法测量的不仅是轮胎与路面作用而产生的噪声,还包括了噪声在空气中的传播状态等,因此更接近于整个交通环境的噪声水平。

近距离测试法直接测量轮胎和路面界面的噪声,包括以下两种方法:声级计外挂法和拖车法。前者将声级计的麦克风直接外挂于测试车辆的轮胎外侧。这种方法比较简便,测试成本低,但是易受外界各种因素的影响。而拖车法则是将一个标准轮放置在一个小型拖车中,四周采用标准的隔音措施,在这个轮胎周边按照一定要求安放多个麦克风,从不同角度测量轮胎在行驶过程中的噪声。近距离测量法在测量噪声的过程中基本屏蔽了环境等外部噪声的干扰,其测量结果最接近于轮胎与路面作用而产生的噪声,更有利于轮胎或路面的降噪技术等相关研究。

降低噪声的方法主要可以分为:在声源处、在传播途径中和在人耳处降噪。通过对轮胎性质(例如,轮胎花纹块和花纹槽的结构、花纹节距大小与排列、花纹条错位、轮胎的材料性质等)的优化,可以明显降低胎路噪声。常见的工程降噪措施包括声屏障、绿化带、隔声窗等方式,则可以传播途径中降噪,在德国这些工程降噪措施各有各的特点和适用范围。

6.9.2 多孔降噪路面

20 世纪末,降噪路面(也称为“安静路面”)成了欧洲道路工程领域研究的热点,也诞生和发展了一大批降噪路面材料与技术,德国降噪路面的种类如图 6.23 所示。

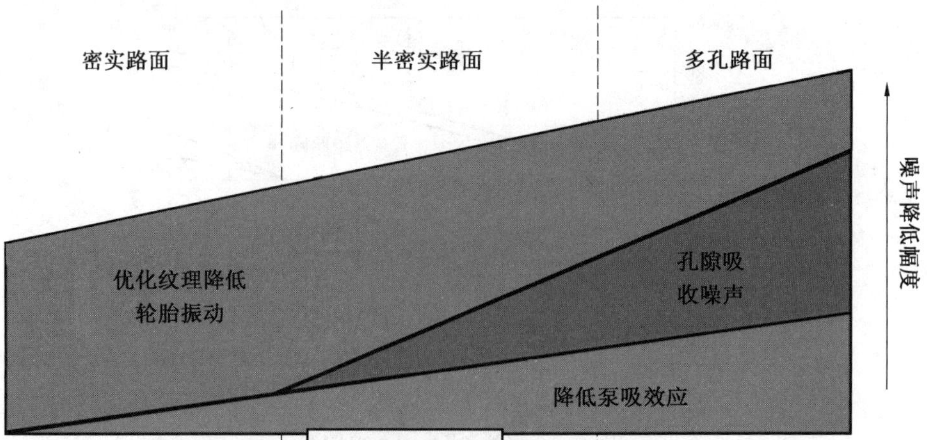

图 6.23 德国降噪路面的种类

不同的降噪路面使用的沥青混合料差异很大,主要体现在空隙率、集料最大颗粒、级配曲线等方面。密实型降噪路面主要通过优化路表面的纹理来降低轮胎振动产生的噪声,因此降噪效果有限。随着沥青混合料空隙率的提升，泵吸效应明显降低，空隙吸收噪声的效果则越来越好。

以多孔沥青混合料(PA)制成的降噪路面能从声源上控制好交通噪声，不仅降噪效果好，而且排水、防滑、防路面眩光等功能性方面都优于普通沥青路面。因此，它成为欧洲很多国家降低城市噪声的首选。多孔沥青混合料降噪大小取决于空隙对于气流的摩阻性、空隙率、空隙联通及迂曲度等参数。因此，要达到良好的降噪效果，必须从材料、配合比和施工方法等方面进行研究优化。

多孔沥青混合料(PA)性质已在 6.5 节详细地介绍了。采用多孔沥青混合料可以建成排水式路面、半透水路面以及全透水路面。三种形式路面的最大差别在于可以透水的路面结构和不透水层设置的位置。德国道路设计规范规定，多孔沥青混合料应当优先用于 Bk 100和 Bk 32 设计等级高、交通流量大的路段。此外，在多孔沥青混合料层施工过程中应注意，PA 下方必须铺设防水层，PA 路面要配套雨水收集和净化设备。

综合文献研究，多孔沥青混合料具有以下几方面优点：

(1)多孔沥青路面具有开放性空隙结构，是性能优良的吸声材料，能够有效降低城市的噪声污染。

(2)多孔沥青路面由于自身具有良好的透水性能，能有效地减小城市地表径流，一定程度上可以减轻雨天城市管道系统排水压力。

(3)多孔沥青路面具有一定的蓄水功能，因此可以加强热量和水分在地表与空气的交换，促进水分的蒸发和吸热，一定程度上缓解城市“热岛效应”。

(4)多孔沥青路面可以减少路面积水，减少路面由于积水而产生的反光，防止路面水膜形成，增强车辆与路表之间的摩擦力，从而显著提高车辆的行驶安全性，多孔沥青路面与传统密实路面对比如图 6.24 所示。

图 6.24　多孔沥青路面与传统密实路面对比

多孔沥青混合料也有一系列的缺点：

(1)多孔沥青混合料的建造和养护成本远高于传统沥青混合料，但使用寿命则偏短。

(2)多孔沥青混合料中细集料很少，无法全部填充粗集料间的空隙，因此多孔沥青混合料的强度主要是由粗集料之间的嵌挤作用来提供，因此在剪力(加速或刹车)或者扭矩(转弯)的作用下容易产生破坏。常见的病害包括多孔沥青的掉粒现象，多孔沥青混合料结构性破坏两种形式如图 6.25 所示。

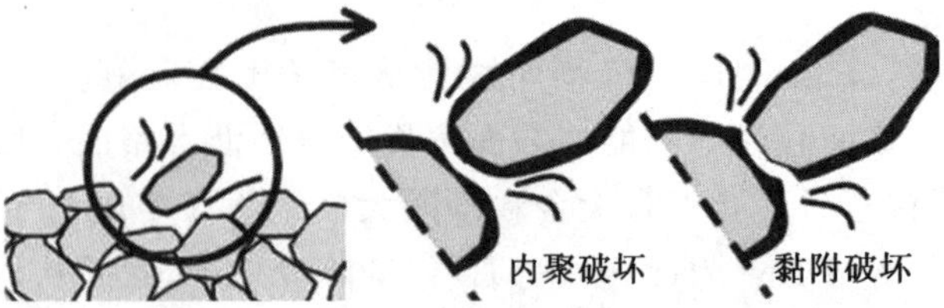

图 6.25　多孔沥青混合料结构性破坏两种形式

(3)多孔沥青混合料中，沥青胶结料在空气、水、光照的共同作用下老化较快，黏结性降低，导致路面易出现松散、剥落和裂缝等病害。

(4)粉尘、黏土颗粒、路表本身磨损掉的细集料、车轮磨损的橡胶颗粒、除雪剂、除冰剂等，容易进入多孔沥青路面空隙造成堵塞问题(图 6.26)，从而降低了多孔沥青混合料降噪、排水等优良功能性。

图 6.26　多孔沥青混合料空隙堵塞

(4)清洗多孔沥青路面堵塞空隙成本较高，且清洗效果多集中于表面 2 cm，如图 6.27 所示。此外，清洗时水压控制不当反而容易造成结构破坏。

图 6.27　清洗多孔沥青路面堵塞空隙

(5)多孔沥青路面在冬季有诸多使用和养护问题及隐患。第一，多孔沥青混合料冬季冻胀易造成结构性损坏，图 6.28 所示为荷兰冬季路面病害。第二，多孔沥青混合料具有更低的热传导性和热容，其内部温度比密级配混合料低 1～2 ℃，因此更容易冻结凝冰，且冰雪融化较慢，因此路面摩擦系数降低，容易引发安全事故。第三，融雪盐等除雪剂会进入空隙，这不仅会增加路面冬季的养护费用，而且还可能引发更严重的盐冻问题。

图 6.28　荷兰冬季路面病害

2010 年前后，双层多孔沥青路面（Two-layer Porous Asphalt）开始在欧洲各国投入使用。以德国英戈尔施塔特市的西环路为例，典型双层多孔沥青路面具体结构如图 6.29 所示。从上到下依次为 3.0 cm 的上层多孔沥青混合料 PA 5（空隙率 25%）、4.0 cm 的下层多孔沥青混合料 PA 16（空隙率大于 30%）、1 cm 的不透水层（封层）、8cm 的沥青混凝土黏结层、10 cm 的沥青混凝土基层、15 cm 的碎石基层以及 40 cm 的防冻层，整个路面结构层的厚度为 81 cm。

(a) PA 5+PA 16　　(b) PA 8+PA 16

图 6.29　德国典型双层多孔沥青路面

与传统单层多孔沥青路面 PA 11 相比，双层多孔沥青路面选择 PA 8 或者粒径更小的 PA 5 作为表面层，因此防空隙堵塞能力明显加强。此外，双层多孔沥青路面降噪效果可达 8 dB(A)以上，较之单层多孔沥青路面降噪约 4 dB(A)，有了大幅度的提升。其原因一方面在于，多孔沥青路面总厚度变为 7 cm；另一方面，上下两层多孔沥青空隙率和空隙结构不同，噪音曲线出现两个吸收峰，噪音吸收效果更好，如图 6.30 所示。

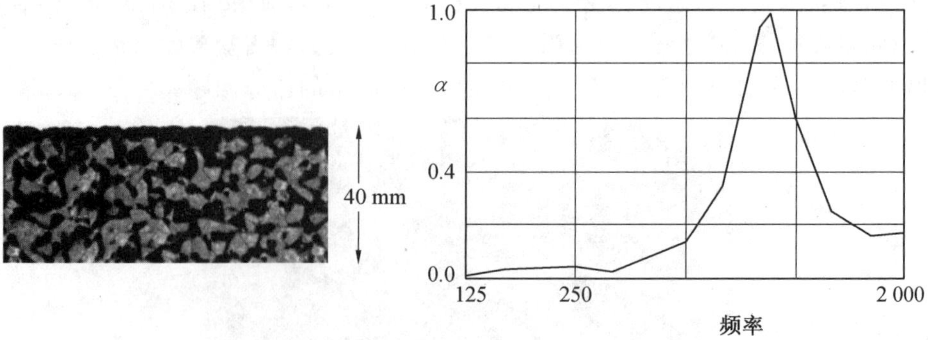

(a) 传统单层多孔沥青

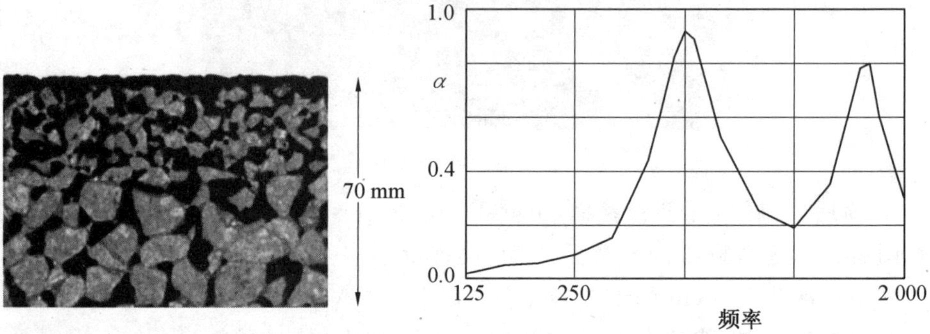

(b) 新型双层多孔沥青

图 6.30　单层与双层多孔沥青路面噪音吸收对比

6.9.3　其他形式的降噪路面

SMA LA 和 LOA D 也是德国研发的降噪路面的两种形式，工程应用证明其降噪效果可达到 2～4 dB(A)。

SMA LA 属于半透水沥青混合料。它将多孔沥青 PA 和沥青玛蹄脂碎石 SMA 路面的优点相结合。SMA LA 比一般的 SMA 沥青混合料的空隙率大，又比 PA 空隙率小，约为 10%～15%，具有良好路用性能的同时，兼有良好的功能性。

LOA D 是一种加铺的罩面结构，公称最大粒径通常为 5 mm，摊铺厚度通常约 2 cm。沥青选用的是热塑性沥青 25/55－55C。LOA D 的空隙率约为 5%～6%。因此其降噪原理并不是较大的空隙率，而是通过优化表面的纹理实现的。因此，规范中明确要求其路面构造深度要达到 0.7～0.8 mm。

SMA LA 和 LOA D 原材料性质、配合比设计及混合料性质要求见表 6.45。

表 6.45　SMA LA 原材料性质、配合比设计及混合料性质要求

分项		单位	SMA 8 S－LA	LOA 5 D
粗集料	破碎等级	—	$C_{100/0}$	—
	冲击值及洛杉矶磨耗值	—	SZ_{18}/ LA_{20}	—
	磨光值	—	PSV_{51}	—
沥青类型		—	40/100－65 A	25/55－55 C
级配曲线 （通过该尺寸筛孔集料的质量百分率范围）	11.2 mm	%	100	100
	8 mm	%	90～100	100
	5.6 mm	%	25～35	100
	2 mm	%	15～20	60～70
	0.063 mm	%	6～8	10～13
沥青用量		%	$B_{min\,6.6}$	$B_{min\,5.0}$
纤维质量分数		%	≥0.3	—
沥青混合料	马歇尔试件最小空隙率	%	$V_{min\,10}$	$V_{min\,5.0}$
	马歇尔试件最大空隙率	%	$V_{max\,12}$	$V_{max\,6.5}$

此外，SMA LA 和 LOA D 在施工时结构层还应满足表 6.46 的要求。沥青层的压实厚度不宜小于集料公称最大粒径的 3 倍。

表 6.46　PA 施工时结构层要求

结构层性质	SMA 8 S－LA	LOA 5 D
包括封层的结构层厚度/cm	2.5	2.0
压实度/%	≥97.0	≥97.0
空隙率/%	10.0～15.0	5.0～6.0

但必须要指出的是，SMA LA 和 LOA D 两种降噪路面结构形式都对材料配合比设计和施工条件提出了较高的要求，因此其工程应用范围有限。

第 7 章　沥青混合料性能测试

现行的德国公路用沥青混合料测试和评价的规范为 TP Asphalt-StB（*Technischen Prüfvorschriften für Asphalt*），是德国公路用集料的性能测试规范。德国道路交通研究会（Forschungsgesellschaft für Straßen und Verkehrswesen，FGSV）于 2018 年对 TP Asphalt-StB 规范（图 7.1）进行了大规模的补充和修订。其目的是在实验室条件下对沥青混合料路用性能进行更全面和准确的评估。TP Asphalt-StB 规范通常与德国工业标准规范（DIN BN）配合使用，前者规定了德国公路用集料性能测试与评价的总体原则，而后者则规定了每种测试与评价手段具体的试验步骤和方法。

图 7.1　德国公路用沥青混合料 TP Asphalt-StB 规范

因此，本章将对德国公路用沥青混合料各种试验方法、评价指标和适用范围进行系统的介绍。针对部分试验方法和技术指标，还将与我国现行沥青混合料测试与评价规范进行比较研究。

7.1　沥青混合料性能影响因素

沥青混合料是一种由适当级配的粗细集料及矿粉和规定等级与用量的沥青等多种成分组成的复杂材料。沥青混合料的路用性能受到诸多因素的影响：

（1）沥青的性质。

沥青的黏度、劲度、感温性、低温延度、感时性、抗老化性能、蜡含量以及改性剂的种类和含量等。

（2）沥青混合料的组成及体积指标。

集料的外貌特征、力学、矿物学性能，沥青混合料类型和级配、空隙率、矿料间隙率、沥青用量等。

（3）施工条件与质量。

机械振捣方式、施工条件（温度、湿度和降温等）、压实程度等。

（4）服役环境。

交通荷载、温度、降温速率、湿度、降雨、冰雪等。

为评价沥青混合料的路用性能，德国规范将沥青混合料的破坏形式主要分为低温开裂破坏、中温疲劳破坏与高温变形破坏，如图 7.2 所示。

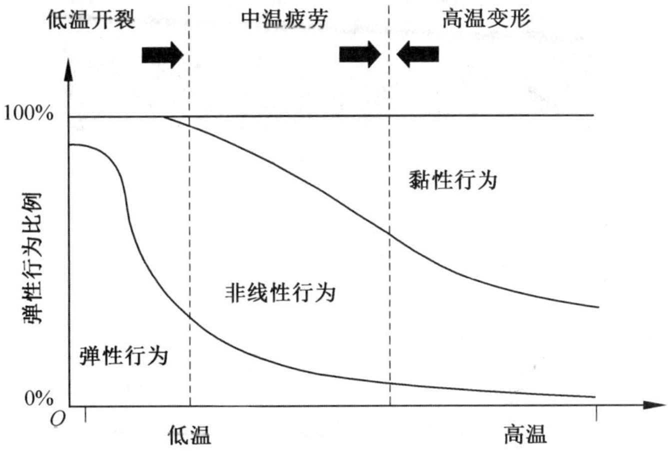

图 7.2　沥青混合料在不同温度下的破坏形式

7.2　沥青混合料试件成型方法

目前中德两国在沥青混合料试件成型试验中采取的方法基本相同。其中涉及的设备有：马歇尔击实仪（用于成型马歇尔试件，见第 6 章）、轮碾压实机（用于成型车辙板试件，如图 7.3 所示）、旋转压实仪（用于成型直径 150 mm 或 100 mm 沥青混合料圆柱体试件）。不同种类试验成型的试件可以根据具体试验要求进行加工处理，以分别用于不同的沥青混合料性能试验。

图 7.3　轮碾压实机

7.3　高温性能测试

德国规范中将沥青混合料高温永久变形划分为三个阶段:初始压实阶段、线性发展阶段、流动破坏阶段,如图 7.4 所示。第一阶段中荷载产生压密过程,塑性变形持续增加,但是增加速率变小。第二阶段,路面经过多次的重复荷载作用逐渐被压实,变形增加速率接近恒定。如果继续被压实,沥青混合料塑性变形增加速率变大,直至流动破坏,即第三阶段。

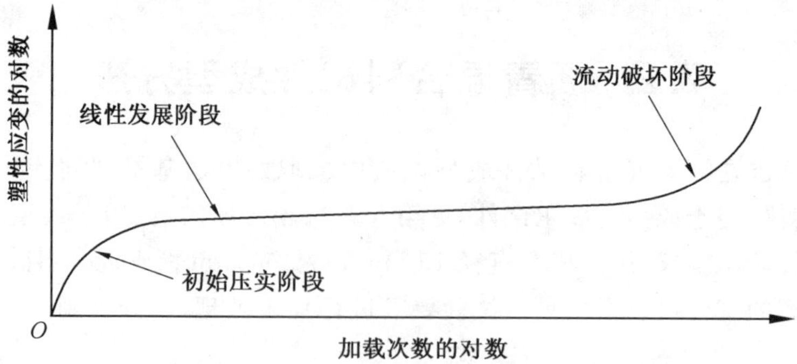

图 7.4　塑性变形发展

德国 TP Asphalt-StB 规范规定了德国汉堡车辙试验、单轴压缩试验、三轴压缩试验、贯入试验等方法评价沥青混合料高温性能的具体流程。

7.3.1　德国汉堡车辙试验

汉堡车辙试验是一种模拟车辆轮胎在路面上滚动形成车辙的工程试验法。车辙试验结果较为直观，且与工程实际中沥青路面车辙深度之间有着较好的相关性。具体测试流程在 TP Asphalt-StB 规范第 22 章和规范 DIN EN 12697—22 中有所规定。

汉堡车辙试验机及其试件分别如图 7.5、图 7.6 所示。车辙试验采用标准方法成型沥青混合料板块状试件，在规定的温度条件下以恒定速率沿着试件表面在同一轨迹上反复行走。测量试件表面在试验轮反复作用下所形成的车辙深度，以车辙变形发展的速率来评价沥青混合料的抗车辙能力。

图 7.5　汉堡车辙试验机

(a) 车辙板　　(b) 路面钻芯取样

图 7.6　汉堡车辙试验试件

中德车辙试验参数对比见表 7.1，可见中德两国汉堡车辙试验的试验原理与试验条件相近，中德车辙试验的主要区别为：模拟车速不同，德国碾压速率较高；终止条件不同，国内车辙试验作用次数远小于德国汉堡车辙试验。

表 7.1 中德车辙试验参数对比

<table>
<tr><th colspan="2">车辙试验参数</th><th>中国:车辙试验</th><th colspan="2">德国:汉堡车辙试验</th></tr>
<tr><td rowspan="5">试验条件</td><td>试验轮</td><td>橡胶轮(0.7 MPa)</td><td colspan="2">橡胶轮(0.7 MPa)</td></tr>
<tr><td>温度/℃</td><td>60</td><td colspan="2">60</td></tr>
<tr><td>控温时间/h</td><td>5～12</td><td colspan="2">4(车辙板厚度≤60 mm)
6(车辙板厚度>60 mm)</td></tr>
<tr><td>碾压速率/(次 · min)</td><td>42±1</td><td colspan="2">53±2</td></tr>
<tr><td>试验终止条件</td><td>时间约 1 h 或 25 mm</td><td colspan="2">20 000 次或 20 mm</td></tr>
<tr><td rowspan="2">试件尺寸</td><td>实验室成型</td><td>300 mm×300 mm(车辙板)
厚度为 50～100 mm</td><td>320 mm×260 mm(车辙板)
厚度根据混合料粒径确定</td><td>>300 mm
(旋转压实成型)
厚度>25 mm</td></tr>
<tr><td>现场切割</td><td>根据实际情况而定</td><td>320 mm×260 mm(车辙板)
厚度>25 mm</td><td>>300 mm
(钻芯取样)
厚度>25 mm</td></tr>
<tr><td colspan="2">评价指标</td><td>动稳定度</td><td colspan="2">蠕变速率</td></tr>
</table>

7.3.2 单轴压缩试验与三轴压缩试验

单轴压缩试验与三轴压缩试验是德国用于测定沥青混合料高温性能的常用方法，具体测试流程在规范 TP Asphalt-StB 第 25 章和规范 DIN EN 12697—25 中有所规定。

沥青混合料的单轴压缩试验采用标准方法成型沥青混合板圆柱体试件，在规定的温度条件(通常为 50 ℃)下以一定频率对试件循环加载卸载，记录循环荷载的变形响应曲线，直至试件达到规定循环加载次数或规定形变，计算回弹模量以评价沥青混合料的抗高温能力。单轴压缩试验加载设备如图 7.7 所示。

图 7.7 单轴压缩试验加载设备

荷载(输入)与变形响应(输出)曲线如图 7.8 所示，试验参数见表 7.2。荷载脉冲时间为 0.2 s，脉冲时间间隔为 1.5 s。

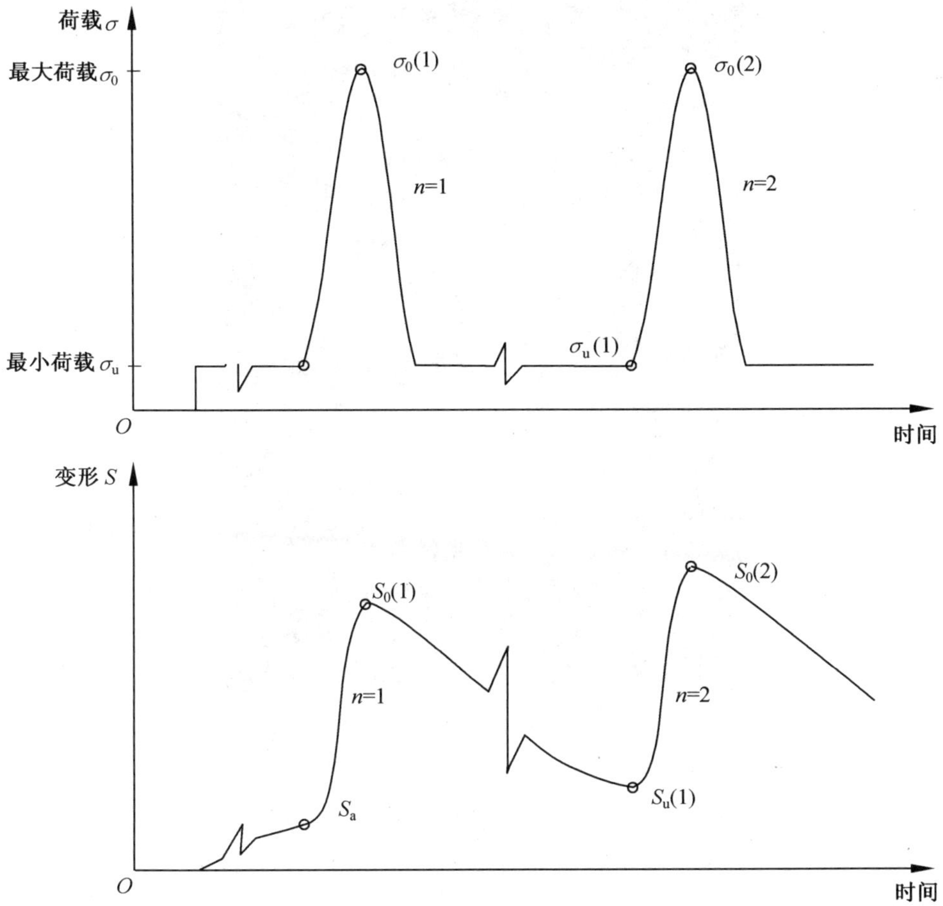

图 7.8　单轴压缩试验荷载(输入)与变形响应(输出)曲线

表 7.2　单轴压缩试验参数

参数	数值
最小荷载	0.025 N/mm^2
最大荷载	0.20 N/mm^2(一般荷载); 0.35 N/mm^2(重载)
荷载脉冲时间	0.2 s
脉冲时间间隔	1.5 s
温度	50 ℃
结束条件	10 000 循环或 4%应变

三轴压缩试验适用于在规定温度及加载条件下,测定沥青混合料的抗剪强度,以评价沥青混合料的高温稳定性。三轴压缩试验保证沥青混合料试件从三个方向受力,试验设备如图 7.9 所示。

依据沥青混合料的最大粒径,对三轴压缩试验试件尺寸做出了如下规定:沥青混合料最

图 7.9　三轴压缩仪

大粒径≤16 mm,截面直径和高度不少于 50 mm;沥青混合料最大粒径>16 mm,截面直径和高度不少于 75 mm。德国规范中推荐的试验温度为 30～50 ℃。荷载脉冲时间为 0.2 s,脉冲时间间隔为 0.8 s,三轴压缩试验试件与加载曲线如图 7.10 所示。

我国三轴压缩试验条件与德国略有差异:截面直径为统一的 100 mm,没有考虑集料的粒径,试验温度一般为 60 ℃,加载条件为 7 mm/min。

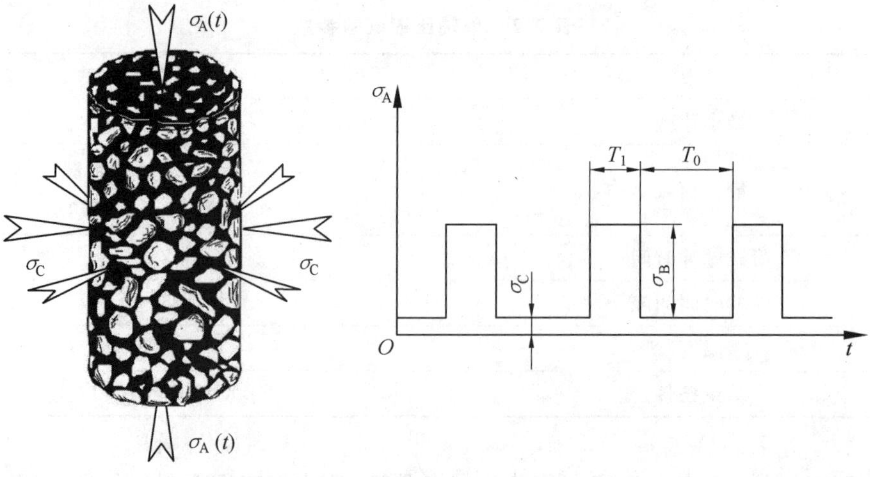

图 7.10　三轴压缩试验试件与加载曲线

单轴压缩试验与三轴压缩试验结果为沥青混合料累计变形(应变)曲线,单轴压缩试验累计应变与加载次数关系如图 7.11 所示。加载过程中试件应变和加载次数,按照公式

(7.1) 的函数关系进行拟合，求得参数 a、b 和 c：

$$\varepsilon(n)=\varepsilon_0+a\cdot n^k+b\cdot(e^{c\cdot n}-1) \tag{7.1}$$

式中　$\varepsilon(n)$——n 次加载后试件应变，%；

ε_0—— 试件初始应变，%；

n—— 加载次数；

a、b、c—— 函数参数。

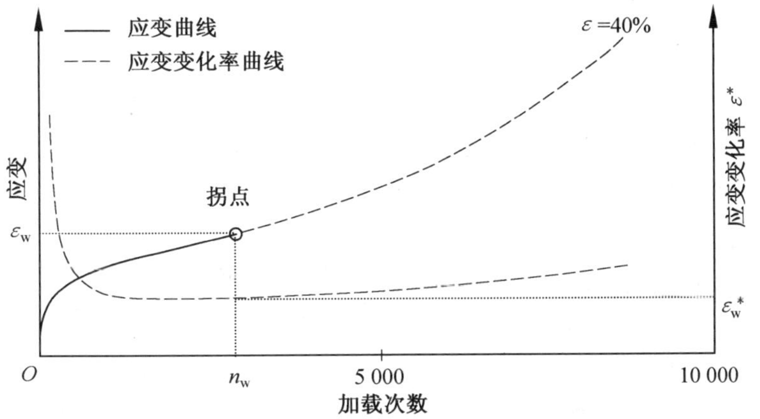

图 7.11　单轴压缩试验累计应变与加载次数关系

通过公式(7.1)可以推导出变形曲线中出现拐点时对应的加载次数、应变和应变变化率。

7.3.3　贯入试验

贯入试验是德国用于测定浇筑式沥青混合料高温性能的常用方法，具体测试流程在 TP Asphalt-StB 规范第 25 章和规范 DIN EN 12697—25 中有所规定。

德国贯入试验装置、试件及其循环加载曲线如图 7.12 所示，试验将一定规格的对开管式的贯入器按照一定加载频率，打入沥青混合料中。当试件达到规定循环加载次数或规定形变时停止试验，记录并绘制加载过程中动态贯入深度随加载次数变化的关系曲线图，如图 7.12 所示。

(a) 装置及试件

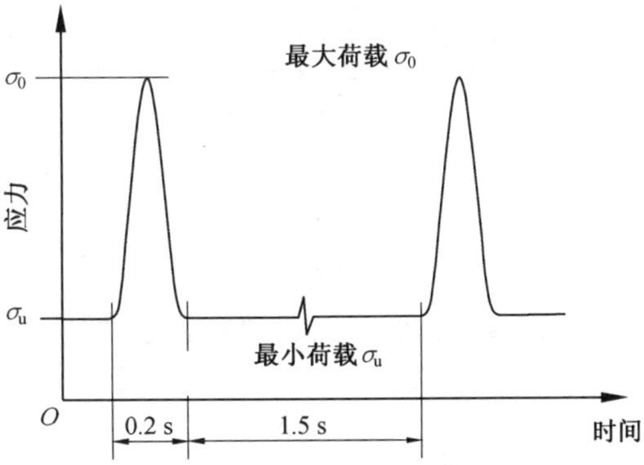

(b) 循环加载曲线

图 7.12　德国贯入试验

德国贯入试验试验参数见表 7.3。

表 7.3　德国贯入试验试验参数

适用范围	浇筑式沥青混合料(MA)
测试温度 T/℃	50±0.3
试件横截面直径/mm	148±5
试件高度 h/mm	60±1
加载周期 t/s	1.7
荷载脉冲时间 t_B/s	0.2
荷载脉冲间隔 t_E/s	1.5
最大荷载 F_0/kN	0.875
最小荷载 F_u/kN	0.200
最大应力 σ_0/MPa	0.35
最小应力 σ_u/MPa	0.08

如图 7.13 所示，加载 2 500 次循环(曲线 1)或当贯入深度达到 5 mm 时(曲线 2)，试验停止。记录加载过程中动态贯入深度 PD_{dyn} 随加载次数变化的关系。

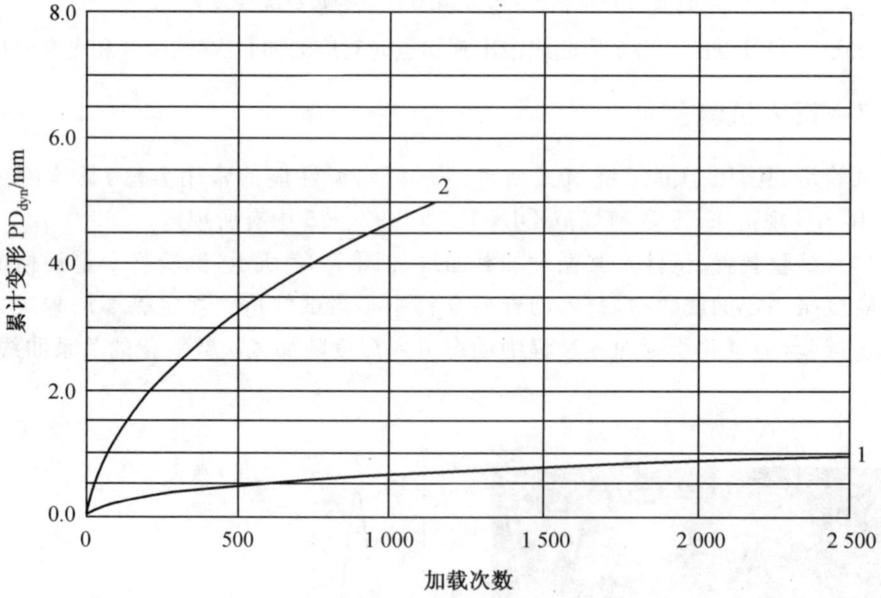

图 7.13　贯入试验累计变形与加载次数关系

贯入试验累计变形与加载次数关系曲线，按照公式(7.2)的函数关系进行拟合，求得参数 a 和 b：

$$PD_{dyn}=b\cdot n^{a} \tag{7.2}$$

式中　a、b—— 回归系数；

PD_{dyn}—— 动态贯入深度，mm。

7.4　低温性能测试

沥青混合料在温度下降时会发生收缩。在收缩受到边界条件限制时，沥青层会产生拉应力。如果这些拉应力继续增加且不通过“松弛”减少，就会造成沥青混合料低温开裂。这种开裂通常从层面的顶部开始，然后向下延伸，直到沥青层完全断裂，低温开裂过程发展示意图如图 7.14 所示。

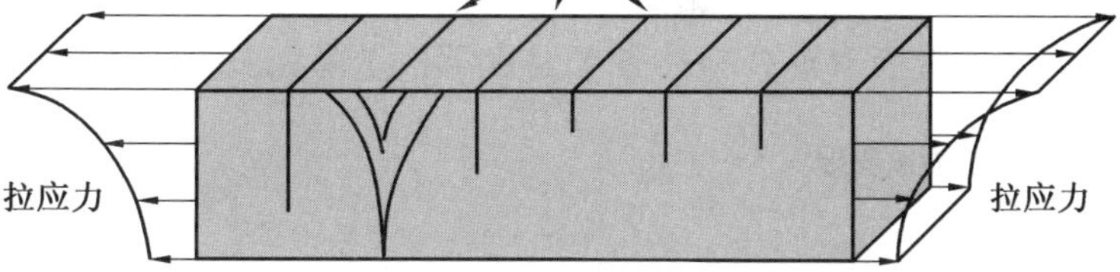

图 7.14　低温开裂发展示意图

德国规范中，沥青混合料低温性能测试主要是借助直接拉伸试验和冻断试验进行评价。试验设备如图 7.15 所示。

图 7.15　直接拉伸试验和冻断试验的试验设备

直接拉伸试验和冻断试验采用的试件尺寸与沥青混合料最大粒径相关，试件类型及尺寸要求见表 7.4。

表 7.4　试件类型及尺寸要求

试件类型	尺寸	最大粒径 D/mm		
		$D\leqslant 11.2$	$11.2<D<22.4$	$D\geqslant 22.4$
棱柱体	宽度和高度/mm	40±2	50±2	60±2
圆柱体	直径/mm	50±2	50±2	60±2
最小试件长度/mm		160	160	160

在德国直接拉伸试验中，选取了 4 个试验温度，分别为 20 ℃，5 ℃，−10 ℃，−25 ℃。加载装置以 1 mm/min 的速率拉伸，直至试件完全破坏。试验过程中记录应力、应变随时间变化的数据。直接拉伸试验的沥青混合料低温指标评价为 4 个测试温度下的沥青混合料抗拉强度（即极限拉应力）和破坏应变（即极限拉应变）。当沥青混合料在某一温度的拉伸应力大于抗拉强度时，试件即发生开裂。

冻断试验的试验设备及试件尺寸与直接拉伸试验完全相同。试件固定于加载装置后，测试温度从 20 ℃开始，以 dT＝−10 ℃/h 的速度降温，至试件完全破坏，测得试件的破断强度及其对应的破断温度。测试降温过程中，收缩应力、应变随时间变化的数据，即沥青混合料收缩应力曲线如图 7.16 所示。依据曲线几何特征，可以求出转化点温度、应力增长斜率等指标。收缩应力代表着沥青混合料在各个温度下由于降温收缩产生的最大拉应力。

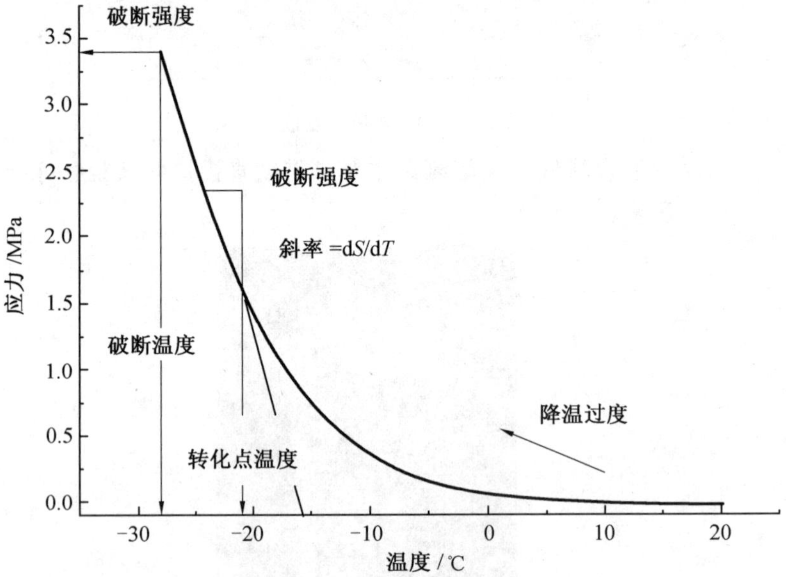

图 7.16　沥青混合料收缩应力曲线示意图

拉伸试验结果曲线与冻断试验结果曲线绘制在同一个图中，如图 7.17 所示，可用来确定冻断温度、冻断抗拉强度和抗拉余量，抗拉强度与收缩应力之差定义为抗拉余量。两条曲线的交点对应为冻断温度和冻断（破坏）抗拉强度。冻断温度越低，冻断抗拉强度越高，代表着沥青混合料低温性能越好。

我国规范中测试沥青混合料低温性能的常用试验方法包括间接拉伸试验、小梁弯曲试验、弯曲蠕变试验、线收缩系数试验等。

（1）间接拉伸试验采用马歇尔试件，在试验温度为−10 ℃、加载速率为 1 mm/min 条件下，测得沥青混合的劈裂强度、破坏变形和劲度模型。

（2）小梁弯曲试验在 30 mm×35 mm×250 mm 的小梁进行，以恒定速率 50 mm/min 向跨径中央施加集中荷载直至试件破坏，测定沥青混合料−10 ℃条件下的抗弯拉强度、最大弯拉应变和劲度模量。

（3）弯曲蠕变试验试件尺寸为 30 mm×35 mm×250 mm，测试 0 ℃、加载条件为破坏荷

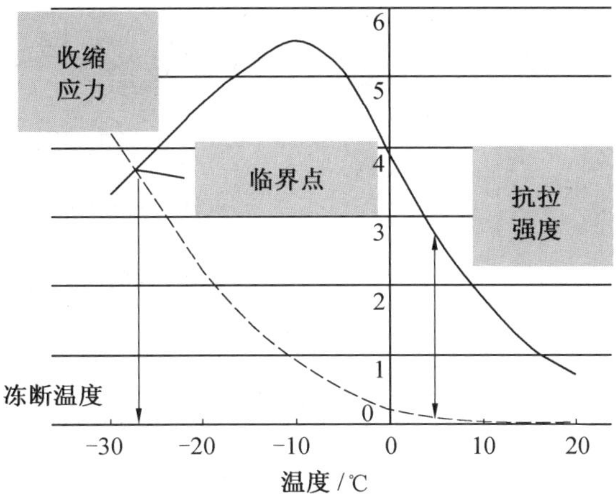

图 7.17　冻断温度、冻断抗拉强度和抗拉余量确定

载的 10%条件下，沥青混合料弯曲蠕变的应变速率。

(4)收缩试验被我国用于测定混合料的收缩系数，采用的试件尺寸为 20 mm×20 mm×200 mm，降温速率为 5 ℃/h。试验测定沥青混合料平均收缩应变和平均线收缩系数。

7.5　疲劳性能测试

在交通荷载的反复作用下，沥青路面长期承受拉、压、剪应力重复循环变化，致使路面材料性能与结构强度逐渐下降，直至出现疲劳破坏。疲劳破坏(如裂缝和龟裂等)是沥青路面的主要破坏模式之一。

影响沥青路面疲劳性能的因素有很多，通常可将这些影响因素分为外部因素和内部因素两大类。外部因素主要包括荷载水平、试验温度、试验频率、加载间隙等；内部因素指的是沥青混合料材料参数，如沥青种类、用量、空隙率、矿料类型、级配类型以及混合料劲度模量等，也包括沥青路面结构参数，如层厚度、层间黏结强度等指标。

德国规范中疲劳试验方法包括三大类：动态间接拉伸试验、小梁重复弯曲试验、轴向疲劳试验。

7.5.1　动态间接拉伸试验

动态间接拉伸试验(Spaltzug-Schwellversuch)是德国沥青混合料规范中最常用的疲劳测试方法，也是德国力学经验设计法的试验基础。具体测试流程与评价方法在德国规范 AL Sp-Asphalt 09(2009 年版)中有所规定(Arbeitsanleitung zur Bestimmung des Steifigkeits-und Ermüdungsverhaltens von Asphalten mit dem Spaltzug-Schwellversuch als Eingangsgröße in die Dimensionierung，AL Sp-Asphalt 09)。

间接拉伸试验中，通过施加竖直方向的荷载，在圆柱形试件中心产生二维受力模式。在试样中心引起的水平拉应力在试样中心线上几乎恒定。对于弹性体而言，竖直方向压应力通常是水平方向拉应力的三倍，动态间接拉伸试验试件的应力分布情况如图 7.18 所示。

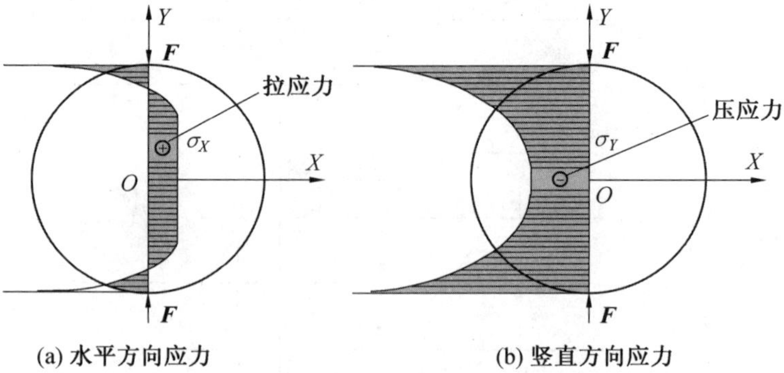

图 7.18　动态间接拉伸试件应力分布情况

动态间接拉伸试验所需试样为圆柱形，可在室内制作成型（即马歇尔试件）或从车辙板、现有路面取芯获取。试件根据不同沥青混合料公称最大粒径大小有不同的尺寸要求，动态间接拉伸试验试件尺寸见表 7.5。

表 7.5　动态间接拉伸试验试件尺寸

沥青混合料最大粒径	试件直径	试件高度
≤ 16 mm	100 mm± 3 mm	40 mm± 2 mm
> 16 mm，< 32 mm	150 mm± 3 mm	60 mm± 2 mm
≥ 32 mm	150 mm± 3 mm	90 mm± 2 mm

将圆柱形试样放置在两个直径对角布置的夹具之间。动态间接拉伸试验的夹具根据不同管的粒径大小也有不同的尺寸要求，当公称最大粒径≤16 mm 时，夹具宽度 b 为 12.7 mm±0.2 mm，长度 h 应大于 60 mm；当公称最大粒径大于 16 mm 但小于 32 mm 时，夹具宽度 b 为 19.1 mm±0.2 mm，长度 h 应大于 80 mm；当公称最大粒径≥32 mm 时，夹具宽度 b 为 19.1 mm±0.2 mm，长度 h 应大于 110 mm。动态间接拉伸试件安装模型与夹具尺寸示意图如图 7.19 所示。

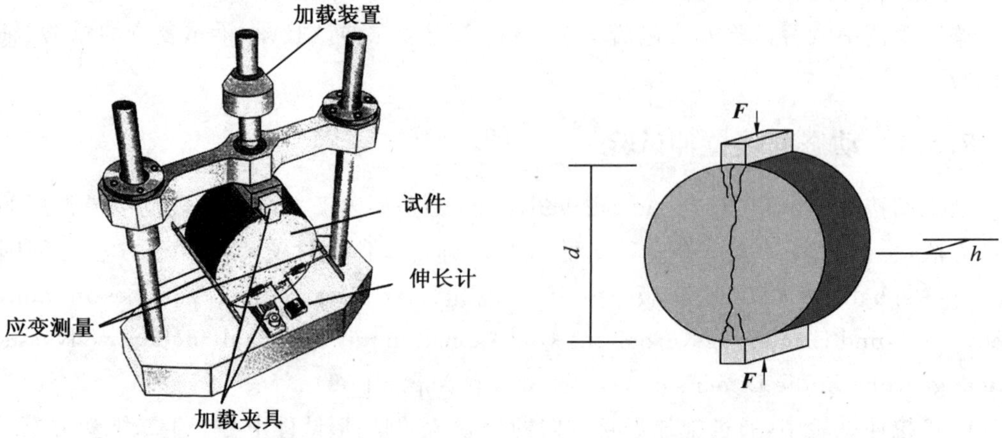

图 7.19　动态间接拉伸试件安装模型与夹具尺寸

动态间接拉伸试验可以分为两个部分：间接拉伸刚度模量试验(主曲线)和间接拉伸疲劳试验。试验时正弦加载的曲线如图 7.20 所示。加载的下限值 σ_u 为恒定值 0.035 MPa，上限值 σ_0 需要通过预加载的方法测定：测试不同的加载水平，测量沥青混合料试件的应变响应。

(1) 间接拉伸刚度模量试验时，在应变为 50 ～ 100 $\mu\varepsilon$ 的区间内，选择对应的应力值作为加载的上限值 σ_0。

(2) 间接拉伸疲劳试验时，在应变为 50 ～ 300 $\mu\varepsilon$ 的区间内，选择对应的应力值作为加载的上限值 σ_0。

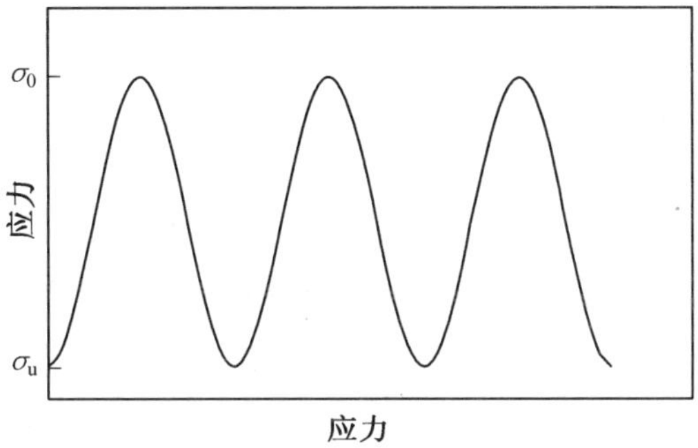

图 7.20　动态间接拉伸试验正弦加载曲线

动态间接拉伸试验过程中，需测量试件产生的水平应变，按照公式(7.3) ～ (7.6)，计算间接拉伸应力、试件复数模量、泊松比、初始弹性应变：

$$\sigma = \frac{2F}{\pi dh} \tag{7.3}$$

$$|E| = \frac{\Delta F(0.274 + \mu)}{h \cdot \Delta u} \tag{7.4}$$

$$\mu = 0.15 + \frac{0.35}{1 + e^{\left[3.1849 - 0.04233\left(\frac{9T}{5} + 32\right)\right]}} \tag{7.5}$$

$$\varepsilon_{el} = \frac{\sigma(1 + 3\mu)}{|E|} \tag{7.6}$$

式中　σ—— 间接拉伸应力，MPa；

$|E|$ —— 试件复数模量，MPa；

μ—— 泊松比；

T —— 试验温度，℃；

d—— 试件直径，mm；

h—— 试件高度，mm；

Δu—— 每个加载循环中水平方向变形幅值，mm；

ε_{el}—— 试件初始弹性应变；

ΔF—— 最大最小荷载之差，N。

间接拉伸刚度模量试验遵循多阶段测试原则，对试件施加不同的加载频率(表 7.6)和温度测定沥青混合料模量(至少选取 4 个试验温度：20 ℃，10 ℃，0 ℃，－10 ℃)，试验过程中应该注意避免试件受到损伤。

表 7.6 间接拉伸刚度模量试验条件

加载频率	总循环次数/次	模量计算时选取的荷载循环/次
10 Hz	110	98～102
5 Hz	100	93～97
1 Hz	20	13～17
0.1 Hz	10	3～7

根据时温等效原理，并且基于 Sigmoid 函数可以推导出模量主曲线，并得到任意温度和频率组合下的模量值，如图 7.21 所示。

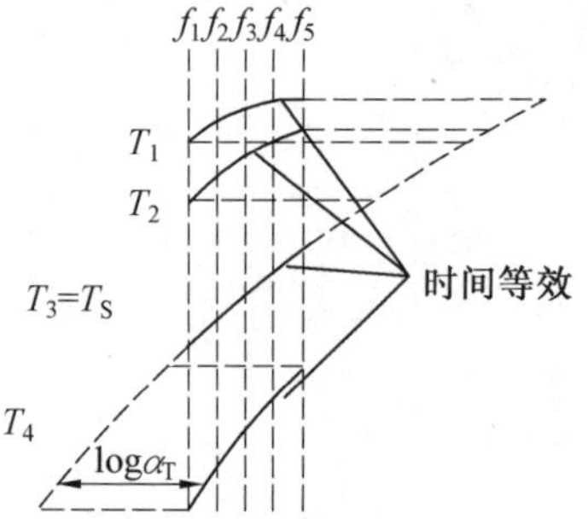

(a) 时温等效原理

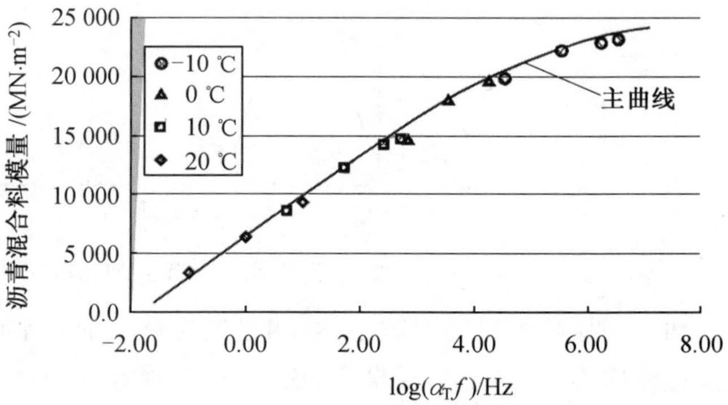

(b) 模量主曲线

图 7.21 间接拉伸刚度模量试验中模量主曲线

此外，间接拉伸疲劳试验中，沥青混合料试件在恒载模式下加载至试件疲劳破化。通常在 20 ℃±1 ℃条件下进行。通过对试样施加反复荷载，在试件内部产生垂直于施加载荷的方向的拉应力，导致试件中心沿荷载方向发生断裂而破坏，动态间接拉伸试验试件破坏过程如图 7.22 所示。

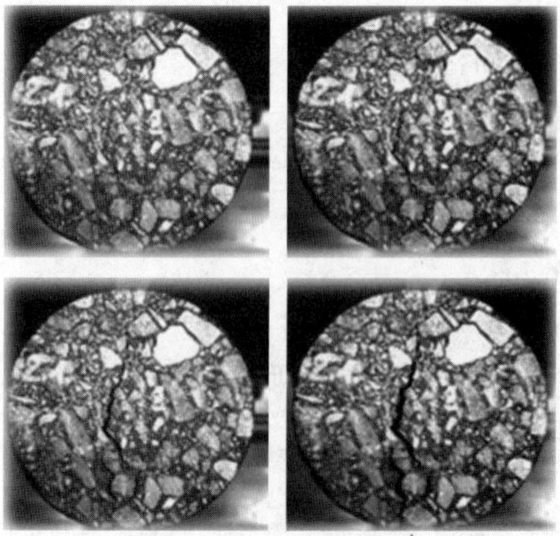

图 7.22 动态间接拉伸试验试件破坏过程

依据 HOPMAN 能量法，按照公式(7.7)计算能量比 ER(Energy Ratio)：

$$ER(N)=|E(N)|\cdot N \tag{7.7}$$

式中　ER(N)——能量比；

E——试件复数模量，MPa；

N——加载次数。

将能量比 ER 和加载次数 N 绘入曲线，可判断微观裂缝与宏观裂缝产生的时间点，如图 7.23 所示。首先能量比 ER 随着加载次数的增加呈现线性增加，意味着沥青混合料试件处于弹性变形阶段，没有出现破坏。当微观裂缝形成时，能量比 ER 曲线偏离初始直线段，随着继续加载能量比 ER 数值保持增加，但是增加速度变慢。当能量比 ER 达到最大值时，第一条肉眼可见的宏观裂缝形成。宏观裂缝形成后不久，试件即出现断裂破坏。为了考虑试件尺寸对裂缝发展的影响，德国规范没有选择试件断裂破坏时的加载次数作为疲劳寿命，而是选择宏观裂缝出现的荷载作用总次数 N_{macro} 作为沥青混合料的疲劳寿命。

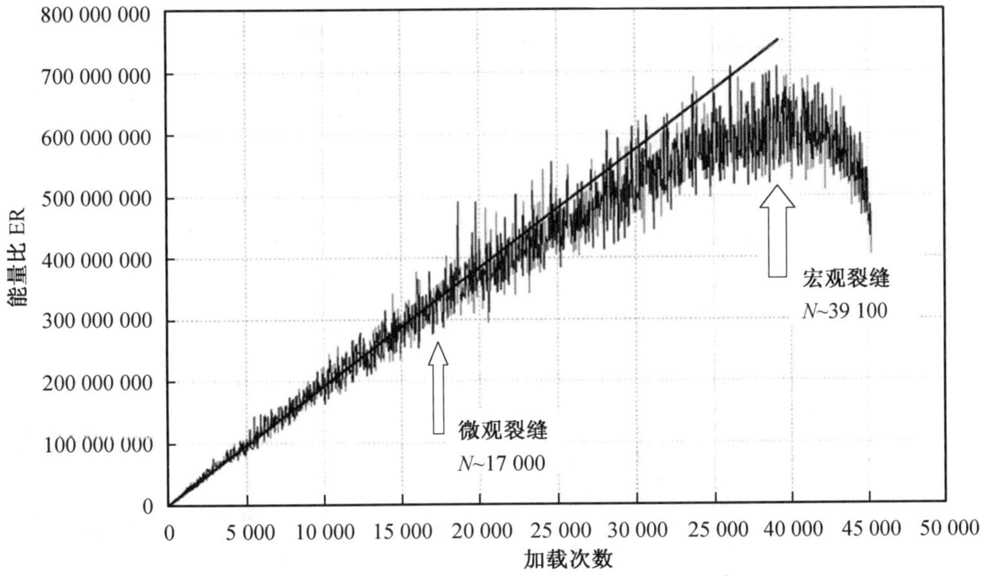

图 7.23　用能量比判断微观与宏观裂缝产生的时间点(加载频率为 10 Hz)

计算试件第 98 ～ 102 次加载过程中，试件中心弹性应变平均值，记为初始弹性应变 $\varepsilon_{el,init}$。在双对数坐标系中，绘制沥青混合料试件初始弹性应变与疲劳寿命的关系曲线，如图 7.24 所示。

按照公式(7.8) 所示疲劳方程，通过回归分析可以得到沥青疲劳试验常数 C_1、C_2：

$$N_{macro}=C_1\cdot\varepsilon_{el,init}^{C_2} \tag{7.8}$$

式中　N_{macro}—— 宏观裂缝形成的循环次数；

$\varepsilon_{el,init}$—— 初始弹性应变；

C_1，C_2—— 函数参数。

为了控制疲劳试验的相关离散性、保证结果的精度，德国规范 AL Sp—Asphalt 09 规定，对于沥青面层和黏结层材料，要求拟合精度 R^2 不小于 0.9；对于沥青基层材料，要求拟合精度 R^2 不小于 0.8。

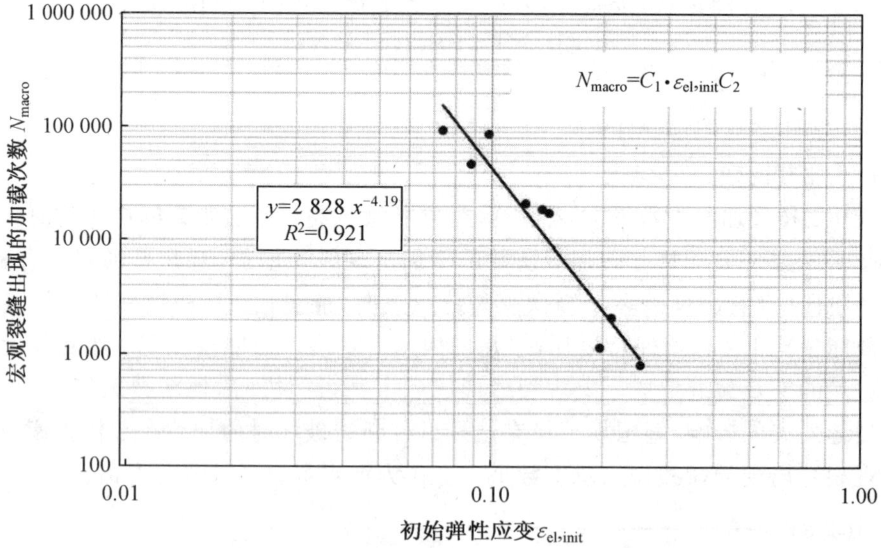

图 7.24　初始弹性应变与疲劳寿命的关系曲线

7.5.2　小梁重复弯曲试验

德国小梁重复弯曲试验的规范为 DIN EN 12697—24。小梁重复弯曲试验包括两点弯曲疲劳试验、三点弯曲疲劳试验以及四点弯曲疲劳试验，其中两点弯曲疲劳试验试件尺寸又分为矩形与梯形两种。试验条件及相关要求如图 7.25 和表 7.7 所示。

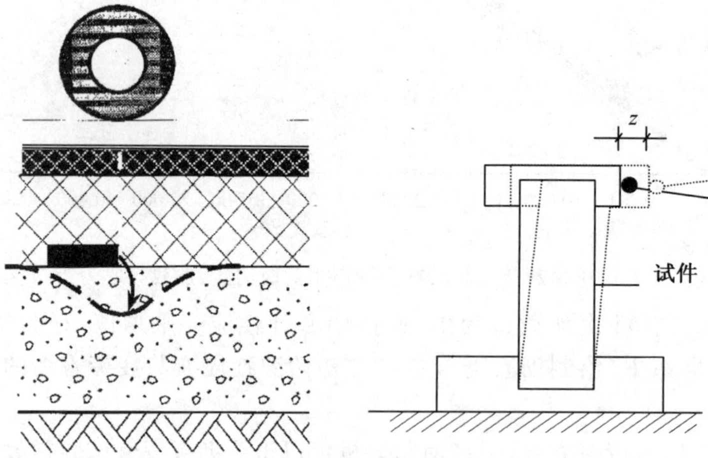

(a) 两点弯曲疲劳试验

图 7.25　小梁重复弯曲试验

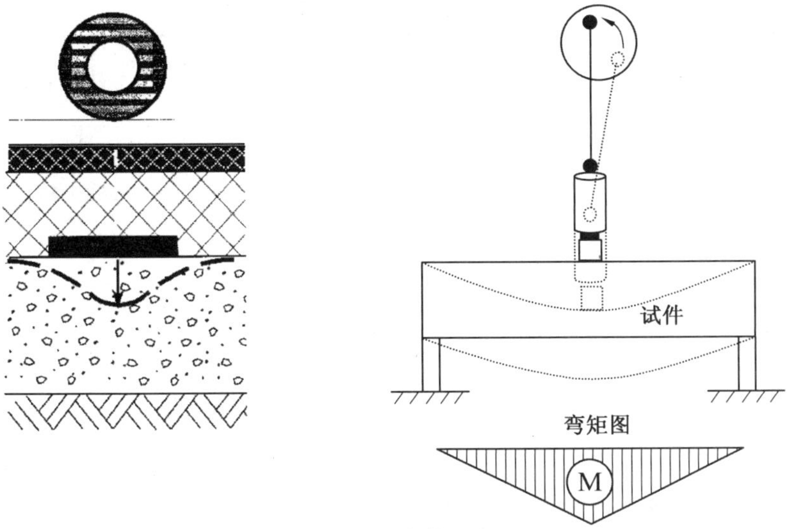

(b) 三点弯曲疲劳试验

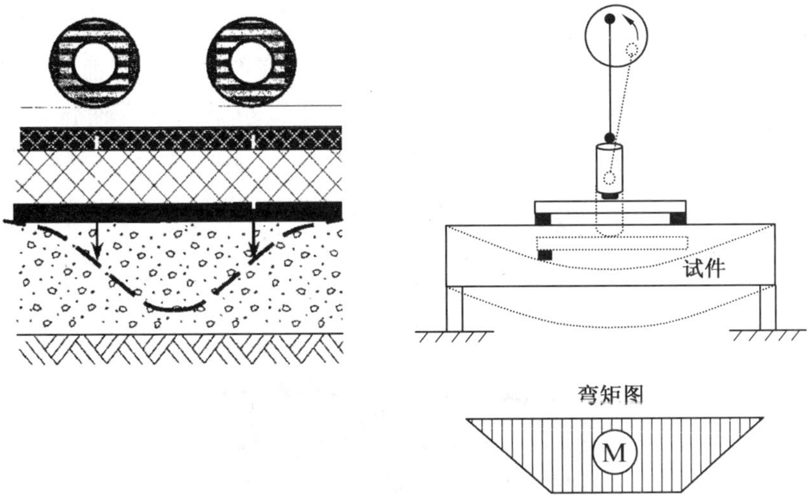

(c) 四点弯曲疲劳试验

续图 7.25

两点弯曲与三点弯曲疲劳试验通常选择应变控制模式，加载频率分别为 25 Hz±1 Hz 和 10 Hz。三点弯曲试验通常在温度 20 ℃±1 ℃下进行。而四点弯曲疲劳试验在欧洲各国差异很大，其控制模式可以选择应力或应变控制模式，加载频率介于 1～(60±1) Hz 之间，控制温度范围为 0～20 ℃。具体试验条件对比见表 7.7。

表 7.7 小梁重复弯曲试验

类型	两点弯曲（梯形悬臂）	两点弯曲（矩形悬臂）	三点弯曲	四点弯曲	
控制模式	应变控制	应变控制	应变控制	应力控制	应变控制
频率/Hz	25±1	25±1	10	1～(60±1)	10±0.1
温度/℃	* ±1	* ±1	20±1	0～(20±1)	15±5
标准差	100～500	最优线性回归	200	100	—
考虑因素数目	≥3	≥3	≥10	≥3	≥3
平行试件数目	≥18	≥18	≥10	≥18	≥9
计算耗散能	否	否	否	是	是

我国规范中疲劳试验方法中四点弯曲疲劳寿命试验通常在温度 15 ℃±0.5 ℃下进行，加载频率为 10 Hz±0.1 Hz。一般采用恒应变控制的连续偏正弦加载模式，也可根据需要选择其他试验条件。试件尺寸为 380 mm×50 mm×63.5 mm。同一种混合料至少进行 3 组平行试验，每组试验至少 3 个试件。当弯曲劲度模量降低到初始弯曲劲度模量的 50% 时，试验终止，记录对应的加载循环次数作为试验结果。小梁四点弯曲试验仪如图 7.26 所示。

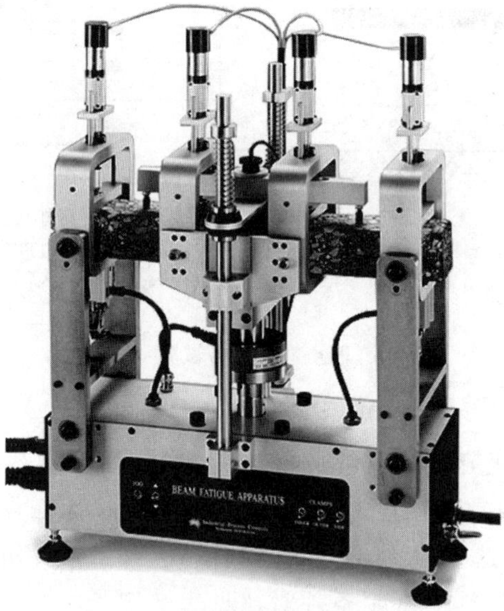

图 7.26 小梁四点弯曲试验仪

7.5.3 轴向疲劳试验

轴向疲劳试验的试验装置如图 7.27 所示。试验通常选择在 4 个温度下进行：−20 ℃、−10 ℃、0 ℃、10 ℃。试件尺寸要求与拉伸试验结果及冻断试验相同。试件长度为 160 mm±2 mm；当沥青混合料最大粒径不大于 11.2 mm 时，试件宽度为 40 mm±1 mm；

当沥青混合料最大粒径大于 11.2 mm 时，试件宽度为 55 mm±1 mm。

图 7.27　轴向疲劳试验的试验装置

加载方式一般为连续偏正弦加载，加载频率为 10 Hz。最大荷载 $\sigma_u=\sigma_c+\sigma_m$，$\sigma_m$ 一般取 1.6 MPa，σ_m 一般取冻断试验中测得的、对应温度下的试件收缩应力值。加载过程中，沥青混合料试件的绝对模量持续减少而累计变形量不断增加。疲劳寿命定义为试件在荷载往复作用下脆断时加载循环次数，轴向疲劳试验评价指标如图 7.28 所示。

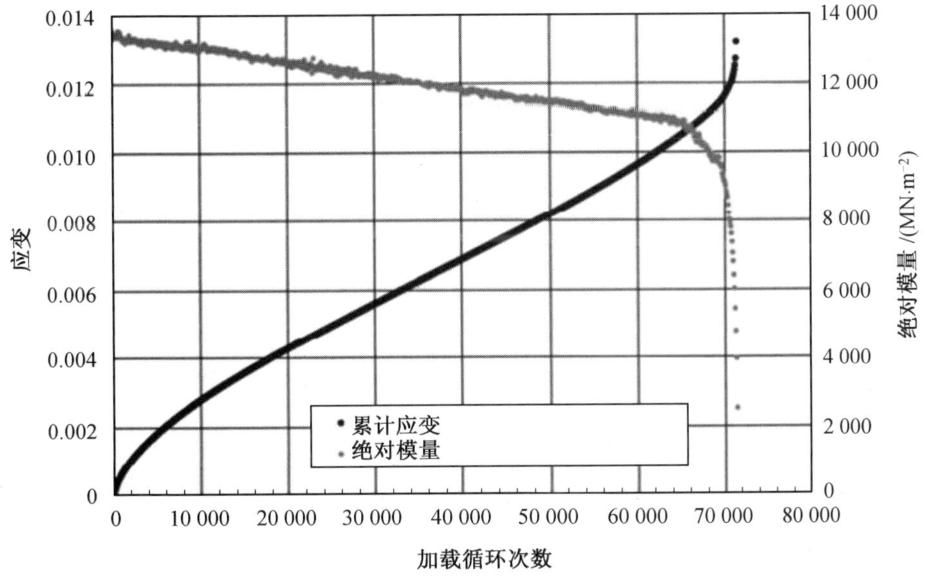

图 7.28　轴向疲劳试验评价指标

7.6 水稳定性测试

在荷载和水的共同作用下，沥青混合料容易出现骨料松散、坑槽等病害。水损害是沥青混合料最常见的病害之一。

德国沥青混合料规范中对沥青混合料的水稳定性没有规定具体的评价方法。只是在德国规范 DIN EN 12697—11 中，采用滚瓶法(Rolling Bottle Test)来评价集料与沥青黏附性。该方法的评价指标是记录集料裹覆沥青膜剥蚀面积的百分数。

相比之下，我国更加重视沥青混合料的水稳定性的评价。我国规范通常采用浸水马歇尔试验、真空饱水马歇尔试验以及冻融劈裂试验评价沥青混合料试件在水的作用下力学性质发生变化的程度，即沥青混合料的水稳定性：

(1)浸水马歇尔试验是将沥青混合料试件在规定温度 60 ℃±1 ℃的恒温水槽中保温 48 h，然后测定其稳定度。

(2)真空饱水马歇尔试验方法是将试件先放入真空干燥器中，然后靠负压使试件全部浸入水中。取出试件再放入 60 ℃±1 ℃的恒温水槽中保温 48 h 进行马歇尔试验。

(3)冻融劈裂试验方法则是将标准马歇尔试件分为两组，一组在 25 ℃水温中浸泡 2 h 后，测定劈裂强度；另一组饱水过程如下：常温下(约 25 ℃)浸水 20 min，0.09 MPa 真空下浸水 15 min 后恢复常压，−18 ℃冰箱中置放 16 h，60 ℃水浴中恒定 24 h，25 ℃水温中浸泡 2 h 后，测定劈裂强度作为混合料的水稳定性评价指标。

第 8 章　力学经验设计法

近年来，世界各国对路面力学经验设计法的研究越来越深入，其工程应用也越来越广泛。力学经验设计法将结构分析理论与力学计算方法结合在一起，综合考虑荷载、结构、材料、气候和地质等因素的影响，确保路面设计经济、安全、耐久，保证路面在服役期限内有良好的路用性能。各个国家沥青路面设计法差异主要体现在，如何根据本国自身情况将上述影响因素以不同的形式、不同的方法、不同的理论加以考虑和转换应用。

8.1　德国路面力学经验设计

2009 年，德国道路交通研究会（FGSV）出版了两部路面设计规范（图 8.1）：

（1）沥青路面力学经验法路面设计规范 RDO Asphalt 09（*Richtlinien für die rechnerische Dimensionierung des Oberbaus von Verkehrsflächen mit Asphaltdeckschicht*）。

（2）水泥路面力学经验法路面设计规范 RDO Beton 09（*Richtlinien für die rechnerische Dimensionierung von Betondecken im Oberbau von Verkehrsflächen*）。

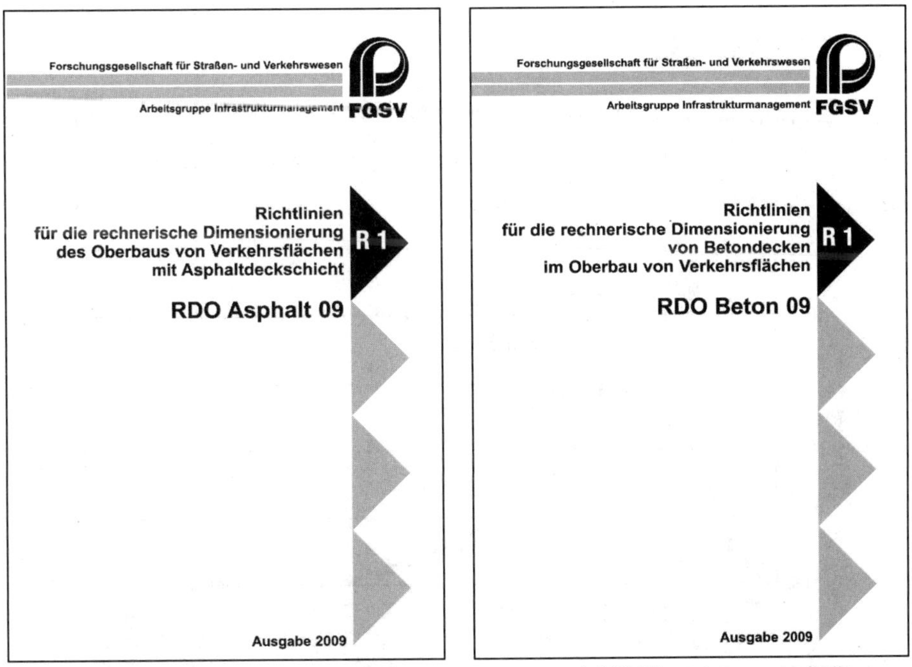

(a) 沥青路面 RDO Asphalt 09 规范　　(b) 水泥路面 RDO Beton 09 规范

图 8.1　德国路面力学经验法设计规范

路面力学经验设计法规范 RDO Asphalt 09 基于弹性层状体系计算路面力学响应参数；将路面结构、材料、气候、交通等影响因素与路面使用性能建立联系，预测并检验路面服役寿命是否符合规范要求。其整体思路如图 8.2 所示。

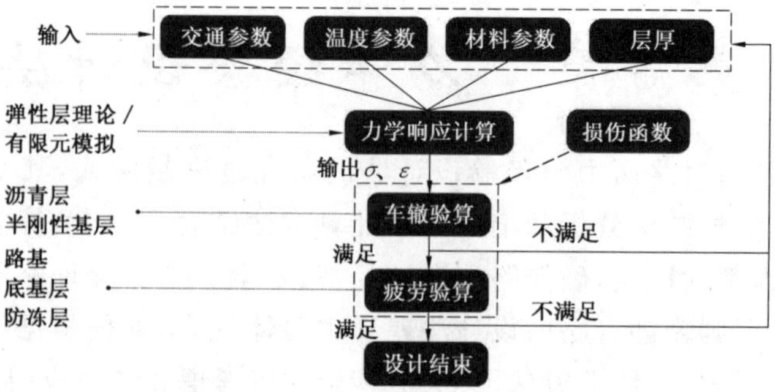

图 8.2　德国路面力学经验设计法整体思路

整体而言，德国沥青路面设计方法与我国设计方法在设计年限、沥青路面结构组合、设计和验算指标等方面存在明显差异。德国沥青路面多以柔性基层为主，沥青层总厚度可达 34 cm，结构设计使用年限统一为 30 年。在设计指标方面，德国规范没有考虑路表弯沉和早期破坏等指标，而是选择基于线性累计损伤理论假设，预估沥青路面各结构层在各类轴载和各级温度耦合作用下的疲劳损坏因子总和。

8.2　力学经验设计法输入参数

8.2.1　交通荷载参数

德国的交通荷载计算中，10 t 轴重为标准轴载。如设计使用年限内的轴载作用次数已知，则直接带入运算；如重车轴载的作用次数未知，则可以采用 RDO Asphalt 09 规范推荐的德国高速公路轴载频率图，如图 8.3 所示。

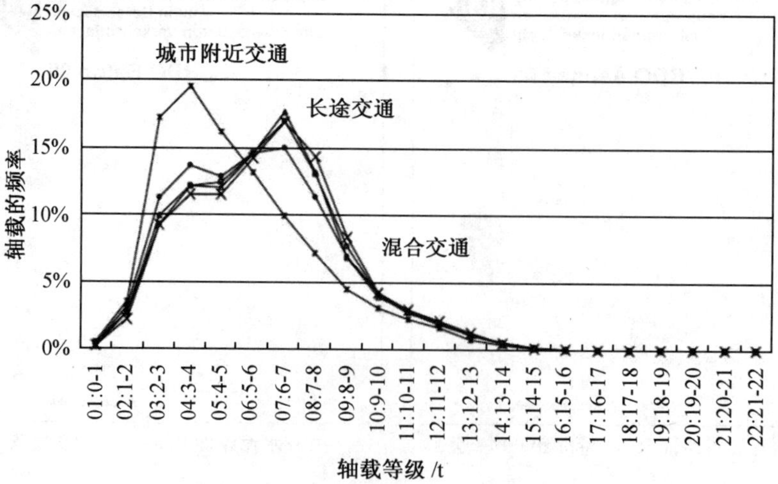

图 8.3　德国高速公路轴载频率图

德国高速公路轴载频率图基于对海量历史数据的调查研究和统计分析，给出了不同轴载在不同等级高速公路的出现频率，数值见表 8.1。

表 8.1　德国高速公路轴载频率

轴载等级/t	每个轴载的频率/%										
	0～2	2～4	4～6	6～8	8～10	10～12	12～14	14～16	16～18	18～20	>20
长途交通为主	2.839 6	21.467 0	26.484 8	30.719 5	11.703 2	4.909 8	1.654 0	0.208 7	0.012 6	0.000 7	0.000 1
混合交通为主	3.494 0	24.943 9	27.493 5	26.337 3	11.053 8	4.659 6	1.718 0	0.271 1	0.025 7	0.003 1	—
城市附近交通为主	4.010 1	36.799 5	29.351 2	17.137 6	7.529 0	3.888 8	1.140 8	0.139 9	0.003 1	—	—

8.2.2　环境(温度)参数

沥青路面承受着各种环境因素的综合作用。其中，温度对沥青路面的承载力和使用性能都有着显著的影响。因此，准确求得沥青路面温度的空间分布特性对于路面结构设计具有重要的意义。

德国 RDO Asphalt 09 规范根据气候条件、地理情况、历年气象资料和路面温度的多年实测数据，采用聚类分析和回归分析方法，将全国分为 4 个温度区域，并针对每个区域建立路面温度场与环境因素之间的定量关系。其中，温度区 1 主要包括勒兰益格、汉堡、格赖夫斯瓦尔德、新勃兰登堡、不莱梅、奥斯纳布吕克和汉诺威等德国北部地区以及包括科布伦茨在内的西部地区；温度区 2 主要包括马格德堡、柏林和莱比锡等德国东北部州市以及包括弗莱堡在内的西南地区；温度区 3 主要包括卡塞尔、爱尔福特、德累斯顿、班贝格、斯图加特、累根斯堡、慕尼黑和康斯坦茨等德国中部、东部和南部地区；温度区 4 主要包括杜塞尔多夫、特里尔和萨尔等德国西部地区。

由于德国相对地域、气候类型差异较小，德国 RDO Asphalt 09 规范规定 4 个温度区统一使用 13 条特征温度曲线，对应 13 个典型的温度特征，如图 8.4 所示。不同温度区域的差异性则主要体现在，每个温度区内各种温度场出现的频率不一样。

13 个典型温度场及其对应特征温度曲线数学表达式见公式(8.1)。根据温度曲线，计算沥青路面任意结构层任意位置的温度：

$$y = b\ln(0.01x + 1.0) + T \tag{8.1}$$

式中　y—— 对应深度的沥青层温度，℃；

x—— 路表面以下的深度，mm；

T—— 路表面温度，℃；

b—— 参数，取决于 T，取值见表 8.2。

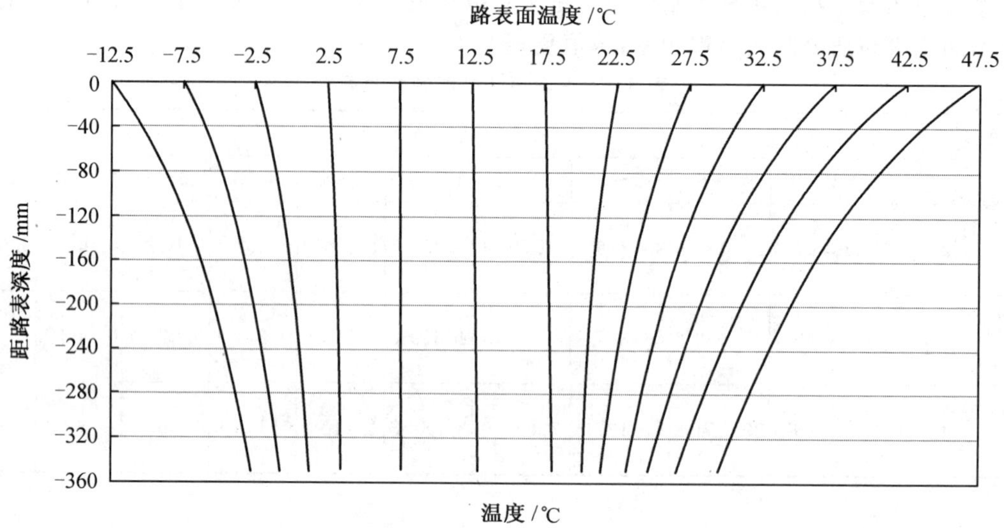

图 8.4　德国 13 个典型温度场及其对应特征温度曲线

表 8.2　参数 b 的计算

温度 /℃	<−10	−10～−5	−5～0	0～5	5～10	10～15	15～20
参数 b	6.5	4.5	2.5	0.7	0.1	0.3	0.4
温度 /℃	20～25	25～30	30～35	35～40	40～45	≥45	
参数 b	−1.6	−4.0	−6.2	−8.5	−10.5	−12.0	

德国 4 个温度区中 13 个典型温度场频率分布如图 8.5～8.8 所示。

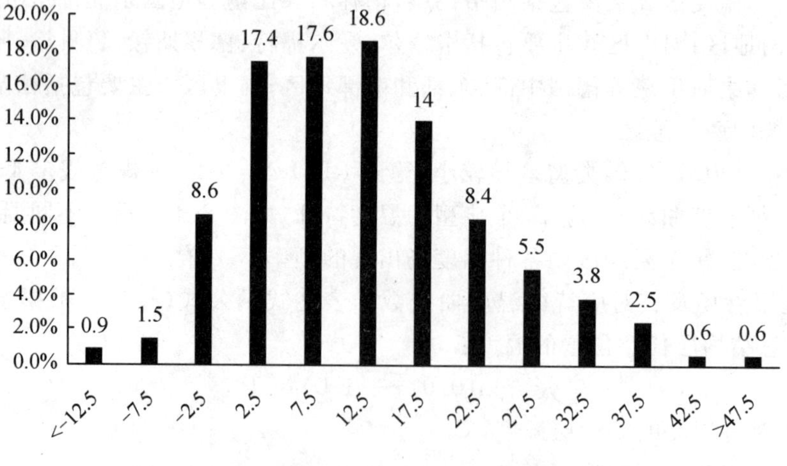

图 8.5　德国温度区 1 中 13 个典型温度场出现频率

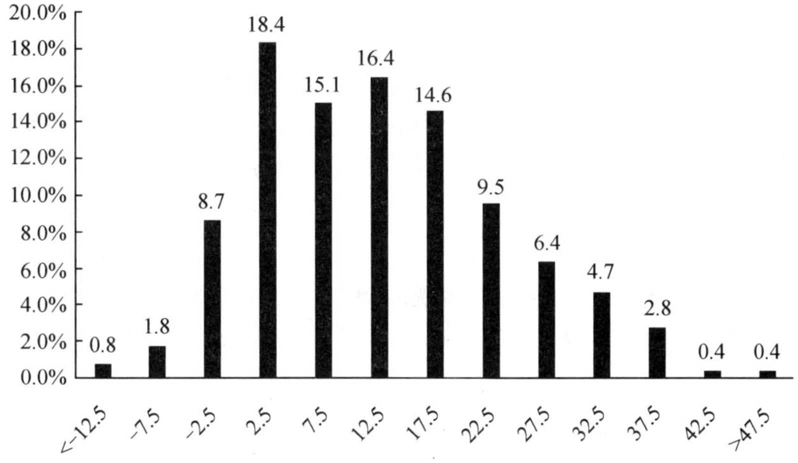

图 8.6　德国温度区 2 中 13 个典型温度场出现频率

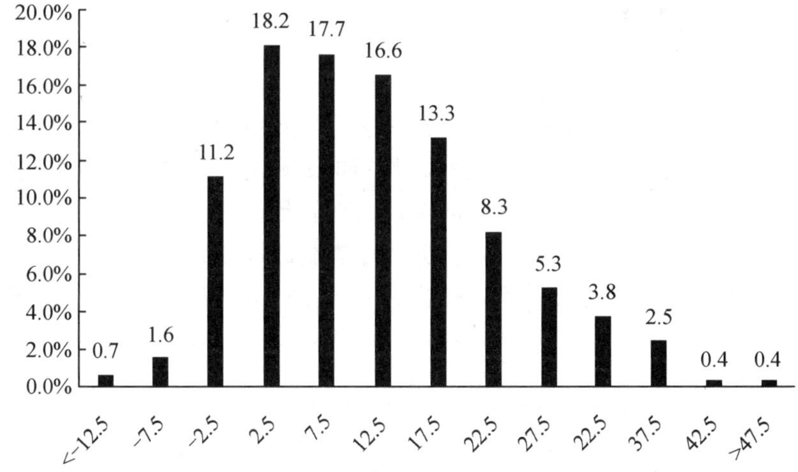

图 8.7　德国温度区 3 中 13 个典型温度场出现频率

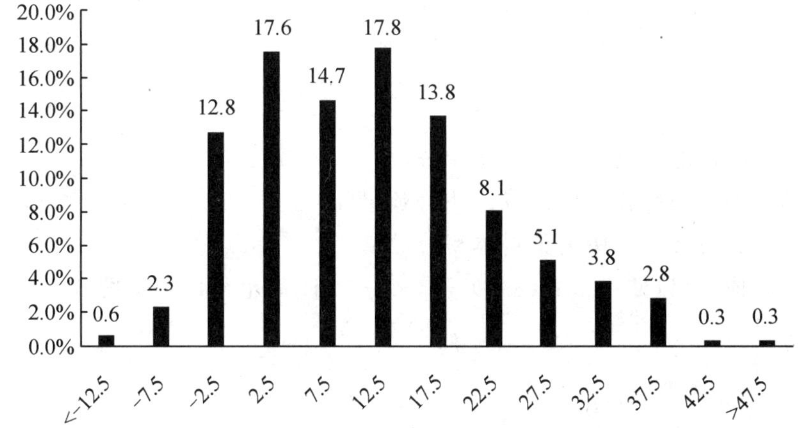

图 8.8　德国温度区 4 中 13 个典型温度场出现频率

8.2.3 荷载与环境参数耦合

如前文所述，德国RDO Asphalt 09规范定义了3个高速公路等级及其对应的11个轴载谱，4个温度区及其13个典型温度场。假定荷载参数与环境参数为独立变量，彼此之间不存在相关性，则可以将轴载和温度离散化，推导第 i 个轴载等级的荷载、在第 j 个温度场条件下出现的概率 $\rho_{i,j}$：

$$\rho_{i,j}=\rho_{L,i}\cdot\rho_{T,j} \tag{8.2}$$

式中　$\rho_{L,i}$—— 第 i 个轴载等级的荷载出现的频率，%，见表8.1；

$\rho_{T,j}$—— 第 j 个温度场出现的频率，%，如图8.5～8.8所示；

i——$i=1,2,\cdots,11$；

j——$j=1,2,\cdots,13$。

德国规范基于11类轴载等级和13组温度场推导出143组“荷载－环境”组合，为后续的路面材料损伤计算打下基础。

8.2.4 路面材料参数

1. 沥青混合料模量

沥青混合料模量的计算有两种方式。原则上，如果条件允许则必须使用规范AL Sp-Asphalt 09规定的动态间接拉伸试验求得。如果没有足够的材料制作试件或者无法钻芯取样时，则可以使用Francken/Verstraeten法进行计算。

Francken/Verstraeten法是一种基于沥青的基本材料参数计算沥青混合料弹性模量的简化方法。计算中假定沥青混合料的泊松比为 $\mu=0.3$，可以计算沥青在给定温度和加载频率下的模量：

$$|E|=R^*\cdot E_\infty\ (0<R\leqslant 1) \tag{8.3}$$

式中　$|E|$—— 沥青的弹性模量，MPa；

R^*—— 折减系数；

E_∞—— 玻璃态模量，MPa。

玻璃态模量的计算：

$$E_\infty=1\ 436\cdot 10^4\cdot U^{0.55}\cdot e^{-0.058\ 4\cdot V_a} \tag{8.4}$$

$$U=\frac{V_g}{V_b} \tag{8.5}$$

式中　V_a—— 沥青混合物中的空隙体积分数，%；

V_b—— 沥青混合物中的沥青体积分数，%；

V_g—— 沥青混合物中的集料体积分数，%。

计算 R^* 的值，可以使用下式(8.6)～(8.16)计算，也可以根据图8.9确定。

$$X=37.9\cdot\frac{15-T}{T+273}+\log f \tag{8.6}$$

$$R^*(X)=R^*_{pen}\cdot e^{\frac{H(X+1.672)}{0.434\ 3}},X<X_L \tag{8.7}$$

$$R^*(X)=0.434\ 3\cdot\frac{P}{H}+P\cdot(X-X_L),X_L<X<X_S \tag{8.8}$$

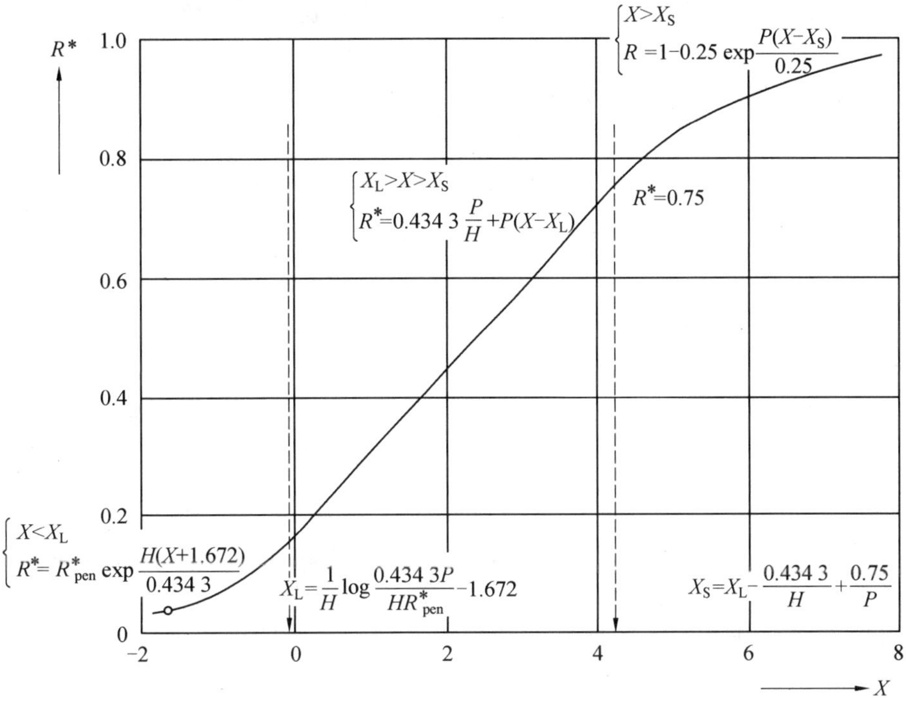

图 8.9　折减系数 R^* 方程式的图形表达

$$R^*(X)=1-0.25\cdot e^{\frac{P\cdot(X-X_S)}{0.25}},X>X_S \tag{8.9}$$

$$X_L=\frac{1}{H}\cdot\log\frac{0.4343\cdot P}{H\cdot R^*_{pen}}-1.672 \tag{8.10}$$

$$X_S=X_L-\frac{0.4343}{H}+\frac{0.75}{P} \tag{8.11}$$

$$R^*_{pen}=6.55\text{pen}^{-1.313} \tag{8.12}$$

$$H=-0.0927+1.352B' \tag{8.13}$$

$$P=0.0628+0.219B' \tag{8.14}$$

$$B'=\frac{A'}{0.12} \tag{8.15}$$

$$A'=\frac{\log\text{pen}(T_1)-\log\text{pen}(T_2)}{T_1-T_2} \tag{8.16}$$

式中　f—— 加载频率，Hz；

T—— 沥青混合料测试温度 T，℃；

pen(T)—— 温度 T 时针入度值，0.1 mm。

德国 RDO Asphalt 09 规范特别指出，Francken/Verstraeten 法用于基质沥青（普通道路石油沥青）时，精度较高；对于聚合物改性沥青，计算的模量 $|E^*|$ 的精确度会有 ±20% 的误差。因此推荐按照 AL Sp-Asphalt 09 规范用动态间接拉伸试验测得使用聚合物改性沥青的沥青混合料模量。

2. 土基、防冻层及承重层变形模量

如果条件允许，则利用承载板试验测得土基、防冻层及承重层的 E_{v2} 模量，作为变形模量代入计算。如果没有条件进行现场测试，则应该查找施工验收数据。如果上述条件均无法满足，则可以使用德国 RDO Asphalt 09 规范推荐值。规范规定，当路基排水措施满足要求，能保证路基具备良好的抗冻性能时，则 E_{v2} 正常取值。反之，则需要对土基变形模量进行折减，见表 8.3。

表 8.3 土基变形模量取值表

地面组成	排水措施满足要求	排水措施不满足要求	泊松比
粗粒土	≥80 MN/m²	无折减	0.5
GU, GT, SU, ST	≥45 MN/m²	50%	0.5
GU*, GT*, SU*, ST*	≥45 MN/m²	15 MN/m²	0.5
UL,TL,UM,TM,UA,TA	≥45 MN/m²	10 MN/m²	0.5
路基土质改良	≥70 MN/m²	无折减	0.5

承重层依据其结构组成性能分为无黏结(碎石或砾石)材料承重层和有黏结材料(水泥稳定碎石基层)承重层。防冻层位于承重层下方，具有防冻和承重的作用，防冻层设置与否主要取决于道路路基土的冻融敏感性和防冻需要。按照德国路面结构标准化设计规范 RStO 12 规定，中等易冻土(F2)、严重易冻土(F3)必须设置防冻层。防冻层及无黏结材料承重层变形模量取值见表 8.4。

表 8.4 防冻层及无黏结材料承重层变形模量取值表

层类型	变形模量	泊松比
防冻层(材料为 GE、SE)	50～100 MN/m²	0.5
防冻层(材料为 Gl、GW、Sl、SW)	100～100 MN/m²	0.5
防冻层(材料为碎石)	150～200 MN/m²	0.5
砾石承重层	150～250 MN/m²	0.5
碎石承重层	250～400 MN/m²	0.5

水泥稳定碎石基层泊松比为 0.25，其变形模量的取值遵循如下原则：

(1)E=5 000 MN/m²(水泥稳定碎石基层疲劳分析)。

(2)E=5 000 MN/m²(沥青层车辙分析)。

(3)E=2 000 MN/m²(沥青层疲劳分析)。

8.3 力学响应计算

德国 RDO Asphalt 09 规范利用层状弹性体系的力学分析方法。层状弹性体系理论隶属弹性力学范畴。层状弹性体系理论将路面与路基看作是自上而下由若干弹性层和弹性半空间体组成的弹性体系。路面层状弹性体系理论起源于土力学中弹性半空间体理论。自 20 世纪中期以来，层状弹性体系理论取得了长足的进步，可以求出非轴对称条件下多层弹性体系应力和位移的理论解。随着计算力学与计算机技术的推广与应用，大量基于层状弹性体系理论的计算软件，在道路工程领域得以推广应用，如荷兰壳牌公司开发的 BISAR。BISAR 软件有许多优点，采用了多种弹性模量、泊松比、分层厚度以及细化到每一个分层交界面的连接条件。

德国 RDO Asphalt 09 规范规定胎路接触面积不依赖于轴载、轮胎和车辆类型，统一定义为半径 15 cm 的圆形均布荷载，因此接触区域的面积为 70 685 mm^2。RDO Asphalt 09 规范应用层状弹性体系力学软件，可以计算出在设计参数条件下的沥青路面任意一点的力学响应。层状弹性体系理论基于如下假定：

(1)路面的最下层是无限大的弹性半空间体。

(2)路面各层是理想弹性、完全均匀和各向同性的。

(3)路面各层在空间上是连续的，可以用连续函数进行计算。

(4)自然应力为 0。

(5)路面各层的变形和位移是微小的。

(6)无穷远处应力、变形和位移等于 0。

由以上假定可知，层状弹性体系的各种假定，如理想弹性、均匀且各向同性等，并无法真实反映沥青路面结构和材料的力学行为。无论是沥青混合料，还是承重层、路基土的力学本构模型都非常复杂。而这也导致沥青路面响应预测与实际响应测量结果产生不同程度的偏差。

自 2013 年起，德国交通部委托德国联邦公路研究院(Bundesanstalt für Straßenwesen，BASt)和德国道路交通研究会 FGSV 启动了 RDO Asphalt 09 的修订工作。基于对 Abaques 和 Ansys 等普通有限元商用软件，CAPA－3D、APADS 2D 和 CESAR－LCPC 等道路工程专用有限元软件的对比和分析，自主研发适用于德国沥青路面结构设计的半解析法有限元软件 SAFEM(Semi-Analytical Finite Element Method)。软件的研发过程、算法、调试、与商用软件的对比测试及应用于实际工程的全部内容由德国交通部出版两部专著：

[1]OESER M，WANG D，LIU P，et al. Rechnerische Dimensionierung von Asphaltbefestigungen über ein Finite Elemente Modell-Verbesserung der Sicherheit und Wirtschaftlichkeit [M]. Bonn：Herausgegeben vom Bundesministerium Für Verkehr，2017.

[2]OESER M，WANG D，LIU P，et al. Numerische Simulation der Rissausbreitung in flexiblen Asphaltbefestigungen infolge von Verkehrslasten [M]. Bonn：Herausgegeben vom Bundesministerium Für Verkehr，2017.

SAFEM 有限元软件与 RDO Asphalt 09 规范最初应用的层状弹性体系力学软件相比，有下列明显优势：

(1)建立三维胎路交互作用模型，更准确地描述边界条件，更精确地表征荷载与路面的接触形式。

(2)系统集合了线性有限元、非线性有限元、静态有限元和动态有限元的有限元系统。

(3)软件包含了多个常用的连续介质模型，如线弹性、超弹性、弹塑性和黏弹性等。

(4)对单元间如摩擦、滑动、粘合等不同接触特性进行建模。

(5)精确定义沥青路面各结构层之间的接触模型。

(6)优化有限元单元划分,保证足够的计算速度和计算精度。

与有限元商用软件及道路工程专用有限元软件相比,SAFEM 最突出的优势在于,在保证高计算精确度的前提下极大地提高了计算速度。SAFEM 软件中荷载输入如图 8.10 所示;沥青路面结构与材料参数输入如图 8.11 所示。

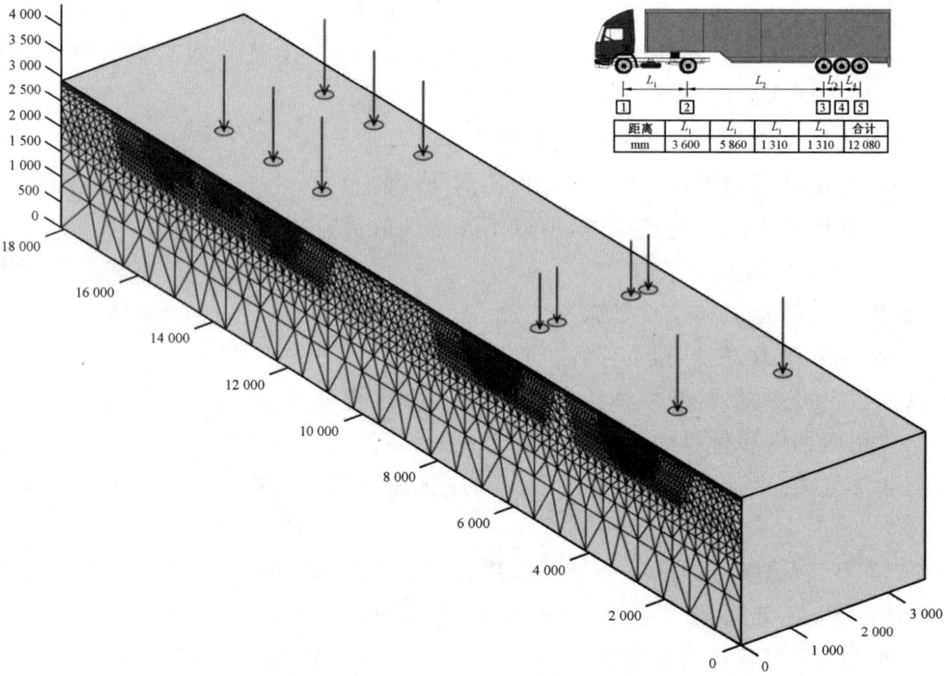

图 8.10　SAFEM 软件中荷载输入

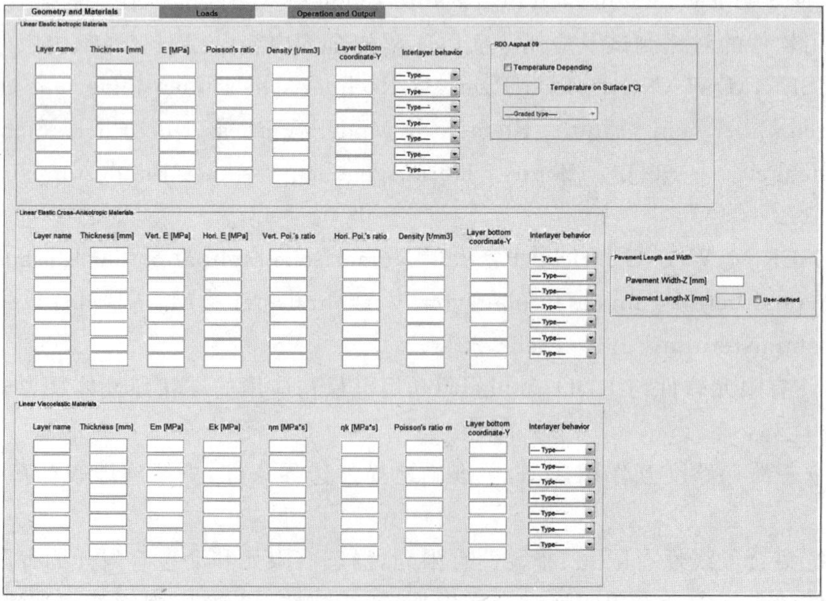

图 8.11　SAFEM 软件中沥青路面结构与材料参数输入

8.4　验算指标

RDO Asphalt 09 规范沥青路面各结构层的力学响应指标及验算指标，见表 8.5。

表 8.5　沥青路面各结构层力学响应及验算指标

编号	层名	力学响应指标	验算指标
1	土基	层内最大压应力	永久变形
2	防冻层	层内最大压应力	永久变形
3	砾石承重层、碎石承重层	层内最大压应力	永久变形
4	水泥稳定碎石基层	层底最大弯拉应力	疲劳
5	沥青基层	层底最大弯拉应变	疲劳
6	沥青面层	最大剪应力	车辙

RDO Asphalt 09 规范要求利用力学计算模型（层状弹性或有限元），计算 143 组（轴载及温度耦合作用）参数组合下力学响应指标，并将其带入给定的各个演算指标损伤函数，计算设计年限内理论最大允许荷载循环作用次数。

针对土基、防冻层、砾石承重层及碎石承重层，必须验算设计寿命全周期内永久变形是否满足规范要求。设计年限内最大允许的荷载循环可以根据下式计算：

$$N_{zul}=10^{\frac{1}{0.7}\left[\frac{0.008\,75-E_{v2}}{\sigma_{z,vorh}}-1\right]} \tag{8.17}$$

式中　N_{zul}—— 设计年限内最大允许的荷载循环数；

E_{v2}—— 土基和防冻层的变形模量，MPa；

$\sigma_{z,vorh}$—— 层内最大压应力，MPa；

γ—— 安全系数。

针对水泥稳定碎石基层，必须验算设计寿命全周期内疲劳指标是否满足规范要求。水泥稳定碎石基层设计年限内最大允许的荷载循环可以根据下式计算：

$$N_{zul}=10^{\frac{1}{5}\left[84-\frac{100\cdot\gamma\cdot\sigma_{Bz,vorh}}{\beta_{Bz}}\right]} \tag{8.18}$$

式中　$\sigma_{Bz,vorh}$—— 层内最大弯拉应力，MPa；

N_{zul}—— 设计年限内最大允许的荷载循环数；

β_{Bz}—— 弯拉强度，1.25 MPa；

γ—— 安全系数。

针对沥青基层，必须验算设计寿命全周期内抗疲劳性能是否满足规范要求。动态间接拉伸试验是德国力学经验法设计的试验基础，具体测试流程与评价方法在德国规范 AL Sp-Asphalt 09 中有所规定。根据动态间接拉伸试验求得的疲劳方程，沥青基层设计年限内最大允许的荷载循环可按下式计算：

$$N_{zul}=\frac{SF}{F}\cdot a\cdot\varepsilon^{k} \tag{8.19}$$

式中　N_{zul}—— 设计年限内最大允许的荷载循环数；

a, k—— 材料参数，由室内动态间接拉伸试验确定；

ε—— 层底最大弯拉应变；

SF—— 转换系数，动态间接拉伸试验中定为 1 500；

F—— 安全系数。

沥青面层车辙验算首先利用力学模型计算出最大路表温度下、11.5 t 轴载下沥青面层内出现的最大剪应力。然后，将其代入单轴压缩、三轴压缩等试验中，评价沥青面层混合料高温性能。对于车辙验算，RDO Asphalt 09 规范中尚无明确的指标值，只是建议在满足其他验算指标的情况下，选择沥青面层抗车辙性能最好的结构或材料。

RDO Asphalt 09 规范规定了轴载分布和温度场的 143 组组合。每个“轴载－温度”组合中，使用年限内实际出现荷载循环数与最大允许荷载循环数之比，定义为损伤因子。采用 Miner 线性累计损伤理论假设，计算沥青路面各验算指标(表 8.5)143 组损伤因子之和 D：

$$D=\sum_{i=1}^{11}\sum_{j=1}^{13}\frac{N_{\mathrm{vorh},i,j}\cdot\rho_{\mathrm{L},i}\cdot\rho_{\mathrm{T},j}}{N_{\mathrm{zul},i,j}} \tag{8.20}$$

式中　$\rho_{\mathrm{L},i}$—— 第 i 个轴载等级的荷载出现的概率，%，见表 8.1；

$\rho_{\mathrm{T},i}$—— 第 j 个温度场出现的概率，%，如图 8.5 ～ 8.8 所示；

i——$i=1,2,\cdots,11$；

j——$j=1,2,\cdots,13$；

N_{zul}—— 设计年限内最大允许荷载循环数，见公式(8.17) ～ (8.19)；

N_{vorh}—— 设计年限内预期的总轴载数。

如果各验算指标损坏因子之和不超过 1，那么沥青路面结构和材料满足要求。反之，则需要对路面结构和材料进行重新设计，如提高层厚或者材料强度等。

8.5　小　　结

德国沥青路面力学经验设计法与我国设计方法思路整体一致，将交通、气候、材料等参数作为基本输入，利用力学模型，结合经验与历史数据，推导路面性能衰变规律，预测道路服役寿命。两国设计法的差异主要体现在设计年限、沥青路面结构组合及设计和验算指标几方面。德国沥青路面设计寿命为 30 年，而高等级公路中沥青层总厚度最多可达 34 cm，且对防冻层有着非常严格的要求。我国高等级公路沥青路面设计年限一般为 15 年；结构形式多采用半刚性基层沥青路面，强调强基薄面；沥青路面设计以路表弯沉和基层层底弯拉应力为设计和验算指标。此外，考虑到我国幅员辽阔、跨越众多气候区以及地区之间差异性极大等特点，在全国统一验算模型基础上，形成了体现地区差异性的温度、湿度调整系数。经过国内多年的工程实践，证明了这种设计方法是行之有效的。

第 9 章　路面管理与评价

9.1　概　　述

路面管理系统(Pavement Management System,PMS)起源于美国和加拿大。其基本内涵为,综合运用计算机技术、道路工程理论、工程经济分析、系统工程技术等对公路路面新建或养护进行科学管理;根据路面现状和未来的使用需求,以评价和分析模型为基础,优化投资决策过程。

德国拥有 13 191 km 的高速公路网,高速公路里程居世界第四位,仅次于中国、美国和西班牙。德国高速公路中约 70%的路段没有行驶速度限制,只有 130 km/h 的建议时速。因此在公路建设中,德国交通管理部门对路面的功能性和安全性提出了极高的要求。为在道路服役过程中评估路面情况,并给后期养护、修复工作提供参考,德国建立了一套完整的路面管理系统。现行的德国路面管理系统规范为德国道路交通研究会(FGSV)编写:

(1) RPE-Stra 01 (*Richtlinien für die Planung von Erhaltungsmaßnahmen an Straßenbefestigungen*)《公路养护措施规划规范》,2001 年正式发行。

(2)E EMI(*Empfehlungen für das Erhaltungsmanagement von Innerortsstraßen*)《城市道路养护管理推荐》,2012 年正式发行。

(3) AP 9 (*Arbeitspapiere zur Systematik der Straßenerhaltung*)《养护管理系统细则》,2001 年正式发行。

(4)ZTV ZEB-StB(*Zusätzliche Technische Vertragsbedingungen und Richtlinien zur Zustandserfassung und -bewertung von Straßen*)为附加技术合同条款和条件,具体规定路面管理系统路况数据采集与评价方法,2006 年正式发行。

路面管理系统可划分为网级系统与项目级系统:其中网级系统涉及整个公路网,用于制定路网养护政策,确定路网养护需求和养护费用优化分配的宏观分析系统;项目级系统以路段为对象,从技术和经济角度分析养护方案。

无论网级还是项目级路面管理系统均包含以下要素:

(1)路面基础数据:路网节点、位置坐标、公路等级、管理数据等。

(2)道路使用性能状况数据库:采集、存储、处理、检索路面管理系统所需的各种数据。

(3)使用性能评价模型:依据采集的数据,选择能反映道路设计结构特点、功能特点、服务特点、管理特点的指标,按照一定的标准进行评定。

(4)使用性能预估模型:预测道路设施在服役寿命周期内,使用性能劣化的速度和幅度。

(5)养护对策模型:依据路网当前使用性能评价和路面未来养护需求,从资源合理分配的角度出发,综合考虑技术、材料、环境、经济等因素,采用多目标决策和数学规划原理,选择合理的养护对策方案,预估所需的养护费用;基于风险性分析优化投资敏感性。

9.2　路面状况检测

无论是水泥还是沥青路面，在通车使用一段时间之后，都会陆续出现各种形式的损坏、变形及其他缺陷，统称为路面病害，如图 9.1 所示。

图 9.1　路面病害

多年来世界各国路面管理系统的应用经验表明，真实准确的路面病害与道路检测数据是路用性能评价和预测的前提，也是路面养护管理科学决策的基础。

德国多功能道路检测车（图 9.2）集成和应用了现代信息技术，可以以最高 120 km/h 的速度完成路面状况全自动检测。

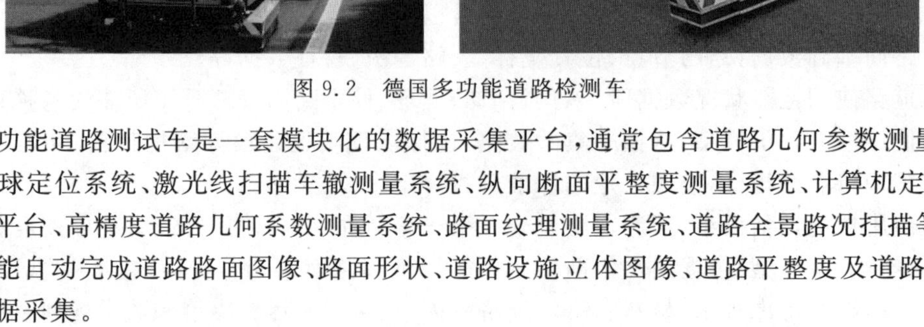

图 9.2　德国多功能道路检测车

多功能道路测试车是一套模块化的数据采集平台，通常包含道路几何参数测量系统、GPS 全球定位系统、激光线扫描车辙测量系统、纵向断面平整度测量系统、计算机定标录像及测量平台、高精度道路几何系数测量系统、路面纹理测量系统、道路全景路况扫描等设备。检测车能自动完成道路路面图像、路面形状、道路设施立体图像、道路平整度及道路几何参数等数据采集。

道路检测车的后台处理系统装有图像识别软件、路面病害分类评级软件、数据分析子系统等多功能软件，可以对采集数据进行快速、准确的分析处理。裂缝自动分析仪可根据路面病害检测后的裂缝图像，自动识别并准确计算出裂缝宽度、长度和开裂率等相应的评价指标。

道路检测车的后台处理系统统计和计算出路面行驶质量、路面状况等指标，并初步判断路面病害程度与原因。所有上述内容均可在道路检测车后台处理系统中编入道路检测报告，还能够与公路信息化管理平台的数据库实现无缝连接，服务于养护决策分析。

综合考虑路用性能衰减的速度与经济方面的压力，德国路面状况检测周期较长。德国交通部每四年组织对高等级公路网进行检测，对道路舒适性、安全性、结构承载力性能进行综合分析：

(1)前两年针对高速公路所有车道进行检测。

(2)后两年只针对国道或州际公路进行检测，并且只检测右侧车道。

9.3　路用性能评估

德国路面管理系统对路用性能的评价以纵向平整度、横向平整度、路面抗滑能力和路表病害为主，见表 9.1。

表 9.1　德国路面检测评价指标

路用性能		调查内容	评价指标	缩写	附加指标
纵向平整度		平整度或行车舒适度指标	功率谱密度	AUN	纵坡(LN)
			纵向剖面加权	σWLP、ΔWLP	
			车辆响应	LWI	
横向平整度		车辙	平均车辙深度(左/右)/mm	SPT	道路几何数据，如横坡(QN)，转弯半径等
			平均虚拟积水深度(左/右)/mm	SPH	
粗糙度		抗滑性	横向摩擦系数	μSKM	测定速度、温度
路表病害	沥青路面	裂缝	面积所占比例/%	NRI	松散、渗水、敞开性伸缩缝
		修补		FLI	
	水泥混凝土路面	纵向和横向裂缝	平均长度/m	LQRL	
			占混凝土路面/%	LQRP	
		板角裂缝	平均数量	EABF	
			占混凝土路面/%	EABP	
		边缘破坏	平均长度/m	KASL	
			占混凝土路面/%	KASP	

其中纵向平整度主要涉及功率谱密度、纵向剖面加权和车辆响应。横向平整度主要指车辙，考虑到路表积水对行车安全和路面结构具有重大的影响，其评价指标主要以平均车辙深度和平均虚拟积水深度表示。粗糙度指抗滑性，考虑行车过程中刹车最不利原则下的摩擦系数（横向横摩擦系数）。路表病害不仅严重影响行车安全，而且裂缝导致各种腐蚀介质侵蚀，使道路使用寿命大打折扣。德国规范对于沥青路表病害主要考虑裂缝和修补两大类型，并以各自面积所占比例为评价指标。

德国规范将评价指标与具体的路用性能指标相结合，并针对相应性能的质量水平，采用一般归一化函数将路表性能赋予 1～5 的分数（Zustandswert，ZW）。在德国中小学及大学评分系统中，1 分为最高，4 分为及格，5 分为最低。1～5 分之间，还增设了目标值（对应 1.5 分）、预警值（对应 3.5 分）、阈值（对应 4.5 分）三个等级对道路质量进行评估，德国道路性能评价指标与路用性能的关系如图 9.3 所示。

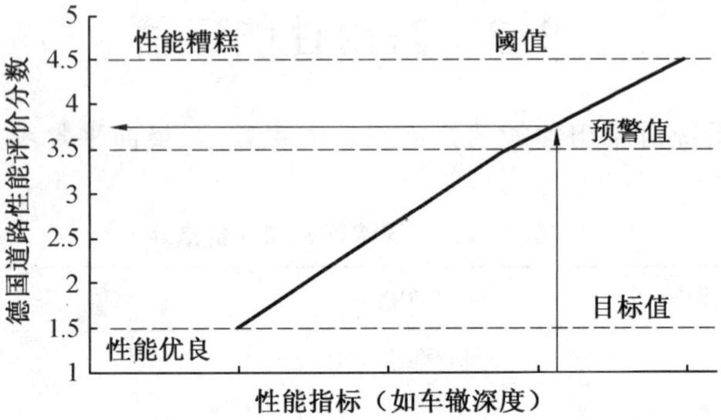

图 9.3 德国道路性能评价指标与路用性能的关系

9.3.1 路面破损状况评价

德国沥青路面破损状况评价是以路面裂缝和补丁（或修补）为检测内容，并以相应的裂缝率和修补率为评价指标。对于不同的道路等级其相应的评估限值有所不同，德国路表病害评价指标表见表 9.2，对于高速公路，考虑到不限速的要求，路表裂缝率和修补率预警值和阈值分别为 5%、10%和 10%、15%，随着道路等级降低，相应的评估限值均放宽。

表 9.2 德国路表病害评价指标表

道路等级	评价指标	目标值	预警值	阈值
高速公路	裂缝率/%	1	5	10
	修补率/%	1	10	15
联邦公路	裂缝率/%	1	15	25
	修补率/%	1	15	25
州级公路，城市道路	裂缝率/%	1	25	40
	修补率/%	1	25	40

9.3.2　纵向平整度评价

纵向平整度是由多功能道路检测车利用装载在车辆右侧的测量杆进行测量，测量杆上装有激光探测器，通过激光探测器发射激光的反射时间不同经数学计算得到探测器距地面的高度，并绘制出纵断面的曲线，据此做出相应的分析。德国路用性能评价规范推荐了平均不平整指数 AUN、有效平整度指数 LWI、加权纵断面平整度 WLP 等道路平整度评价指标。

功率谱密度(Power Spectral Density，PSD)认为路面纵断面是不可数个正弦函数的叠加。PSD 是国际标准化组织 ISO 提出的用来进行道路平整度判定的指标。对断面高程进行快速傅里叶变换，得到不同波长下的功率谱密度。空间角频率 Ω 定义为 2π 与空间波长的比值。分别对空间角频率和功率谱密度取常用对数，作为横纵坐标，得到路面平整度功率谱密度曲线 PSD。拟合直线的斜率定义为波纹度 W。定义标准空间波长 6.28 m 对应的功率谱密度为平均不平整指数(Average Unevenness Index，AUN)。AUN 的单位和功率谱密度相同，是长度单位的立方，反映了路面整体平整度。理想路面的 AUN 为 0，AUN 越大，表示平整度越差。100 m 内道路纵剖面 PSD 指标实测值与拟合值对比如图 9.4 所示。

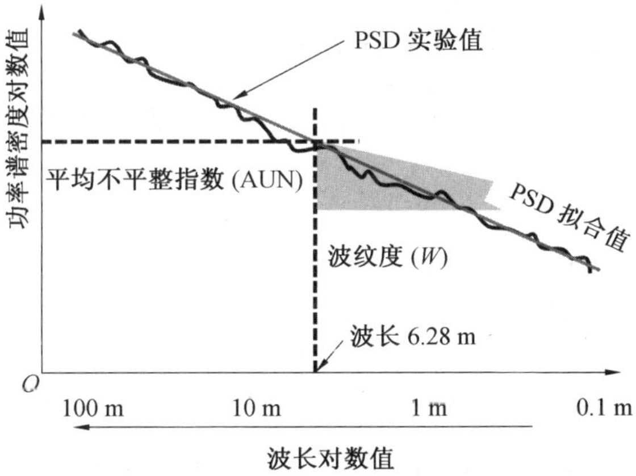

图 9.4　100 m 内道路纵剖面 PSD 指标实测值与拟合值对比

在主观评估类指标中，考虑乘客行车舒适性对道路评价同样重要。有效平整度指数(Effective Evenness Index，LWI)包含三个评价部分(图 9.5)，第一部分是小轿车以100 km/h的速度行驶时，乘客座位的竖向加速度；第二部分是车轴静载为 11.5 t 的货车以80 km/h的速度行驶时，测得的轮胎与路面之间竖向力的变化；第三部分是半挂货车以80 km/h的速度行驶时，测得的车厢底板中心的竖向加速度。虽然不平整评价指标 LWI 依赖于行车速度和滤波器的振动特性。但是该指标兼顾了 AUN 评价方法中的特点，并且考虑了车辆、乘客在移动过程中由于路面的不平整起伏而产生的振动响应，使得平整度评价指标在行车舒适性、安全性评价方面有了依据。该方法对道路状况的综合性评估更具实际意义。

加权纵断面平整度指标(Weighted Longitudinal Profile，WLP)是将界限斜线转换为界限水平线，使各里程处有相等的界限限值，如图 9.6 所示。通过动态人一车系统将实测纵断面进行傅里叶变换得到幅度谱，再通过加权函数转化得到加权纵断面 WLP。相比于其他两种评价方法，WLP 方法有放大路面局部不平整现象的效果，使得路面检测过程中对于瞬时

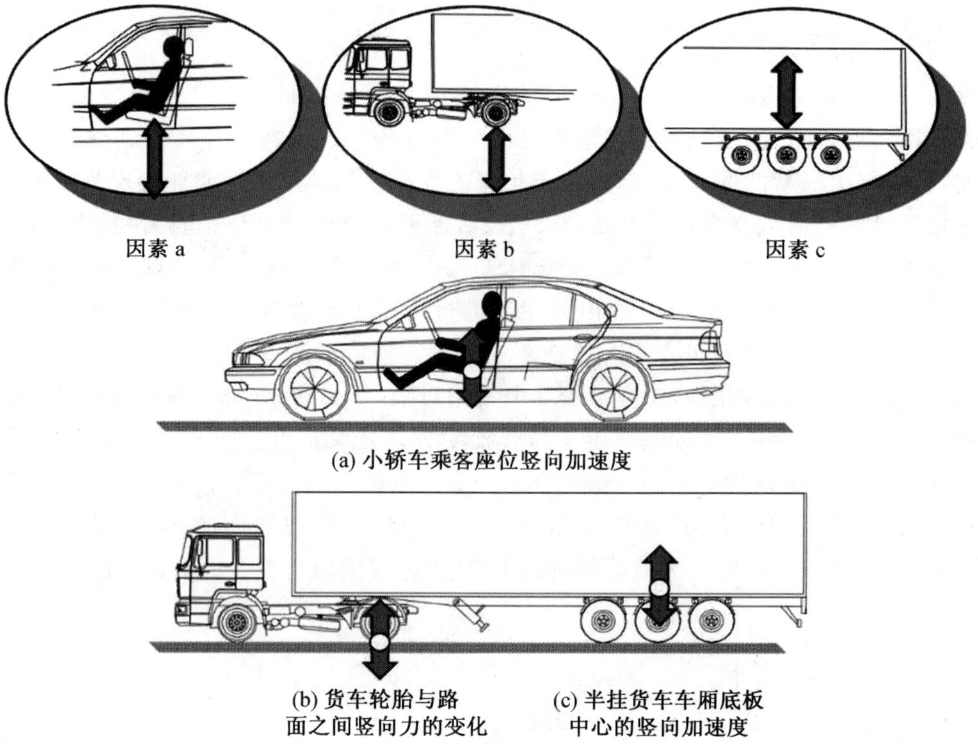

图 9.5　LWI 指标包含的三个评价部分

响应现象、周期性现象等路面情况能够得到更精确的反应，从而得到路面准确客观的评价。同时 WLP 指标与行车速度有关，车轴的特征波长会随着车速的变化而变化，并且其对车型也有不同的特征描述，即不同尺寸的车对应不同的波长尺寸特性。因此 WLP 指标能够对 AUN 和 LWI 方法起到很好的互补作用，从而使路面平整度的评价更加准确客观。

综上所述，在路面平整度的评价方面，德国路用性能评价规范不仅考虑了道路纵断面的剖面信息，同时将小客车、货车及其挂车的行驶状况、行车舒适性也纳入考虑范围。真正意义上达到了对路面全方位多因素的表征与评价，并且评价指标不再依赖于行车速度和汽车的外形等特点。德国道路交通研究会规范(AP 9 与 ZTV ZEB-StB)中，定义了不同的道路等级其相应的评估限值，德国纵向平整度评价指标表见表 9.3。

表 9.3　德国纵向平整度评价指标表

评价指标		缩写	等级		
			目标值	预警值	阈值
加权纵断面平整度	高程函数标准偏差/mm	σ_{WLP}	4	9	13
	高程函数幅值界限值/mm	Δ_{WLP}	24	54	78
功率谱密度	平均不平整度指数/cm^3	AUN	1	3	9
车辆响应	有效平整度指数	LWI	1	3	9

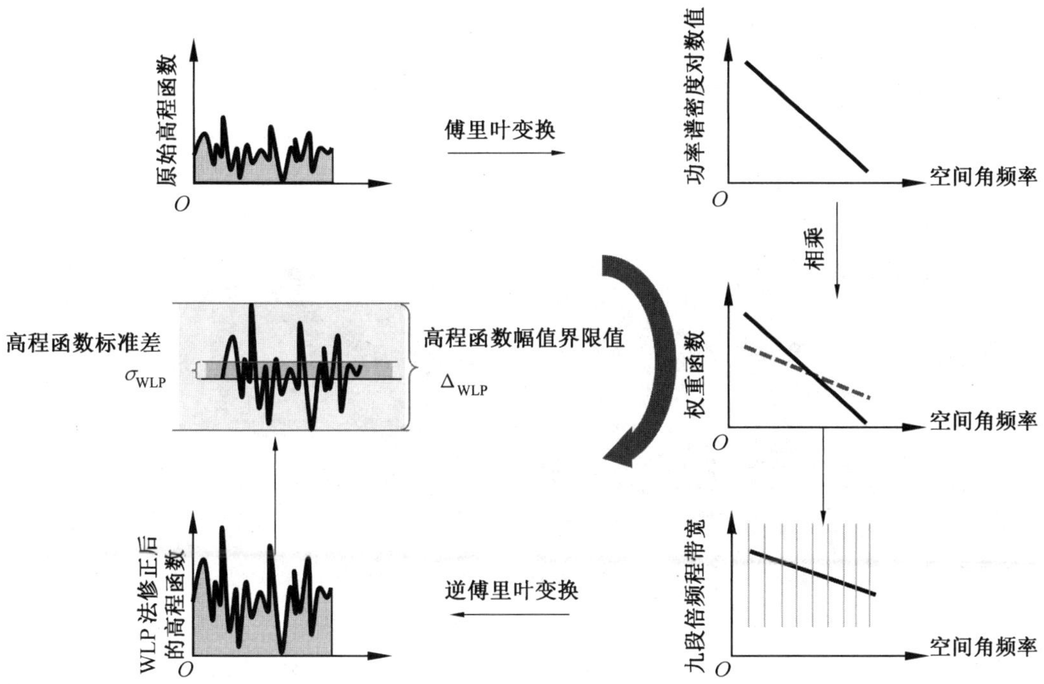

图 9.6 加权纵断面平整度指标 WLP

9.3.3 横向平整度评价

路面的横向平整度是影响路面行驶安全、舒适的一个重要指标。车辙一般产生于温度较高的季节，是车辆反复碾压作用下路面结构产生的塑性积累变形。当车辙达到一定深度，辙槽积水，极易导致交通事故。

横向平整度的测量结果，通常以车辙深度（SPT）和虚拟水深（SPH）表示。德国不同道路等级对应的目标值、预警值和阈值并不相同，见表 9.4。以高速公路为例，车辙深度的目标值为4 mm，预警值为 10 mm，阈值为 20 mm；虚拟水深的目标值为 0.1 mm，预警值为 4 mm，阈值为 6 mm。

表 9.4 德国横向平整度评价标准

道路等级	评价指标	目标值	预警值	阈值
高速公路	车辙深度/mm	4	10	20
	虚拟水深/mm	0.1	4	6
联邦公路	车辙深度/mm	4	15	35
	虚拟水深/mm	0.1	6	9
州级公路，城市道路	车辙深度/mm	4	20	30
	虚拟水深/mm	0.1	8	12

9.3.4　抗滑性能评价

德国规范规定使用侧向力摩擦系数 μ_y 评价潮湿路面抗滑性能。使用标准的摩擦系数测定车 SCRIM 进行(英文:Sideway-force Coefficient Routine Investigation Machine;德文:Seitenkraftmessverfahren,SKM),如图 9.7 所示。该设备由汽车、水箱、测试轮、电子数据记录仪等设备组成。其原理和方法与我国测量横向力系数(SFC)的方法类似。

图 9.7　德国抗滑性质测试车 SKM

抗滑性质测试车中测试轮被斜向安置,与车行方向呈 20°夹角,从而产生一个与测试轮平面相垂直的横向力。当测量车以规定速度在潮湿路面行驶时,记录测定轮受到的侧向摩擦力与测定轮受到的垂直力之比值,记为侧向力摩擦系数,即

$$\mu_y=\frac{F_y}{F_z} \tag{9.1}$$

式中　μ_y——侧向力摩擦系数;

F_y——测定轮受到的侧向摩擦力,kN;

F_z——测定轮的垂直力,kN。

抗滑性能与行车速度有很高的相关性:通常测量车行驶速度越高,测得的摩擦系数越低。在德国,抗滑性能的测量结果用不同速度下的侧向力摩擦系数来表示,如 80 km/h 时测得的侧向力摩擦系数用 $\mu_{SKM,80}$ 表示。

德国规范通过停车视距和道路几何设计,推导出安全行驶所必需的路面摩擦系数极限值。路面摩擦力系数与停车视距 S_{tot} 存在如下关系:

$$S_{tot}=S_1+S_2+S_3=v_0\cdot\left(t_r+t_a+\frac{t_s}{2}\right)-\frac{v_0^2}{2a_v}+\frac{a_v}{24}\cdot t_s^2 \tag{9.2}$$

式中　S_1——因反应持续时间和系统响应引起的距离,m;

S_2——加快减速期间的距离,m;

S_3——完全减速期间的距离,m;

v_0——初速度,m/s;

t_r——驾驶员反应持续时间,s;

t_a——系统响应持续时间,s;

t_s——加快减速时间,s;

a_v——减速的加速度,m/s^2,表示如下:

$$a_v = -\left(f_T + \frac{s}{100}\right) \cdot g \tag{9.3}$$

其中　f_T—— 摩擦系数，表示如下：

$$f_T = \frac{(4.5\,\mu_{SKM,80} + 3.6)}{g} \tag{9.4}$$

s—— 纵坡(上升为正)，m；

g—— 重力加速度，m/s^2；

$\mu_{SKM,80}$——80 km/h 时的侧向力摩擦系数。

故

$$\begin{aligned} S_{tot} &= S_1 + S_2 + S_3 \\ &= v_0\left(t_r + t_a + \frac{t_s}{2}\right) - \frac{v_0^2}{2g\left(-\frac{s}{100} + \frac{0.8(-4.5\,\mu_{SKM,80} - 3.6)}{g}\right)} + \\ &\quad \frac{g\left(-\frac{s}{100} + \frac{0.8(-4.5\,\mu_{SKM,80} - 3.6)}{g}\right)}{24} t_s^2 \end{aligned}$$

由此，可以通过道路几何设计、停车视距推导出侧向力摩擦系数。然后根据侧向力摩擦系数的大小，评价道路是否具有足够的抗滑性。德国道路检测规范给出的侧向力摩擦系数评价标准见表 9.5。

表 9.5　侧向力摩擦系数的评价标准

路用性能	评价指标		目标值	预警值	阈值
粗糙度	侧向力摩擦系数	$\mu_{SKM,80}/(80\ km \cdot h^{-1})$	0.53	0.39	0.32
		$\mu_{SKM,60}/(60\ km \cdot h^{-1})$	0.60	0.46	0.39
		$\mu_{SKM,40}/(40\ km \cdot h^{-1})$	0.67	0.53	0.46

9.3.5　路况数据综合评估

德国路面管理系统对路用性能指标进行评价和打分：纵向平整度(ZWAUN)、车辙深度(ZWSPT)、虚拟水深(ZWSPH)、路面抗滑能力(ZWSPH)、路面裂缝(ZWNRI)和路面修补(ZWFLI)。然后将不同的单一路表性能综合成了两个指标：结构性能目标值和功能性能目标值。路面状况数据综合评估示意图，如图 9.8 所示。

结构性能目标值考虑横纵向平整度(权重 25%)、路面开裂(权重 50%)和路面破损(权重 25%)，描述的是道路是否具备足够的力学强度和结构承载力；功能性能目标值则考虑了横纵向平整度(权重 25%)、路面积水深度(权重 25%)、路表抗滑性质(权重 50%)，描述的是道路是否能提供足够的行车舒适性和安全性。由此可见，由于德国高速公路不限速，抗滑性评价指标就占有较大的比重，对行车安全性也提出了更高的要求。

结构性能目标值和功能性能目标值中分数最低者，定义为道路评估总分(Gesamtwert，GW)。结合目标值(对应 1.5 分)、预警值(对应 3.5 分)、阈值(对应 4.5 分)三个指标，可以将道路性能分为四个等级。根据路面状况数据综合评估结果，利用相关软件可将评估的数

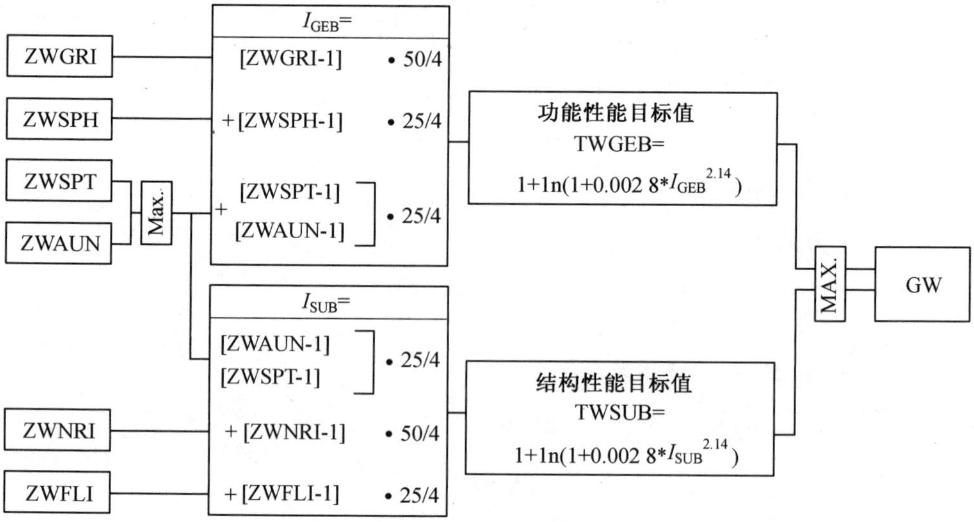

图 9.8　路面状况数据综合评估示意图

据进行加工、处理和分析，从而达到可视化的目的。根据图像便可直观地观测到路面不同位置病害规模、程度及原因，从而更便于路面管理与维护。

道路评估总分 GW 小于 1.5 意味着路面具有非常好的路用性能，通常新建公路要达到这个分数。GW 分数大于 1.5 但是仍小于 3.5，意味着路用性能仍能满足要求，但需要关注并力争准确预测其劣化的速度，提前做好中长期养护规划。GW 分数大于 3.5 但是仍小于 4.5，意味着路用性能已经无法满足基本要求，需要立刻查明病害原因，并将相应的养护措施纳入近期养护规划。如果评估总分低是抗滑性质等造成的，那么必须在养护工作开始前，请相应的部门采取限速等措施。GW 分数大于 4.5 意味着路用性能已超过临界状态，需要马上进行一定程度的维修与养护。

9.3.6　路用性能预测模型

德国道路交通研究会规范 AP 9 中，定义了形式统一的路用性能劣化函数：

$$\mathrm{ZW} = 1 + (a \cdot t^{b}) \tag{9.5}$$

式中　ZW—— 路用性能指标评分，$1.0 \leqslant \mathrm{ZW} \leqslant 5.0$；

t—— 道路服役时间，年；

a,b—— 路用性能劣化函数参数，取值见表 9.6。

针对德国高速公路三大类路用性能指标，即纵向平整度、横向平整度（车辙）、路表病害（裂缝、破损等），基于路网多年观察数据，定义了四个标准函数，并给出了 a,b 的值，见表 9.6。由于路面抗滑性质测量方式不统一，且缺少常年观测数据的积累，德国道路交通研究会规范中没有定义路表抗滑性能劣化函数。

表 9.6　标准行为函数的 a,b 值

等级	路用性能劣化速度	系数	纵向平整度	横向平整度（车辙）	路表病害（裂缝、破损等）
1	慢速	a	0.006 0	0.205 1	0.000 008 8
		b	1.631 0	0.585 0	3.542 000 0
2	中速	a	0.021 0	0.352 0	0.000 035 6
		b	1.551 0	0.632 0	3.419 000 0
3	快速	a	0.057 7	0.524 6	0.000 437 0
		b	1.415 0	0.666 0	3.000 000 0
4	极快速	a	0.168 5	0.839 4	0.005 100 0
		b	1.380 0	0.678 1	2.600 000 0

由表 9.6 可知，纵向平整度劣化函数的 b 值略大于 1，横向平整度劣化函数的 b 值略小于 1，其原因在于，车辙属于早期病害，一般在通车初期发展较快而后则日趋稳定；裂缝与破损函数的 b 值远大于 1，这意味着路表病害在通车初期发展缓慢，而后则发展速度越来越快。三大类路用性能指标及其路用性能劣化标准函数如图 9.9 ～ 9.11 所示。

显然，四个标准函数完全无法描述全德国高速公路路况劣化的差异。因此，德国规范规定，要在全国统一验算模型基础上，形成体现地区差异性的修正系数。首先根据道路检测车的实测值，选择预测结果与实测值最接近的标准函数，选择标准函数对应的 b 值，然后根据下面的公式确定实测路段的 a 值：

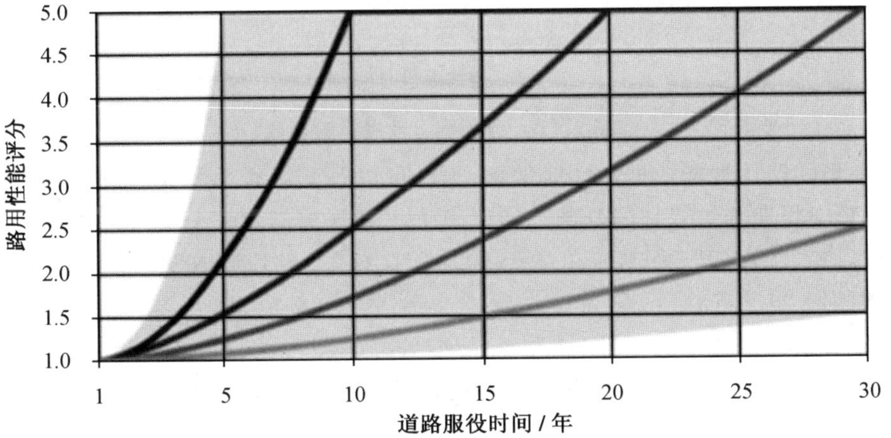

图 9.9　纵向平整度劣化函数

$$a = \frac{ZW(t) - 1}{t^b} \tag{9.6}$$

式中　ZW—— 路用性能指标实测值，$1.0 \leqslant ZW \leqslant 5.0$；

t—— 路用性能检测时道路服役时间，年；

b—— 路用性能劣化函数参数，取值见表 9.6。

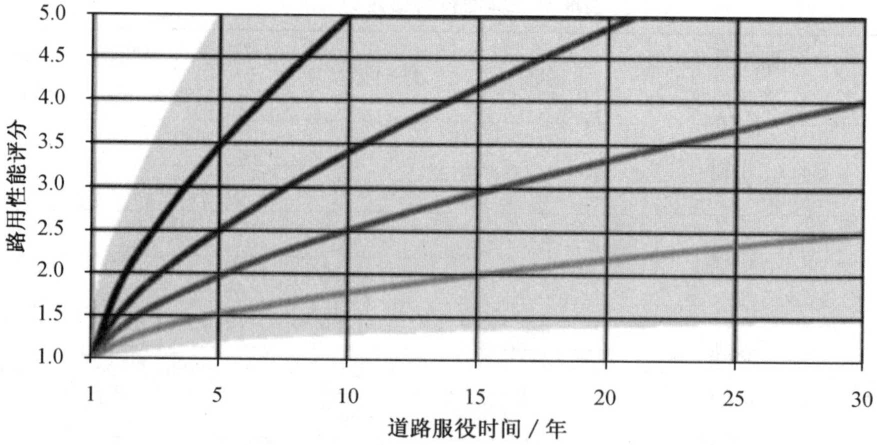

图 9.10 横向平整度劣化函数

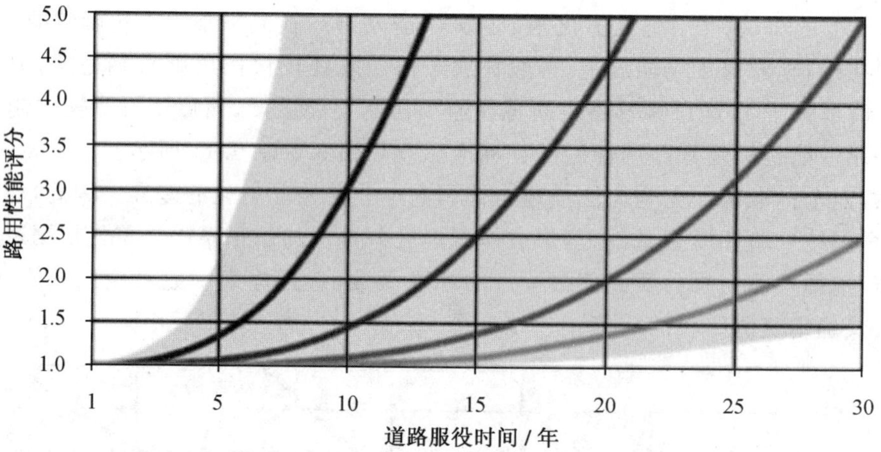

图 9.11 路表病害发展行为函数

依据采集的路用性能数据和性能劣化函数，可以预测各个路用指标在未来一段时间的发展，作为短中长期养护规划的基础。如德国市政管理部门对评分大于 4.5 的路段马上进行维修与养护工作，而对评分大于 3.5 但是仍小于 4.5 的路段则查明病害原因，并将其纳入近期养护规划。

9.4 小　结

我国的路面状况检测工作主要参照的规范为交通运输部《公路技术状况评定标准》(JTG H20—2007)和《公路路基路面现场测试规程》(JTG E60—2008)。沥青路面使用性能评价包含路面损坏、平整度、车辙、抗滑性能和结构强度五项技术内容。按照路用性能指标的大小将路面分为优、良、中、次、差 5 个等级。

(1)路面损坏状况采用路面损坏状况指数(PCI)进行评价，路面损坏状况指数(PCI)被定义为路面综合破损率(DR)的函数。

(2)路面平整度用路面行驶质量指数(RQI)评价,可用国际平整度指数(International Roughness Index,m/km)来表示。

(3)采用横向力系数(SFC)换算得到的路面抗滑性能指数(SRI)作为抗滑性能的评价指标。

(4)采用车辙深度(RD)换算得到的车辙深度指数(RDI)作为横向平整度的评价指标。

(5)路面结构强度采用路面结构强度指数(PSSI)进行评价,路面结构强度指数(PSSI)被定义为路面结构强度系数(SSI)的函数。

《公路技术状况评定标准》(JTG H20—2007)对于检测指标及其频率有规定,路面最低检测与调查频率表见表 9.7。

表 9.7　路面最低检测与调查频率表

检测内容 检测频率		路面损坏 (PCI)	路面平整度 (RQI)	抗滑性能 (SRI)	路面车辙 (RDI)	结构强度 (PSSI)
沥青路面 PQI	高速、一级公路	1 年 1 次	1 年 1 次	2 年 1 次	1 年 1 次	抽样检测
	二、三、四级公路	1 年 1 次	1 年 1 次	—	—	—

沥青路面使用性能评价:综合了路面损坏、平整度、车辙、抗滑性能和结构强度 5 项技术中的路面结构强度为抽样评定指标,单独计算与评定,评定范围根据路面大中修养护需求、路基的地质条件等自行确定。路面综合使用性能采用 PQI 指标来表征,计算方法如下:

$$PQI = w_{PCI} \cdot PCI + w_{RQI} \cdot RQI + w_{RDI} \cdot RDI + w_{SRI} \cdot SRI \tag{9.7}$$

式中　w_{PCI}、w_{RQI}、w_{RDI}、w_{SRI}—— 各分项指标的权重系数(按表 9.8 取值)。

表 9.8　PQI 分项指标计算权重

PQI 权重系数	高速公路、一级公路	二、三、四级公路
w_{PCI}	0.35	0.60
w_{RQI}	0.40	0.40
w_{RDI}	0.15	—
w_{SRI}	0.10	—

对比中德两国路面管理相关规范,德国对于路面的功能性如行车舒适性、安全性更加重视,我国高等级公路路面状况检测频率更高,指标的选择和权重也更关注沥青路面早期病害。这种方式和特点也与我国高速公路建设历史进程相关。

参考文献

[1] Forschungsgesellschaft für Straßen-und Verkehrswesen (FGSV). Richtlinie für die standardisierung des oberbaus von verkehrsflächen: RStO 12 [S]. Köln: FGSV Verlag, 2012.

[2] Forschungsgesellschaft für Straßen-und Verkehrswesen (FGSV). Technische lieferbedingungen für asphaltmischgut für den bau von verkehrsflächenbefestigungen: TL Asphalt-StB 07/13 [S]. Köln: FGSV Verlag, 2013.

[3] Forschungsgesellschaft für Straßen-und Verkehrswesen (FGSV). Zusätzliche technische vertragsbedingungen und richtlinien für den bau von verkehrsflächenbefestigungen aus asphalt: ZTV Asphalt-StB 07/13 [S]. Köln: FGSV Verlag, 2013.

[4] Forschungsgesellschaft für Straßen-und Verkehrswesen (FGSV). Technische prüfvorschriften für boden und fels im straßenbau: TP BF-StB 16 [S]. Köln: FGSV Verlag, 2010.

[5] Forschungsgesellschaft für Straßen-und Verkehrswesen (FGSV). Zusätzliche technische vertragsbedingungen und richtlinien für erdarbeiten im straßenbau: ZTV E-StB 17 [S]. Köln: FGSV Verlag, 2017.

[6] Deutsches Institut für Normung (DIN). Baugrund-Versuche und versuchsgeräte- Plattendruckversuch: DIN 18134: 2012-04 [S]. Berlin, Deutschland: DIN, 2012.

[7] Deutsches Institut für Normung (DIN). Baugrund, untersuchung von bodenproben-Proctorversuch: DIN 18127: 2012-09 [S]. Berlin, Deutschland: DIN, 2012.

[8] Forschungsgesellschaft für Straßen-und Verkehrswesen (FGSV). Technische lieferbedingungen für asphaltmischgut für den bau von vrkehrsflächenbefestigungen: TL SoB-StB 04/07 [S]. Köln: FGSV Verlag, 2007.

[9] Forschungsgesellschaft für Straßen-und Verkehrswesen (FGSV). Zusätzliche technische vertragsbedingungen und richtlinien für den bau von schichten ohne bindemittel im straßenbau: ZTV SoB-StB 04/07 [S]. Köln: FGSV Verlag, 2007.

[10] Deutsches Institut für Normung (DIN). Ungebundene und hydraulisch gebundene gemische-Teil 2: Laborprüfverfahren zur bestimmung der referenz-trockendichte und des wassergehaltes-proctorversuch: DIN EN 13286-2: 2013-02 [S]. Berlin, Deutschland: DIN, 2013.

[11] Forschungsgesellschaft für Straßen-und Verkehrswesen (FGSV). Technische lieferbedingungen für gestein-skörnungen im straßenbau: TL Gestein-StB 04/18 [S]. Köln: FGSV Verlag, 2018.

[12] Forschungsgesellschaft für Straßen-und Verkehrswesen (FGSV). Technischen

prüfvorschriften für gesteinskörnungen im straßenbau: TP Gestein-StB [S]. Köln: FGSV Verlag, 2020.

[13] Deutsches Institut für Normung (DIN). Prüfverfahren für allgemeine eigenschaften von gesteinskörnungen-Teil 1: Probenahmeverfahren: DIN EN 932-1: 1996-11 [S]. Berlin, Deutschland: DIN, 1996.

[14] Deutsches Institut für Normung (DIN). Prüfverfahren für mechanische und physikalische eigenschaften von gesteinskörnungen-Teil 1: Bestimmung des widerstandes gegen verschleiß (micro-deval): DIN EN 1097-1: 2011-04 [S]. Berlin, Deutschland: DIN, 2011.

[15] Deutsches Institut für Normung (DIN). Prüfverfahren für mechanische und physikalische eigenschaften von gesteinskörnungen-Teil 2: Verfahren zur bestimmung des widerstandes gegen zertrümmerung: DIN EN 1097-2: 2020-06 [S]. Berlin, Deutschland: DIN, 2020.

[16] Deutsches Institut für Normung (DIN). Prüfverfahren für mechanische und physikalische eigenschaften von gesteinskörnungen-Teil 6: Bestimmung der rohdichte und der wasseraufnahme: DIN EN 1097-6: 2013-09 [S]. Berlin, Deutschland: DIN, 2013.

[17] Deutsches Institut für Normung (DIN). Prüfverfahren für mechanische und physikalische eigenschaften von gesteinskörnungen-Teil 8: Bestimmung des polierwertes: DIN EN 1097-8: 2020-06 [S]. Berlin, Deutschland: DIN, 2020.

[18] Deutsches Institut für Normung (DIN). Prüfverfahren für thermische eigenschaften und verwitterungsbeständigkeit von gesteinskörnungen-Teil 1: Bestimmung des widerstandes gegen frost-tau-wechsel: DIN EN 1367-1: 2007-06 [S]. Berlin, Deutschland: DIN, 2007.

[19] Deutsches Institut für Normung (DIN). Prüfverfahren für thermische eigenschaften und verwitterungsbeständigkeit von gesteinskörnungen-Teil 2: Magnesiumsulfat-verfahren: DIN EN 1367-2: 2010-02 [S]. Berlin, Deutschland: DIN, 2010.

[20] Deutsches Institut für Normung (DIN). Prüfverfahren für thermische eigenschaften und verwitterungsbeständigkeit von gesteinskörnungen-Teil 5: Bestimmung des widerstandes gegen hitzebeanspruchung: DIN EN 1367-5: 2011-04 [S]. Berlin, Deutschland: DIN, 2011.

[21] Deutsches Institut für Normung (DIN). Prüfverfahren für chemische eigenschaften von gesteinskörnungen -Teil 1: Chemische analyse: DIN EN 1744-1: 2013-03 [S]. Berlin, Deutschland: DIN, 2013.

[22] Deutsches Institut für Normung (DIN). Geokunststoffe-Bestimmung der langfristigen schutzwirksamkeit von geokunststoffen im kontakt mit geosynthetischen dichtungsbahnen: DIN EN 13719: 2016-11 [S]. Berlin, Deutschland: DIN, 2016.

[23] Deutsches Institut für Normung (DIN). Prüfverfahren für geometrische eigenschaften von gesteinskörnungen-Teil 1: Bestimmung der korngrößenverteilung-sieb-

verfahren:DIN EN 933-1:2012-03 [S]. Berlin,Deutschland:DIN,2012.

[24] Deutsches Institut für Normung (DIN). Prüfverfahren für geometrische eigenschaften von gesteinskörnungen-Teil 5: Bestimmung des anteils an gebrochenen körnern in groben gesteinskörnungen (enthält Änderung A1:2004):DIN EN 933-5:2005-02 [S]. Berlin,Deutschland:DIN,2005.

[25] Deutsches Institut für Normung (DIN). Prüfverfahren für geometrische eigenschaften von gesteinskörnungen-Teil 6: Beurteilung der oberflächeneigenschaften-Fließkoeffizienten von gesteinskörnungen: DIN EN 933-6: 2014-07 [S]. Berlin, Deutschland:DIN,2014.

[26] Deutsches Institut für Normung (DIN). Asphalt-prüfverfahren-Teil 11:Bestimmung der affinität von gesteinskörnungen und bitumen: DIN EN 12697-11: 2020-05 [S]. Berlin,Deutschland:DIN,2020.

[27] Deutsches Institut für Normung (DIN). Asphalt-Prüfverfahren für heißasphalt-Teil 49:Messung der griffigkeit nach polierung:DIN EN 12697-49:2014-05 [S]. Berlin, Deutschland:DIN,2014.

[28] Forschungsgesellschaft für Straßen-und Verkehrswesen (FGSV). Technische lieferbedingungen für straßenbaubitumen und gebrauchsfertige polymermodifizierte bitumen:TL bitumen-StB 07/13 [S]. Köln:FGSV Verlag,2013.

[29] Deutsches Institut für Normung (DIN). Bitumen und bitumenhaltige bindemittel-Bestimmung der nadelpenetration:DIN EN 1426:2015-09 [S]. Berlin,Deutschland:DIN,2015.

[30] Deutsches Institut für Normung (DIN). Bitumen und bitumenhaltige bindemittel-Bestimmung des erweichungspunktes-Ring-und kugel-verfahren:DIN EN 1427:2015-09 [S]. Berlin,Deutschland:DIN,2015.

[31] DUDENHöFER B,RüCKERT P. Bewertungshintergrund für den widerstand gegen polieren von gesteinskörnungen nach dem PWS-verfahren [R]. Berlin:Berichte der Bundesanstalt für Straßenwesen,2016:S46.

[32] Deutsches Institut für Normung (DIN). Mineralölerzeugnisse und verwandte produkte-Bestimmung des flamm-und brennpunktes-Verfahren mit offenem tiegel nach cleveland (ISO 2592:2017):DIN EN ISO 2592:2018-01 [S]. Berlin,Deutschland:DIN,2018.

[33] Deutsches Institut für Normung (DIN). Bitumen und bitumenhaltige bindemittel-Bestimmung der löslichkeit:DIN EN 12592:2015-01 [S]. Berlin,Deutschland:DIN,2015.

[34] Deutsches Institut für Normung (DIN). Bitumen und bitumenhaltige bindemittel-Anforderungen an straßenbaubitumen:DIN EN 12591:2009-08 [S]. Berlin,Deutschland:DIN,2009.

[35] Deutsches Institut für Normung (DIN). Bitumen und bitumenhaltige bindemittel-

Bestimmung der kinematischen viskosität: DIN EN 12595: 2015-01 [S]. Berlin, Deutschland:DIN,2015.

[36] Deutsches Institut für Normung (DIN). Bitumen und bitumenhaltige bindemittel-Bestimmung der dynamischen viskosität mit vakuum-kapillaren: DIN EN 12596: 2015-01 [S]. Berlin,Deutschland:DIN,2015.

[37] Deutsches Institut für Normung (DIN). Bitumen und bitumenhaltige bindemittel-Bestimmung des brechpunktes nach fraaß: DIN EN 12593: 2015-09 [S]. Berlin, Deutschland:DIN,2015.

[38] Deutsches Institut für Normung (DIN). Bitumen und bitumenhaltige bindemittel-Bestimmung des komplexen schermoduls und des phasenwinkels-Dynamisches scherrheometer (DSR):DIN EN 14770:2012-08 [S]. Berlin,Deutschland:DIN,2012.

[39] Deutsches Institut für Normung (DIN). Bitumen und bitumenhaltige bindemittel-Bestimmung der biegekriechsteifigkeit-Biegebalkenrheometer (BBR): DIN EN 14771:2012-08 [S]. Berlin,Deutschland:DIN,2012.

[40] Deutsches Institut für Normung (DIN). Bitumen und bitumenhaltige bindemittel-Bestimmung der streckeigenschaften von modifiziertem bitumen mit dem kraft-duktilitäts-verfahren:DIN EN 13589:2018-08 [S]. Berlin,Deutschland:DIN,2018.

[41] Deutsches Institut für Normung (DIN). Bitumen und bitumenhaltige bindemittel-Bestimmung der elastischen rückstellung von modifiziertem bitumen: DIN EN 13398:2018-02 [S]. Berlin,Deutschland:DIN,2018.

[42] Deutsches Institut für Normung (DIN). Bitumen und bitumenhaltige bindemittel-Bestimmung der lagerbeständigkeit von modifiziertem bitumen:DIN EN 13399:2018-02 [S]. Berlin,Deutschland:DIN,2018.

[43] Deutsches Institut für Normung (DIN). Bitumen und bitumenhaltige bindemittel-Rahmenwerk für die spezifikation von polymermodifizierten bitumen: DIN EN 14023:2013-04 [S]. Berlin,Deutschland:DIN,2013.

[44] Deutsches Institut für Normung (DIN). Bitumen und bitumenhaltige bindemittel-Bestimmung der beständigkeit gegen verhärtung unter einfluss von wärme und luft-Teil 1:RTFOT-verfahren:DIN EN 12607-1:2015-01 [S]. Berlin,Deutschland:DIN, 2015.

[45] Deutsches Institut für Normung (DIN). Bitumen und bitumenhaltige bindemittel-Bestimmung der beständigkeit gegen verhärtung unter einfluss von wärme und luft-Teil 2:TFOT-verfahren:DIN EN 12607-2:2015-01 [S]. Berlin,Deutschland:DIN, 2015.

[46] Deutsches Institut für Normung (DIN). Bitumen und bitumenhaltige bindemittel-Bestimmung der beständigkeit gegen verhärtung unter einfluss von wärme und luft-Teil 3:RFT-verfahren:DIN EN 12607-3:2015-01 [S]. Berlin,Deutschland:DIN, 2015.

[47] Deutsches Institut für Normung (DIN). Bitumen und bitumenhaltige bindemittel-Beschleunigte langzeit-alterung mit einem druckalterungsbehälter (PAV): DIN EN 14769:2012-08 [S]. Berlin,Deutschland:DIN,2012.

[48] Deutsches Institut für Normung (DIN). Bitumen and bituminous binders-Accelerated long-term ageing conditioning by a pressure ageing vessel (PAV): DIN EN 14769:2012-08 [S]. Berlin,Germany:DIN,2012.

[49] Forschungsgesellschaft für Straßen-und Verkehrswesen (FGSV). Technische lieferbedingungen für straßenbaubitumen und gebrauchsfertige polymermodifizierte bitumen:TL bitumen-StB 07/13 [S]. Köln:FGSV Verlag,2013.

[50] Forschungsgesellschaft für Straßen-und Verkehrswesen (FGSV). Technische lieferbedingungen für asphaltmischgut für den bau von verkehrsflächenbefestigungen: TL asphalt-StB 07/13 [S]. Köln:FGSV Verlag,2013.

[51] Deutsches Institut für Normung (DIN). Asphalt-Prüfverfahren-Teil 30:Probenvorbereitung, marshall-verdichtungsgerät: DIN EN 12697-30: 2019-03 [S]. Berlin, Deutschland:DIN,2019.

[52] Deutsches Institut für Normung (DIN). Asphalt-Prüfverfahren-Teil 34: Marshallprüfung:DIN EN 12697-34:2020-05 [S]. Berlin,Deutschland:DIN,2020.

[53] Forschungsgesellschaft für Straßen-und Verkehrswesen (FGSV). Technischen prüfvorschriften für asphalt:TP asphalt-StB [S]. Köln:FGSV Verlag,2021.

[54] Deutsches Institut für Normung (DIN). Asphalt-Prüfverfahren-Teil 22: Spurbildungstest:DIN EN 12697-22:2020-05 [S]. Berlin,Deutschland:DIN,2020.

[55] Deutsches Institut für Normung (DIN). Asphalt-Prüfverfahren-Teil 25: Druckschwellversuch:DIN EN 12697-25:2016-12 [S]. Berlin,Deutschland:DIN,2016.

[56] Deutsches Institut für Normung (DIN). Asphalt-Prüfverfahren-Teil 24: Beständigkeit gegen ermüdung:DIN EN 12697-24:2018-11 [S]. Berlin,Deutschland: DIN,2018.

[57] Forschungsgesellschaft für Straßen-und Verkehrswesen (FGSV). Arbeitsanleitung zur bestimmung des steifigkeits-und ermüdungsverhaltens von asphalten mit dem spaltzug-schwellversuch als eingangsgröße in die dimensionierung: AL Sp-Asphalt 09 [S]. Köln:FGSV Verlag,2009.

[58] Forschungsgesellschaft für Straßen-und Verkehrswesen (FGSV). Richtlinien für die rechnerische dimensionierung des oberbaus von verkehrsflächen mit asphaltdeckschicht:RDO asphalt 09 [S]. Köln:FGSV Verlag,2009.

[59] Forschungsgesellschaft für Straßen-und Verkehrswesen (FGSV). Richtlinien für die rechnerische dimensionierung von betondecken im oberbau von verkehrsflächen: RDO beton 09 [S]. Köln:FGSV Verlag,2009.

[60] Forschungsgesellschaft für Straßen-und Verkehrswesen (FGSV). Arbeitsanleitung zur bestimmung des steifigkeits-und ermüdungsverhaltens von asphalten mit dem

spaltzug-schwellversuch als eingangsgröße in die dimensionierung:AL Sp-Asphalt 09 [S]. Köln:FGSV Verlag,2009.

[61] Forschungsgesellschaft für Straßen-und Verkehrswesen (FGSV). Richtlinien für die planung von erhaltungsmaßnahmen an straßenbefestigungen: RPE-Stra 01 [S]. Köln:FGSV Verlag,2001.

[62] Forschungsgesellschaft für Straßen-und Verkehrswesen (FGSV). Empfehlungen für das erhaltungsmanagement von innerortsstraßen:E EMI [S]. Köln:FGSV Verlag,2012.

[63] Forschungsgesellschaft für Straßen-und Verkehrswesen (FGSV). Arbeitspapiere zur systematik der straßenerhaltung:AP 9 [S]. Köln:FGSV Verlag,2001.

[64] Forschungsgesellschaft für Straßen-und Verkehrswesen (FGSV). Zusätzliche technische vertragsbedingungen und richtlinien zur zustandserfassung und-Bewertung von straßen:ZTV ZEB-StB [S]. Köln:FGSV Verlag,2006.

[65] 马宏岩,张锋,冯德成,等. 单向冻结条件下饱和粉质黏土的冻胀试验研究[J]. 建筑材料学报,2016,19(4):926-930.

[66] 冯德成,林波,张锋,等. 冻融作用对土的工程性质影响的研究进展[J]. 中国科学:技术科学,2017,47(2):111-127.

[67] 刘寒冰,张互助,王静. 冻融及含水率对压实黏质土力学性质的影响[J]. 岩土力学,2018,39(1):158-164.

[68] 张熙胤,张明义,路建国,等. 土体冻融特征研究现状与展望[J]. 冰川冻土,2016,38(6):1644-1657.

[69] 齐吉琳,马巍. 冻土的力学性质及研究现状[J]. 岩土力学,2010,31(1):137-147.

[70] 中华人民共和国煤炭工业部. 人工冻土物理力学性能试验:第2部分 土壤冻胀试验方法:MT/T 593.2—1996 [S]. 北京:中国煤炭工业出版社,1996.

[71] 国家质量技术监督局,中华人民共和国建设部. 土工试验方法标准:GB/T 50123—1999 [S]. 北京:中国计划出版社,1999.

[72] 中华人民共和国交通运输部. 公路沥青路面设计规范:JTG D50—2017 [S]. 北京:人民交通出版社,2017.

[73] 中华人民共和国交通运输部. 公路土工试验规程:JTG F40—2007 [S]. 北京:人民交通出版社,2007.

[74] 中华人民共和国交通运输部. 公路路基设计规范:JTG D30—2015 [S]. 北京:人民交通出版社,2015.

[75] 中华人民共和国交通运输部. 公路技术状况评定标准:JTG H20—2007 [S]. 北京:人民交通出版社,2007.

[76] 中华人民共和国交通运输部. 公路养护技术规范:JTG H10—2009 [S]. 北京:人民交通出版社,2009.

[77] 中华人民共和国交通运输部. 公路沥青路面养护技术规范:JTJ 073.2—2001 [S]. 北京:人民交通出版社,2001.

[78] 马松林,侯相琛. 公路养护与管理 [M]. 北京:人民交通出版社,2010.
[79] 中华人民共和国生态环境部. 中国噪音污染防治报告[R]. 北京:中华人民共和国生态环境部,2021.
[80] 中华人民共和国住房和城乡建设部. 透水沥青路面技术规程:CJJ/T 190—2012 [S]. 北京:中国建筑工业出版社,2012.
[81] 中华人民共和国交通部. 公路沥青路面施工技术规范实施手册:JTG F40—2004 [S]. 北京:人民交通出版社,2005.
[82] 汪鸿山. 透水性路面净化层去污效果评价[D]. 哈尔滨:哈尔滨工业大学,2010.
[83] 易军艳. 基于界面行为的多孔沥青混合料冻融损伤特性研究[D]. 哈尔滨:哈尔滨工业大学,2012.
[84] 陈岩,陈隽芝,朱跃强,等. 科学择优提高财政投资绩效——沥青混凝土材料的全寿命周期费用调查分析[J]. 现代城市,2007,2(1):29-32.
[85] 欧洲运输部长联合会,经济合作与发展组织. 交通社会成本的内部化[M]. 北京:中国环境科学出版社,1996.